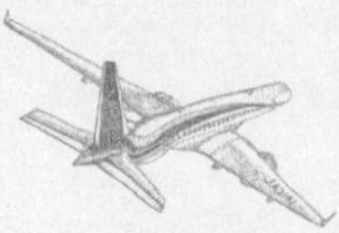

発達障がいを生きない。

〝ちょっと変わった〟学生とせんせい、一つ屋根の下に暮らして

A-ju・永浜明子 著

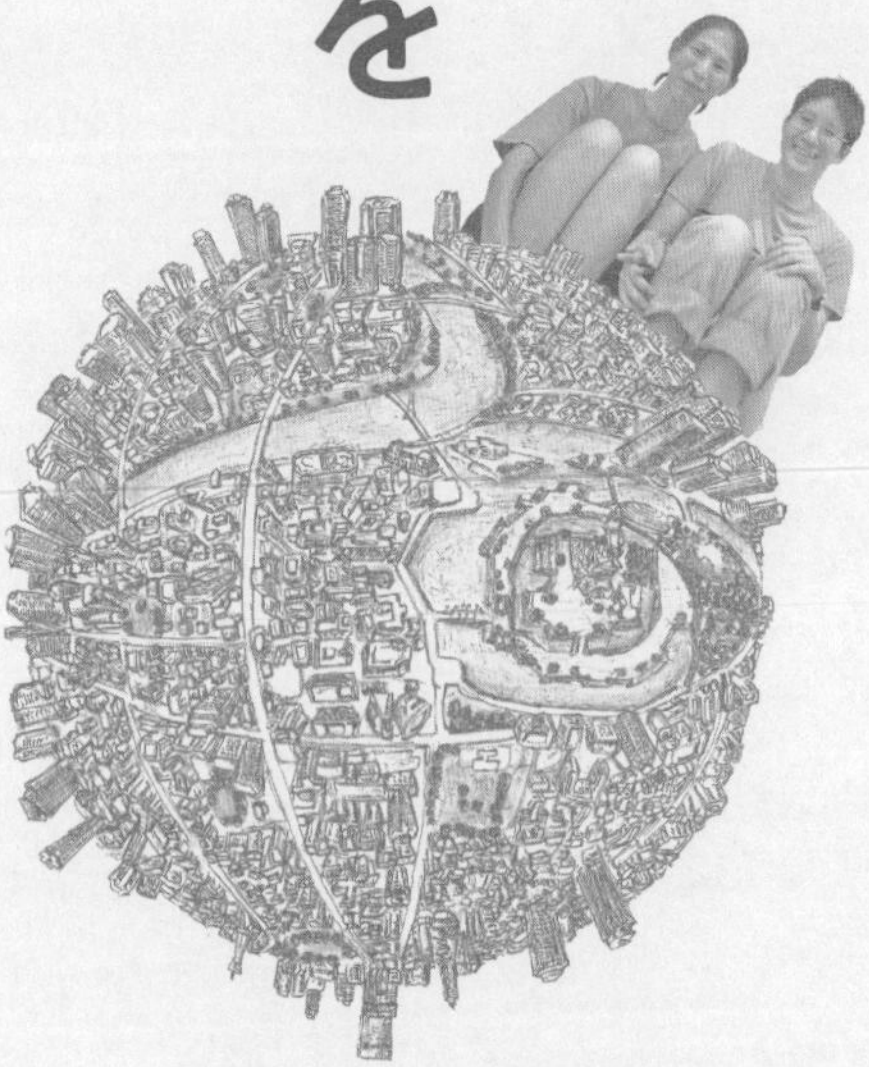

ミネルヴァ書房

はじめに

私は少しみんなと違っている。耳が敏感で、いろいろな音があふれている場所に長くいることができない。目はいつも細部にばかりとらわれるから、視野が狭いとか、全体をちゃんと見てと注意を受ける。肌も敏感で温度差に弱く、蕁麻疹が出やすい。こだわりも強く、自分の立てた予定が崩れるとこの世の終わりみたいにパニックになる。数字には色や感情が伴っていて、眺めているのが好きだ。私の誕生日である1989年5月3日が水曜日だと分かるのは、いつもこのような数字に囲まれているからだろう。ことばを聞けばそれらが映像に変換されるから、ことばを使いこなすのは今も難しい。でも目で見た景色や映像は心に残りやすく、それを絵にすることは、ことばを扱うより簡単だ。

私は大学でこの本を一緒に書いている〝せんせい〟と出会い、その後3回生の22歳の時に発達障がいの一つであるアスペルガー症候群との診断を受けた。みんなとの違いの正体が分かったけど、嫌なことも多かった。でも、私は今のこの私の輪郭を大切にしながら生きていこうと思っている。なぜなら、診断を受けてから、せんせいと一緒に見つけてきた自分らしい姿だから。せんせいと歩み始めてもう12年が経つ。これまで人と同じようにできないことを責められ、どれだけ努力してもみんなと距離が縮まらない虚しさは、私の生きたいというエネルギーを奪ってきた。

「あなたはあなたであっていい」と言ってくれたせんせいのことばと、そうあるべきだと心の底から思い現れてくる行動力は私に新しい世界をみせてくれた。特性があるがゆえにみんなと同じスタートラインに立てなくて困っている時は、同じスタートラインに立てるように準備をしてもらったり、手伝ってもらったりしていいこと。配慮を受けていいこと。助けてほしいと言っていいこと。困っていると声をあげていいこと。あたりまえだけど、人は一人ひとり違うこと。その違いから人は人を理解しようとすること。それが共に生きるということ。そして、私の見ている世界がみんなと同じだと決めつけないで、どんなふうに見えているのか、隣で一緒に座って眺めてくれたこと。

一緒に歩いてきた時間の中で、ゆっくり私らしい輪郭が作られていった。私の12年間は順風満帆どころか、波乱万丈の日々だ。多くの人が決断しないような決断をし、経験しなくてもいいような経験もしてきた。涙ばかり出る日々だった。どうして自分だけこんなにつらい思いをするのだろうと恨んだ時もある。でもこれらから背を向けないで、一つひとつに向き合ってこられたのは、せんせいに一緒に踏ん張ってもらったからだ。これは私の12年間ではない、「私たち」の12年間だ。私たちは、一緒に歩み始める時、こう話をした。「自分たちの歩いてきた道が、これから歩こうとする人たちの道しるべになるような歩き方をしようね」と。

この本が、同じ悩みやしんどさを抱えている人の道しるべになりますように。

これから歩く人たちの心の支えになりますように。

私たちの歩んできた道が決して特別なものではなく、一歩一歩進んできたその先にあり、その足跡を見た時、みなさんの次の一歩を踏み出すエネルギーになりますように。

12年分の思いを込めて。

A.ju

発達障がいを生きない。——もくじ

〈主な登場人物と出会いの歴史〉

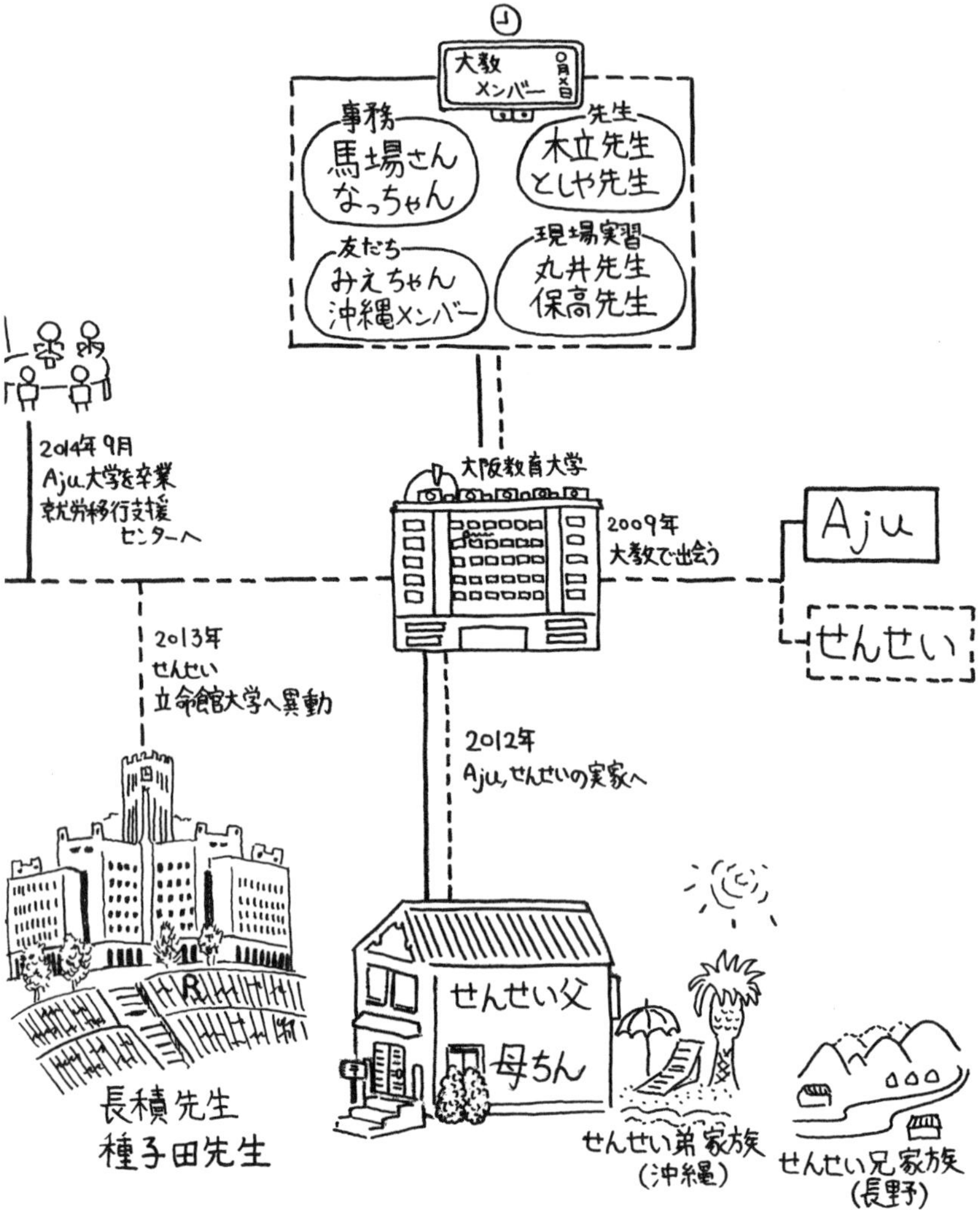

大教
メンバー
○月×日
事務
馬場さん
なっちゃん
先生
木立先生
としや先生
友だち
みえちゃん
沖縄メンバー
現場実習
丸井先生
保高先生
2014年9月
Aju大学を卒業
就労移行支援
センターへ
大阪教育大学
2009年
大教で出会う
Aju
せんせい
2013年
せんせい
立命館大学へ異動
2012年
Aju,せんせいの実家へ
せんせい父
母ちゃん
長積先生
種子田先生
せんせい弟家族
(沖縄)
せんせい兄家族
(長野)

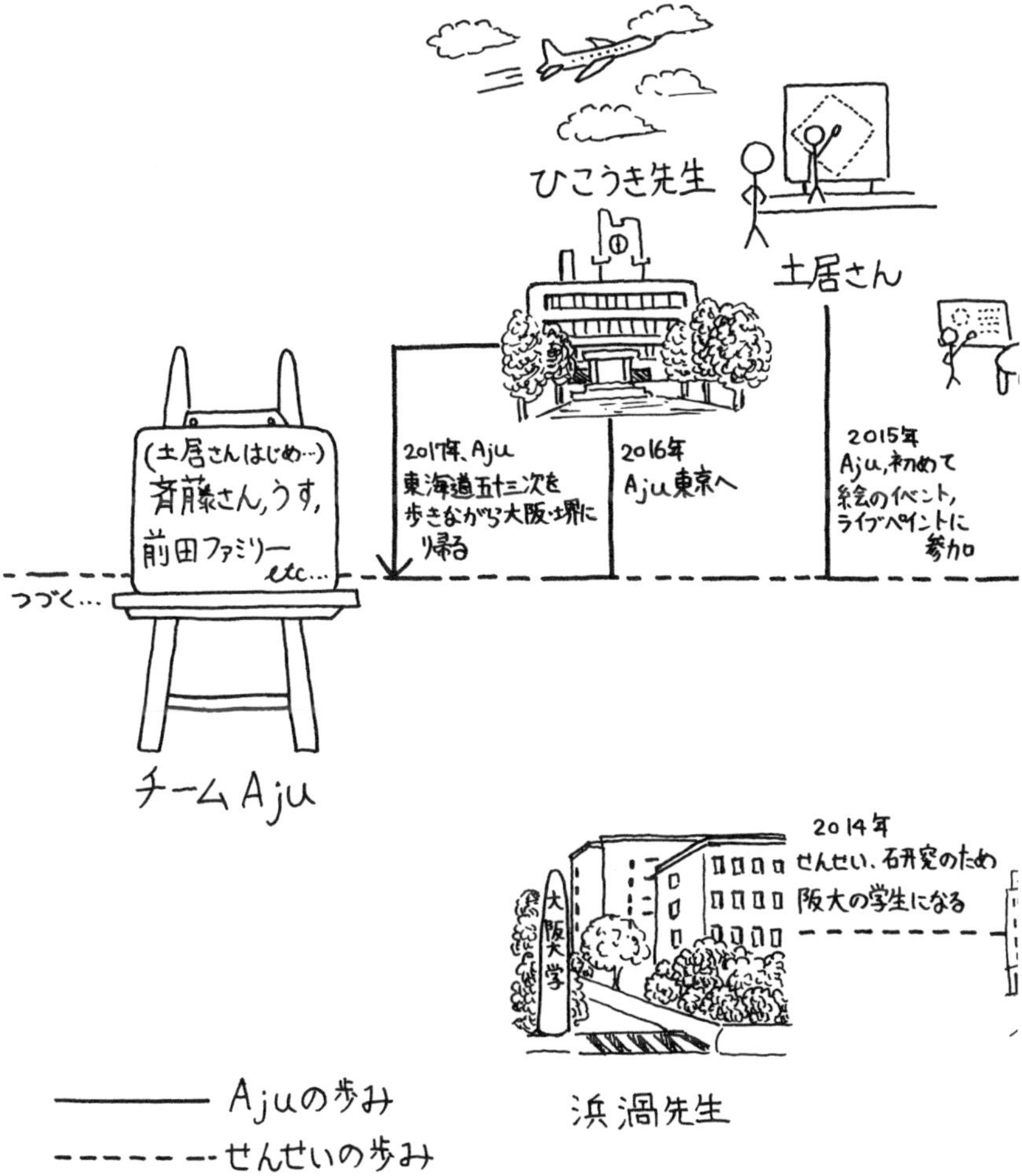
ひこうき先生
土居さん
2017年、Aju
東海道五十三次を
歩きながら大阪・堺に
帰る
2016年
Aju東京へ
2015年
Aju、初めて
絵のイベント、
ライブペイントに
参加
(土居さんはじめ…)
斉藤さん、うす、
前田ファミリー
etc…
つづく…
チームAju
2014年
せんせい、研究のため
阪大の学生になる
大阪大学
浜渦先生
Ajuの歩み
せんせいの歩み

※各登場人物像は、番外編の母ちん執筆(謝辞にかえて)をお読み下さい。

第Ⅰ部

出遇いから今日まで

私（永浜明子）とＡｊｕ《あじゅ》とは、大阪教育大学小学校教員養成５年課程（大《だい》教《きょう》二部）で、教員と学生として出遇った（Ａｊｕは私のことを「せんせい」と呼ぶが今は呼称にすぎない）。この12年は、長いようでもあり、瞬時に過ぎ去ったようでもある。ただただ目まぐるしい日々だった。この慌ただしい日々を、ひたすら一歩、一歩、丁寧に歩み続けてきた。そして、その先に今があった。

私たちの歩みを最初にＡｊｕが語り、次に私が語るという形で振り返ることで、同じような立場にいる人たちにとって何らかのヒントになればと思っている。

第1章

出遇い——担任の教師と悩む学生として

私とＡｊｕとの出遇い。それぞれ違った、しかし互いに印象深かったようである。その印象は、時々に形を変えながらも、互いが今も抱いている。それはまた、それぞれが異なる「個」であるという認識でもある。

Ａｊｕ　かっこいい女性「せんせい」と出遇って

友だちはいらない

大学で友だちは作りたくなかった。そもそも、どうして多くの人と仲良くしなければならないのだろうか。

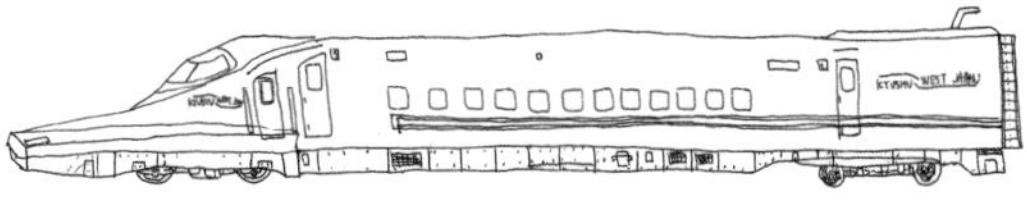

きっかけとはじまり（2011）
せんせいに「うまいやん！」と褒められて描き始めた。これが仕事になっていくとは想像もしていなかった。

大学に来てまで、友だちのことについて考えたくなかった。きっとこれまでに人間関係に悩んできたからだろう。「自分勝手」「空気が読めない」と言われ、疎外感を味わい、みんなが楽しいと思うことを、自分が楽しくなくても一緒にしないといけない。そんなことに疲れてしまっていたからだと思う。大学に入っても同じことを繰り返すのはもうこりごりだ。もちろん、高校でできた数少ない友だちは今もとても大切だ。でも、これ以上しんどい思いをして友だちを作りたくなかった。大学にきた理由は、ただ学びたかったからだ。

入学式前に、新入生が参加する1泊2日のレクリエーションがあった。移動中のバスの中では、強制的に自己紹介・他己紹介が始まる。その後はゲームが続く。これからの日程に心が暗くなるばかりだ。リーダーを決めたり、班で行動したり、食事をしたり。結局、大学生になっても、みんなと一緒に行動し、仲良くしなければならない。はみ出すことは許されない雰囲気。高校時代再来。もう、こりごりだ。この人たちとうまく過ごせる自信がない。そして何よりも楽しくない。できれば避けたい。

このようなこともあり、大学が始まる時には、クラスの人たちと過ごさなければならないことに、とても緊張していた。もちろん、楽しみにしていたこともある。専門家の授業を聞いて、勉強できることだ。教育学部に入学した理由は、小さい頃から、すぐに「何で？　どうして?」と質問してしまう子どもだった自分が、学校の先生になって、子どもたちの素朴な疑問を一緒に考えたいと思ったからだ。そのための第一歩となる時間をとても楽しみにしていた。高校生の時は落ちこぼれだったけど、学ぶことは大好きだ。在学中の5年間で、どれだけ自分が成長できるのか楽しみで仕方なかった。

体育への不安

そうして始まった大学生活。楽しみと不安・緊張が入り混じっていた。一人で受けられる授業は、心が不安定にはならないが、複数名・グループでの学びを求められる授業には、とても緊張していた。特に、1回生の体育の時間。体育は必ず集団行動を求められる授業だからだ。なかなかクラスの輪に近づくことができない。体育館に響く賑やかな声は、うるさくて身体が疲弊する。みんなと仲良くしないと体育の時間がうまくいかないことくらい、これまでに経験ずみだ。どうして、体育はみんなで集まって、一緒に何かをしなければならないのか。考えれば考えるほど、クラスから遠のいてしまう。この結束力の強いクラスに入ってしまえば、窒息死してしまう。決して、運動が嫌いなわけではない。走ることも、泳ぐことも、バスケットボールのシュート練習も、一人で黙々とできる運動は大好きだ。授業をサボることも嫌いだし、自分でできることは一生懸命したい。ただ、人との交わりがとても苦しいだけだ。だからきっと体育の先生には、ふてくされた学生、やる気のない学生として見放されるか、態度を注意されるはずだった。

一人を肯定してくれる人

でも、その先生は違った。私のこのような行動に対して何も言わなかった。何も言わなかったとは、冷たい表現だ。見守ってくれていたような気がする。一人離れた場所で話を聞いていても、聞いていたらＯＫだった。バスケットボールのシュート練習を一人離れた場所でしていても、グループに入ることを強制しなかった。大縄跳びで、自分の出番が近づくと、跳ばないでまた後ろに並び直しても、注意しないで「1回はやってみたら～?」と声をかけてくれた。みんなの跳ぶリズムを崩すことを何とも思わず、縄を跳ばずにただくぐるまで待ってくれるような雰囲気を作る先生に不思議な気持ちになった。

そんな先生の授業を、同じ1回生の時に、体育以外に2科目も取っていたなんて。体育の授業以外に履修した座学の授業では、私の姿は違って見えたかもしれない。できるだけ前の席に座って、話されることばを聞き漏らしたくなかった。授業が終わってから、興味の湧いたことを図書館で調べるのが楽しかった。人体の仕組みの学習では、どんな時もそのことを考えていたかった。すぐに調べられるように、背負うリュックは、人体の本でいっぱいになり、肩がよく凝った。それが大学生の醍醐味だと思っていた。驚くほどの生真面目さである。でも、そんな先生の授業中に倒れてしまった。一人で受けられる座学の授業といっても、グループになって話し合うこともある。授業以外の時間に集まる時に、うまく人と話さないと、きちんと聞かないと、と思えば思うほど、首に蕁麻疹が出てくる。空気を吸えているのか分からなくなってくる。緊張やストレスを感じてしまうと蕁麻疹が出るのは常だった。倒れた時は、グループでの話し合い中ではなかったけど、大学生活で少しずつ負荷がかかっていた身体と緊張した心の限界がきていたような気がする。

授業中に倒れて、先生が家まで送ってくれた車の中で、その先生は、「何かしんどいことがあったら研究室に来ていいよ」と言ってくれた。私には遠慮というものがないらしい。「来ていいよ」と言われた翌日に先生の研究室に行ったそうだ。先生曰く、「すぐ来たん、あんただけやで!!」と。私は先生に、人と交わるのが苦手であること、クラスで仲良くしないといけないこと、勉強することは好きなのに、そこにはなぜか人がひっついてくること・そのストレスについて相談した。話し終わった時に、先生から出てきたことば。「一緒におらんでええやん。一人でおったらええねん。連れションなんかめんどくさいし。私もムリムリ〜。ここの研究室は一人で来る子が多いから、そういう子らはオモロイで〜。いつでも勉強しにおいで〜」と。

一人を肯定してくれる人に初めて出会った。家で話しても、仲良くしなさいと言われる。誰に相談しても、同じ答えが返ってくるものだと思っていたのに、その先生は違った。このことばの衝撃で、がんじがらめに縛られていた心は揺さぶられ、久しぶりに自分の鼓動を聞いたようだった。この先生、何か違う。そして、先生の研究室に通えば通うほど見えてくる先生像。綺麗な顔で、スタイルもよく、性格はかっこいい。先生の研究室にポツポツやってくるのは、ゼミ生だったり、ゼミ生でなかったり。単独でやってくる学生たちと先生は、まるで同い年のようなはしゃぎようで、楽しく話をしている。「こんな先生が世の中にはいるんだ」「なんて楽しそうに人生を生きている人なんだろう」、見ているだけなのに、何だか自分までもが楽しくなってしまう。憧れてしまう。それに、こんなことを言ってはいけないけど、群れない先生が、こうやって大学の先生になっている。「こんな人でも、仕事に就けるんだ」となぜか安心した。その先生が、今もこうして一緒にいる「せんせい」のこと。運命の出遇いだ。

1　あら、この子（2009年：1回生前期）

輪郭のない子

2009年春、Ajuは、私が担任となった10人ほどの学生のうちの一人だった。覇気のない、見ようによってはふてくされた態度に見える学生、これが、私のAjuに対する第一印象。中でも、何よりも強い印象が「輪郭のない子」だった。新入生は、大学での学びのあり方について知るための小集団演習を必修科目として受講する。教員は自身の専門性を生かしながら、新入生が大学生活に早く慣れるよう工夫する。私は障がいのある子、体育の苦手な子に関して知ってもらいたいと、アダプテッドスポーツ種目をいくつか取り上げることにした。他学生がわいわい・がやがや、仲間づくりを始めていく中、いつも片隅で三角座りをして、どこを見るでもなく、宙を見上げているAju。「運動が苦手？　わいわい・がやがや嫌い？　やる気のない学生の象徴？」などと想像しながら、しばらくは様子を見る主義の私は、三角座りを放置していた。時々「やりたくなったら入りや～」と声をかけるだけだった。

Ajuは私が担当する必修科目「スポーツ実技」を受講していた。ウォーミングアップの時に走るAjuの姿を見て、「あれっ、この子、運動苦手じゃないな。きれいなフォームで走る」と思った私。が、全体で何かを始めると、やっぱり覇気なし・やる気なしに見える。どうにか目立たないように、どうにかサボろうとしているようにも見えるその姿が、Ajuに対する次の印象だった。このあたりから、「うん？　もしや……」という、ぼんやりとした感覚が私の中に芽生える。

偶然か、必然か

なんという偶然か、今となれば必然か、Ajuは、私の授業をもう2科目履修していた。教室で行われる授業では、Ajuは一番前の席に座り、真剣な眼差しで参加している。体育館で見せる姿とはまるで別人だった。ただ、教室の授業でも、他の学生とは交わろうとせず、笑う姿も見られなかった。そして、5月中旬、Ajuは私の授業中に息苦しそうに倒れた。研究室で休ませ、2コマの授業を終えて戻ってみると、まだぐっすり眠っていた。車で自宅まで送る道中、「なんか話したいことあったら、いつでも研究室においでや」と伝え、別れた。体育館での様子、他学生との交わり方などの様子も含め、私のぼんやりとした感覚は、漠然とではあるが「発達障がいだろうなぁ」に変わっていた。

2　研究室の住人に（2009年：1回生前期）

一人でおったらええやん

「いつでもおいで」と声をかけた翌日、Ajuから来室希望のメールがあった。突然、訪問する学生が多い中、メールをしてくるAjuが印象的だった。数日後、近くのお好み焼き屋さんに誘った。Ajuは「大学は、勉強をするところだと思っていた」「友だちとすごく仲良くしなきゃいけない雰囲気が苦しい」「みんなで行動することを求められる」「高校と同じ生活だとは思わなかった」などなど、他者との関わりに関する戸惑いを口にした。Ajuと私がいた大教二部は、1学年90人定員のうち、50人は社会人か短大を含む大学既卒者で、残りの40人が高等学校からの進学者という小規模学部。同年代の人数の少なさから、この40人の結束力は伝統的ともいえるほど強い。私自身、その結束力に驚いており、Ajuの戸惑いは容易に理解できた。

「大学は、勉強するところやで。しかも、自分を律して、一人でね」「つるまんでええやん。一人でおったらええやん。連れションは要らんで」「嫌やったら、研究室に逃げとったらいいやん。ほかにも研究室で過ごす子おるで」。これが、私の答えだった。「友だちと仲良くしなさい」と言われるだろうと思っていたAjuは、正反対の答えをする私に拍子抜けしたようである。私自身、つるむのが苦手で、最低限の付き合いを除き一人で行動するタイプ。ましてや、要求される仲良しには抵抗さえする。周囲からよくは思われないだろうが、かといって困ることもなく過ごせている。私の思考がAjuにピタッとはまったらしい。

翌日も、またその翌日も……

翌日、Ajuは研究室に登場し、興味あることをし始める。その翌日も、またその翌日もAjuは現れ、黙々と何かをしている。私は、仕事の邪魔をされなければ、気にもならない代わりに、かまいもしない。ちょくちょく遊びに来る学生たちに紹介することもなく、それぞれが勝手に好きな時間を過ごす。私のゼミ生だったみえちゃんとAjuとはもう10年以上の仲良しであるが、どのようにして最初の挨拶を交わしたのだろうか。互いが互いの存在を不可思議に思っていたのだろうか。きっと、互いに気に留めていなかったと思う。

研究室には、学生用のパソコンとプリンターが設置してあり、Ajuにも「使っていいよ」と声をかけた。使い放題のネット環境も加わり、Ajuの滞在時間は加速度的に増していった。こうして、Ajuは私よりも長時間滞在する研究室の住人となった。それに伴い、住人Ajuと私との何気ない会話も増えていった。計画を立て、その通りに実行することが好き、乗り物、特に電車と飛行機が好き、授業内容に限らず興味あることを一人で学習するのが好き、そろばんを習っていた、神業的な暗算力をもつのに筆算ができない、シャワーを浴びられなかったから水泳を習わされた、小・中・高等学校での友だちとの関わりと失敗、などなど。ここで、私の漠然とした感覚は、「あ〜、アスペルガーだなぁ。大学に入学する時代になったんだなぁ」に変わった。この時には、発達障がいのある子が、大学に入学するいい時代になったという淡い気持ちしか持ち合わせておらず、この後に待っていたAjuの困難、私の苦闘は想像すらしていなかった。

3　初めての欠席（2009年：1回生後期〜2011年：2回生後期）

休んじゃえ！

Ａｊｕが研究室の住人となり、一人で学習に没頭できる空間は夢のようだったらしい。研究室にいるＡｊｕの姿は、生き生きした大学生そのものだった。その反面、1回生の後期から、授業に行くことをつらそうにする姿が見受けられ始めた。授業前になると、なんとなくそわそわし始める。次に、「緊張する」と口にする。その次は、「行きたくない」に変わった。それでも、どうにかこうにか、1回生は無事に終了し、履修していた授業の単位は全て取得した。この頃には、私の研究室に集まる上級生の飲み会にも参加するようになっていた。私の横に座り、ほとんど会話することはないが、徐々に彼らとの距離が近くなる大切な時間だった。さらに、1回生の秋からは、ちょくちょく私の実家にも遊びに来るようになっていた。Ａｊｕは、決して読書家ではないが、数種類のジャンルの本を読む。実家にある両親の大量の書物を眺めるだけでも気が晴れるのではないかと、私がＡｊｕを誘った。穏やかな父と母にホッとするのだろうか、その頻度は増し、いつの

せんせいのところに集まるメンバー（2011）
気持ちの浮き沈みが激しい時期にいた私に、気晴らしになるような楽しいイベントを作ってくれた。奈良にキャンプに行く前。

間にか、Ａjｕと母とが「サバ定食」と名づけた食事をするようになっていた。

穏やかな時間が流れる一方、大学では、２回生初めから授業に行けない回数は増え続けた。「授業に行きたくない」と言うＡjｕに対し、研究室に遊びに来ていた学生Ｔとのやり取り。

Ｔ　：行きたくないなら休んじゃえ！

Ａjｕ：授業は休んではいけません。

Ｔ　：……

Ａjｕ：ずる休みはだめです。熱がある時とか、ちゃんとした理由がないと休むのはだめ。

Ｔ　：行きたくないっていう、ちゃんとした理由あるやろ。

Ａjｕ：……

Ｔ　：休め、休め。ちゃんと回数を数えて休め。

Ａjｕ：……

数十分、葛藤しただろうか。とっくに授業は始まっている時間だったが、授業をサボるという、Ａjｕにとって人生初の偉業を成し遂げた瞬間だった。その後は、回数を数えながら、どうしても出席できそうにない時は、授業を休憩した。「サボるのではなく、最後まで履修をやめないための休憩である」。こういう視点の転換、思考の切り替えが、この後Ａjｕにとって重要になるのだが、これがその初めての出来事だった。

サボっていい回数をオーバーしないように、Ａjｕには内緒で、研究室に集う学生たちにＡjｕへの声かけをお願いしていた。授業が始まる少し前から、「Ａｊｕ、授業一緒に行こ」「ほら、もう行くで」とＡｊｕを促し、授業へ向かわせてくれる。さすが、教員を熱望する面々。彼らがＡｊｕの今日への道をつないでくれた。この後も何度となく実感する「教育学部だからこそ」「大教二部だからこそ」を味わった初シーンだった。

授業に「行きたくない」から「行けない」へ

休憩しながらなんとか終えた前期。しかし、2回生の後期開始から、授業に「行きたくない」が「行けない」に変わっていった。

授業開始の30分前になると腹痛や胃痛が始まる。トイレに駆け込み、出てこられなくなる。授業時刻が近づくと校舎内にいる学生の数は徐々に多くなる。研究室で顔を合わせる人以外とは誰にも会いたくないＡｊｕは、別校舎のトイレまで行く。研究室に戻ってくる頃には、首や顔に蕁麻疹が出始めていて、その範囲が広がっていく。まるでカウントダウンするように、緊張感が急速に増し、ピークに達する。ひどい時には、過呼吸や痙攣が始まる。それでも、「行かなきゃ、行かなきゃ」と葛藤しながら自身と闘う日々だった。授業に「行きたいのに、行けない」が、この時には、「行かなきゃ」の義務に取って代わられてしまう。

研究室に集う学生たちにサポートできる範囲はすでに超えており、私が教室まで付き添う回数が増えていったが、それも私の授業のな

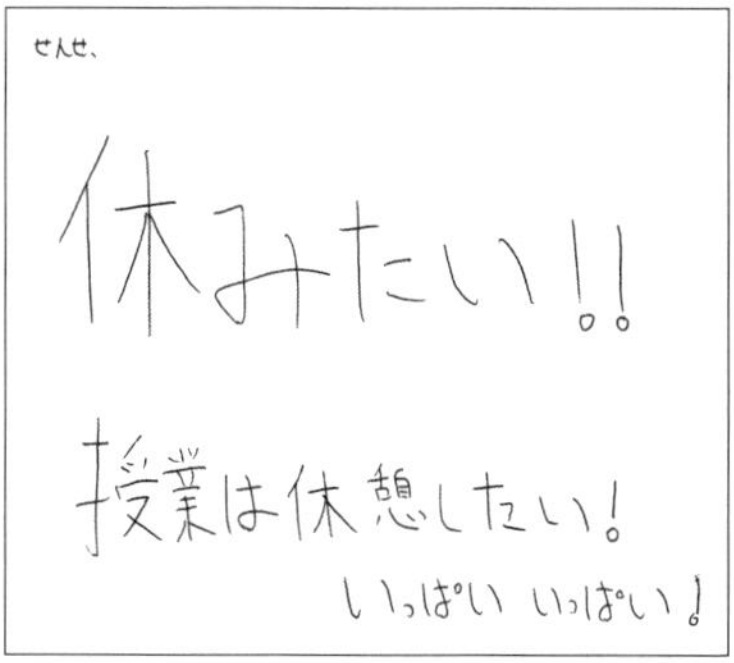

「休みたい、休みたい」(2011)
休めない自分の気持ちを文字に吐き出していた。

い時間に限られる。Ajuが授業に出席できる回数は減り、当然のことながら、2回生後期の取得単位も少なかった。

私たちにとってつらい日々が続いていた3月半ば、研究室にあった裏紙に描いた新幹線の絵をAjuが見せてくれた（第1章冒頭）。絵を描くことが苦手な私にとって、その新幹線は素敵に格好よく私の目に飛び込んできた。何よりも久しぶりに見るAjuの笑顔が嬉しかった。これが、今に続くAjuの最初の絵だった。数日後、私はAjuに1冊のスケッチブックを手渡し、Ajuはそこにいろいろな絵を描いていった。

4　二人きりでの対処（2011年：3回生前期）

研究室での自学

Ajuと私にとって3度目の4月。Aju、3回生の新学期がスタートした。Ajuが突然、授業に出席できるようになるとは思わなかったが、悲壮感や焦りもなく、2回生同様、いくつかの授業にはなんとか出席できるだろうと思っていた。しかし、この能天気な考えはすぐに打ち砕かれた。5月のゴールデンウィーク明けには、全ての授業に出席できなくなっていた。それどころか、研究室から外に足を踏み出すこともできなくなっていた。

夜間部の授業は17時半から毎日2コマ。この頃には、他学生と会うことへのAjuの緊張感はさらに増しており、学生が登校し始める17時前のトイレが日課となっていた。他学生に会いたくないというよりは、会えないと言うほうが適している。人がいないことを見計らったにもかかわらず、廊下やトイレで誰かと遭遇すると一気に過緊張となる。呼吸を荒げ、顔を真っ赤にし、蕁麻疹を出しながら研究室へ一目散で戻ってくる。

時計の針が17時を過ぎる頃、Ajuのそわそわが始まる。研究室の中を歩き回り、「行かなきゃ、行かなきゃ。授業は休んではダメなんだよ」と独り言を繰り返す。私は、「どうする～？　休めば～」とだけ声をかけ、放置。「授業には行けなくても、勉強はできるから、ここでやり」とだけ声をかける。Ajuは、授業を欠席した自身を責めながらも、少しずつ落ち着きを取り戻し、自学を始める。研究室で一人静かに学習している姿は楽しそうだが、2コマ目の授業終了時刻の21時過ぎになるとまたそわそわが始まる。廊下から聞こえてくる他学生たちの声、校舎内のざわめきは、授業を欠席したAjuに対する叱責に聞こえたのかもしれない。放課後活動に参加する学生たちがそれぞれの場所へ移動し、帰宅する学生が校舎内から姿を消すのを待って、ようやくAjuの帰宅となる。Ajuの登校は13時過ぎが定番。もっと早い時刻の時も多い。実に8時間以上も研究室で自学する。学習という意味でいえば、十分すぎるくらい大学生の本務を果たしている。ただ、これでは単位取得が難しいことは目に見えて明らかになってきた。さて、どうするか。

二人で奔走

Ajuが初めて研究室を訪れてからすでに2年が経過しており、私とAjuとの距離は近くなっていた。Ajuの私に対する信頼も増していた。この状況への対処を二人で考えた。「よし！　各授業の担当教員に事情を説明して、配慮をお願いしよう」という結論に達した。身体的症状の頻発、心理的な負担など、授業に参加できない詳細な理由を書いた文書を私が作成し、Ajuが確認した。その文書を基に担当教員一人ひとりに丁寧な説明を繰り返した。もちろん、授業に出席できていなくても、私の研究室でそれぞれの授業内容を学習しているとも説明した。Ａｊｕは、私にひっついて同席するだけで精一杯。蕁麻疹を出しながら、時にはガタガタ震えながら、それでも「勉強したいんです、お願いします」と声を絞り出した。教室での受講が不可欠であるという教員もいたが、ほとんどの教員はＡｊｕの学びを支える対応をした。

なぜこれほどまでに授業への参加が難しいのか。理由の一つは、大学の授業が高等学校までとは異なる形式（席が定まっていない、定刻通りの開始・終了でないこともある、レポートや論述の採点基準が明確でないなど）であった。しかし、それ以上に、これまでＡｊｕを閉じ込めてきた壁の崩壊が大きな理由だった。授業を休憩するという経験によって楽になったＡｊｕの心。長い目で見れば休憩が単位取得につながるという思考。授業に行けないＡｊｕを誰も責めない環境。初めての心の解放、新しい思考により、Ａｊｕを囲っていた壁が壊れ始めた。両親の期待や叱咤激励、それに応えようと押し殺してきた本来のＡｊｕが少し顔をのぞかせ始めた。ただ、それを喜ばしいと思うには、あまりにも身体症状がひどかった。そばで見続けていることがつらかった。このままでは卒業が遠のくことも目に見えていた。私にできることは何か。この時期、まだ大学全体の支援体制が整備されておらず、できることは、各担当教員にＡｊｕの日々の状況を説明し、理解を得ることだけだった。研究室ではＡｊｕの話を聴き、対処方法を相談し、Ａｊｕの心が落ち着くすべを考え、各授業担当教員に説明する。この繰り返しだった。まさに、二人きりでの奮闘の日々は、２０１２年Ａｊｕ4回生の5月までの約1年間続くことになる。しかし、不思議に疲弊を感じたり、投げ出したいと思うこともなく、ただただ目まぐるしい毎日が過ぎていった。

5　突然の告知（2011年：3回生前期）

救急搬送

二人で各教員に説明にまわる中、Ajuの心身はすでに限界に達していた。徐々に研究室での自学さえ難しくなっていった。2011年5月中旬、研究室を必死に出て、教室に入ろうとしていたAjuの体が硬直し、過呼吸が始まる。半ばパニック状態のAjuは、ゆっくり息をできない。また、Ajuが「ゆっくり」というあいまいな表現の意味を捉えることが難しいと私も気づき始めていた。私の胸とAjuの胸とを重ね、私の鼓動に合わせて息をするように伝える。いつもならしばらくすると鼓動のリズムが重なり遠のいていく過呼吸が、この時は何をしても収まらず、救急車を呼んだ。保護者へ連絡したが、迎えには来られず、Ajuも一人で帰ると言う。結局、心配した私が車で送ることにした。途中立ち寄ったラーメン屋さんで口にしたAjuの不安は、大学生活や家族のことなど多岐にわたった。「もうこの子の限界だな」という思いが私の中で強くなり、Ajuを悩ませている正体をAju自身が知る時期にきたと判断した。この時期、Ajuが「アスペルガー症候群」であろうことは、私の中では確信に変わっていた。

搬送の翌日、当時、学生担当をしていた事務の馬場さんに私の判断を相談した。馬場さんは私と共にAjuを深く支え続けてくれた・くれているひとである。（明確に区別できない場合もあるが、単なる生命体としての意味の場合には「人」という表記を使い、「心のかよった・あたたかさのある存在、他者との関係において浮かび上がる存在としての意味が強い場合には「ひと」という表記を使っている）。孤軍奮闘の中、馬場さんがいなければ、私もＡｊｕもつぶれていたことは間違いない。それほど馬場さんの存在は大きかった。今も大きい。この後、Ａｊｕは馬場さんを強く信頼することになっていき、二人の交流は今も続いている。私と馬場さんとは、長い時間相談し、まずはＡｊｕを大学の保健管理センターにつなぐことにした。Ａｊｕには、保健管理センターの役割を説明し腹痛や胃痛を抑える薬をもらうようにと伝え、Ａｊｕも同意した。

「障がい」ということばの重み

６月９日、Ａｊｕが保健管理センターを訪問した日、私は大学のある大阪にいなかった。訪問終了時刻になってもＡｊｕからの連絡がこない。何度電話をしてもつながらない。何十回目かにようやくつながったが、「発達障がいって言われた」とだけ聞き取れた電話は、すぐに切れた。その後、何十回電話しただろうか、呼び出し音だけが聞こえ続けた。得体のしれぬざわめきが次第に大きくなり、「死」という文字が頭をよぎり始めた。すぐに馬場さんに連絡をして、状況を説明。大学構内を探してもらうが、見あたらない。Ａｊｕとの距離が少し近くなっていた学生たちにも連絡し、探してくれることになった。数時間後、馬場さんが大学構内に戻ったＡｊｕを発見した。馬場さんは、動揺するＡｊｕの傍らでそっと数時間を共に過ごしてくれた。馬場さんに促され、私に連絡をした後、研究室で休息をとり、その日は帰宅した。翌日も出張で不在だった私がＡｊｕと会ったのは、２日後のことだった。Ａｊｕが保健管理センターを訪問する前に、馬場さんと私、センター職員とが打ち合わせをしていたが、まさか訪問初日に「発達障がい」の可能性を告げ、学外の病院受診を勧めるとは夢にも思わなかった。学内連携のまずさを今も悔いている。

後に、Ａｊｕと私との振り返りから、この時のことばが「障がい」ではなく「特性」に置き換えられていたら、Ａｊｕが受けたショックや動揺が異なっていたであろうということが見えてきた。成人期に「障がい」と診断されることの重みを深く心にとどめ、その伝え方がいかに重要であるかを肝に銘じたい。

6　声を出して泣いていいんだよ（2011年：3回生前期）

薬の副作用

なかなか病院受診に踏み出せなかったＡｊｕは、発達障がいの可能性を告げられてから約1カ月後の2011年7月上旬、意を決し受診した。心療内科受診を躊躇しているＡｊｕに「私も行ってんでぇ。風邪ひいたら内科。心しんどくなったら心療内科」とさばさばと語ったのは、Ａｊｕがインターンシップで通っていた小学校のＭ教諭。Ａｊｕが心療内科を受診する後押しとなった。受診の結果、「発達障がいだろうと思います」と告げられ、不安定な気持ちを抑えるための薬を処方された。Ａｊｕは自身に起こっていることを家族には話せていない状況だった。そのため、予測される薬の副作用を心配し、この日は私の実家に泊ることにした。予想通り、薬の副作用は強く、この日から数週間、Ａｊｕを苦しめた。吐き気と頭痛がＡｊｕを襲い、起き上がれないほどであったが、家族に気取られないように、すでに辞めていたアルバイトに向かう時刻の朝8時過ぎには自宅を出る。やっとの思いでたどり着いた研究室で一日中、ただ副作用が収まるのを待つだけだった。他学生も訪れる研究室で、Ａｊｕが一人になり、安心できるスペースの確保は不可欠だった。馬場さんは、研究室の一角を区切るためにパーテーションを調達、私は自宅から布団を持ち込んだ。パーテーションで区切った「Ａｊｕ部屋」の中には、Ａｊｕの望む自学ができるよう、机と本棚も並べた。勉強用に準備したこの机の下は、Ａjuがより落ち着くことのできる狭い空間として活用された。Ａjuとの距離が縮まり始めていた学生たちは、何も質問してこない。少し調子のよくなったＡjuが「Ａju部屋」から出てくれば、いつもと変わらぬ時間が流れる。この学生たちのあり方に、Ａjuはずいぶん救われただろう。他者からの干渉に疲れきっていたＡjuには、彼・彼女らの適度な不干渉が心地よかっただろう。ようやく薬の副作用が緩やかになり始めた頃には、夏季休暇に入っていた。

真夜中のメールと電話

大学では、保健管理センターでのカウンセリングが週に一度続いていた。幼少期からの振り返りが主な内容だった。カウンセリング後、Ａjuは決まってひどく沈んだ。カウンセリングの帰り道に私と待ち合わせ、内容を私に説明するうちに徐々に落ち着きを取り戻すこともあったが、泣きながら話すことのほうが多かった。私は、次第に、カウンセリングに疑問をもつようになっていた。

薬の副作用、カウンセリング後の不安定、授業に出られない、自学もできないという状況は、Ａjuにとっても、私にとっても、あまりにも過酷だった。家族に話していないため、Ａjuは自宅では布団に潜り込み、何枚もの掛布を頭からかぶり、声を殺して泣く。そんなＡjuに、「24時間いつでもメールや電話をしてもいい」と伝えた。電話に出られない時には必ず折り返す約束をした。Ａjuからのメールは、たいてい真夜中だった。「障がいとは何か」「障がいと障がい者は同じなのか」「授業に行けないのは自分が弱いせいなのか」「家族に知られてしまうことが怖い」。絶え間なく続くＡjuの不安が文字で送られてきた。

中でも、「障がい」という言葉にＡjuは長く苦しめられた。家庭や学校で、障がい者に対しネガティブな意味・イメージしか学ばなかったというA・juにとって、「障がいがある＝障がい者」となるのか否かは大きな問題だった。診断前後で何も変わらない自分（A・ju）なのに、自分の一部分として「障がい」があるとされることで、自分という人間そのものが「障がい者」という何か別のものになってしまったかのように感じられたA・juは、他者からどう見られるかと怯えた。障がい者を受け入れることのできない自身の母に脅えた。先にも書いたが、診断時に「障がい」が「特性」に置き換えられていたらと思わずにはいられない。夜中の2時、電話が鳴る。声を殺して泣きながら「たすけて、せんせい、たすけて」と繰り返す。数時間前まですぐ横にいたA・juが、どうすることもできない遠い距離にいるような感覚。「大丈夫だよ」としか言えなかった。

研究室でも「せんせい、たすけて」と言いながら、やはり声を押し殺して泣くA・ju。「A・ju、おっきな声で泣いていいんだよ」。そう語りかけても、声を出さずに泣き続けた。そんなことが毎日のように繰り返されたある日、消えてしまいそうなA・juを私は強く抱きしめていた。「A・ju、声を出して泣いていいんだよ」「A・ju、声を出して泣いていいんだよ」「……」。何回も繰り返し、ようやく、A・juは大きな声を出して泣き始めた。まだまだ待ち受けている困難を予想していたのか、私は泣けなかった。これがA・juをいわゆる抱きしめるという形で抱きしめた初めてのことだった。A・juが抱きしめられることに抵抗があることは知っていた。抱きしめられる時に接近してくる顔の距離感を怖がる。ただ、私とA・juとはこれ以前に過呼吸沈下のためのハグをしていた。顔の接近ではなく、胸の接近だったハグは、抱きしめられることに対するA・juの抵抗を軽減させていた。

保健管理センターでの告知、心療内科での診断、薬の副作用、あまりにも多くのことがA・juを襲った3回生の前期。授業時間外に研究室で教授してくれた図画工作の教員、自学を認め教室の外での試験を許可してくれた教育学の教員、課題で代替してくれた心理学の教員。Ａｊｕの取得した単位は、この3科目、6単位だけだった。

7　なんと、「秀」だよ（２０１１〜２０１２年：3回生後期）

診断書の取得

夏休みになっても、私とＡｊｕとは多くの時間を共に過ごした。私が担当する集中講義の履修、研究室での自学に加え、いろいろなイベントに一緒に参加した。急遽出席できなくなった私の代わりに、仲良しのみえちゃんの学会発表にも付き添った。大きな浮き沈みやパニックもなく、後期開始前の束の間の穏やかな時間だった。

夏休みの間、ゆっくりと時間をかけ、Ａｊｕとこれからのことについて話をしていた。その一つに、診断書の取得があった。配慮願いに診断書を添えることで、対応の幅が広がる可能性があることを丁寧に説明した。Ａｊｕはじっと聞いていたが、戸惑いを隠せなかった。「診断書＝障がい者」という思考がよぎるのだろうか。インフルエンザにかかれば診断書を提出し、配慮を受けることと同じ。障がいのある・なしは考えない。こんなふうにも説明した。最終的に、Ａｊｕが診断書の取得を決意したのは、「授業を受けたい」「勉強したい」という欲求からだった。10月上旬に取得した診断書には、「高機能広汎性発達障害（アスペルガー症候群）」の文字。暗黙のルールの分かりにくさ、ことばを額面通りに受け取る、感覚過敏、優先順位のつけにくさが記されていた。

配慮の形

私とＡｊｕとが各担当教員に説明し、配慮を依頼する状況に変化はなかったが、診断書を添えたことによって教員の対応、配慮の範囲が少し広がった。「自閉症スペクトラム（Autism Spectrum Disorder：ASD、以下ＡＳＤ）」という呼び方に統合された「アスペルガー症候群」の学生と実際に接したことのある教員は少なく、多くの教員がＡｊｕを不可思議に思い、戸惑っていたのかもしれない。診断書は、これらの教員の理解を促したことは間違いない。ただ、診断書を添えても、出席を大前提とする教員もいた。この中のいくつかの科目は卒業には必須であったが、それに対する戦略は先送りにして、配慮を得られる教員の授業を優先した。英語の教員は、授業開始前と終了後に教員控室で教授した。数学と特別支援教育の教員は、自主学習の内容の報告とレポート課題で対応した。Ａｊｕはこのような教員の対応に応えようと、これまで以上に課題に力を注いだ。レポート課題で対応した教育社会学の教員は、Ａｊｕの提出するレポートの質の高さに目を見張ったという。緻密に調べられた資料とその正確さから、膨大な時間をかけていると判断し、レポート課題の回数が減らされた。なんと、この授業の評価は、最高位の「秀」だった。後日、「ありがとうございました」と言った私に対するこの教員からの返答は「学ぶべき内容を深く学んだ結果としての正当評価です」だった。

インターンシップ

この年度には、Ａｊｕのチャレンジもあった。地域の小学校で実習を行うインターンシップ。Ａｊｕは、スイミングスクールで子どもを教えていたこともあり、私の甥っ子たちと接する姿もいい感じ。ただ、不安定が続くこの頃のＡｊｕをお願いできる学校はなかった。私の脳裏に浮かんだのは、たった一人。のちにＡｊｕの診療内科受診を後押しした小学校教諭Mさん。彼女のクラスは面白い。ASDの子どもをクラスメイトが見守り、授業が進む。教室をウロウロしても、誰も気にしない。その子がちょこんと自分の椅子に腰かければ、少しおしりをずらして一緒に座る。一緒に教科書を見て、数分もすればふらっと立って、再度教室を探索して回る。そしてまた誰かの席へ。支援学級にはほとんど行かない。支援員は必要ないと言うM教諭。保護者からのクレームもない。そんな学級を作るこの人ならAjuを引き受けてくれるかもしれないという予感は的中。「いいよ。Yちゃん（ASDの児童）がもう一人おると思ったらええんやろ」とあっさりOK。小学校で過ごす時間、Ajuは、楽しみながら苦労もした。感覚の過敏さゆえに、様々なことがAjuの心を乱す。子どもたちが吹くリコーダーの不協和音、拍手の音、一斉に話し出すまとまらない声。その場から逃げ出してしまうこともあった。子どもたちよりも時間がかかり、三角食べのできないAjuにとって、給食は緊張の時間だっただろう。ハラハラ・ドキドキの毎日が容易に想像できた。ただ、Yちゃんの姿から、障がいを別の視点で見ることもできたのではないだろうか。私が不在の時は、いつでも小学校に来るように声をかけてくれたM教諭との出会いもAjuにとってはかけがえのない経験となった。

大学では、Ajuの学びたいという気持ちの強さ、必死で学ぼうとする姿を見聞きし、Ajuに理解を示す教員が次第に増えていった。また、Ajuの根底にある揺るぎない「学びたい」という欲求がAju自身と私を支えた。2012年、Aju3回生の後期。前期より5単位多い11単位を取得した。一方、「障がい」や「特性」はAjuを翻弄し続け、片時も目が離せなくなっていく。

8　この子、壊れてしまう（２０１１年：３回生後期）

交換日記

「障がい」という言葉は、Ａｊｕ自身はもちろんのこと、Ａｊｕと家族との関係にも大きな影響を及ぼした。研究室で薬の副作用に苦しみながら、足を痙攣させながら、授業に向かおうとする現実をＡｊｕは家族に話せていなかった。家族の反応をとても気にし、心配をかけたくないという思いと叱責されるという思いが入り混じり、混乱していた。話すことのできないＡｊｕ。Ａｊｕが家族と会話しようとしないと感じる家族。この溝は深まるばかりだった。なぜ、それほどまでに家族に気を遣い、家族を恐れるのか。私には理解できなかった。

私にも大きな変化があった。２０１１年９月末、Ａｊｕを連れて東京へ行き、到着した瞬間、父が心肺停止で救急搬送されたとの連絡がはいり、私だけすぐに引き返した。一命をとりとめ、しばらくの入院生活。起きる時には起きるもので、続いて母の乳がんが見つかり、入院・手術。私に余裕がなくなっていく。苦しむＡｊｕに対し何もできない自分を責め続けた。Ａｊｕは、「障がい」に押しつぶされ、会話ができない。二人の音声での会話がなくなっていた。そんな中、Ａｊｕからタイプ打ちされた手紙を渡された。そこには、診断から4カ月間の思いがぎっしりと綴られていた。それをきっかけに、音声でなくても会話ができることに気づく。「障がい」に翻弄される中、少し前にＡｊｕがコピー用紙の裏紙に素敵な絵を描いたことも思い起こされ、Ａｊｕにスケッチブックを手渡した。「会話は音声でなくてもいい。文字でもいい。絵でもいい。お互いの感情を表現しようよ」と伝えた。こうして、数カ月間の交換日記が始まった。交換日記は、入院中の母にも回った。

この交換日記は、音声の会話ができなくなっていた私とＡｊｕとの関係をつなぎとめると同時に、Ａｊｕのお守りになった。どこへ行くのにも持っていたという。Ａｊｕは交換日記について「感情の起伏が大きい中、自分をまっすぐにしてくれるせんせいの文章だった。すぐに消えてなくなる音声のことばではなく、何度も見返すことのできる文字の言葉は、本当に自分を助けてくれた」と言う。コミュニケーションは、決して音声だけではないと確信した。今も、音声の表現だけではなく、文字の対話も私たちには欠かせない。この頃から、私は「音」の意味合いが強い場合には「ことば」という表記を使い、それ以外の文字の意味合いが強い場合には「言葉」という表記を使うようになった。

家族報告

11月初旬、交換日記を携え、入院中の母を見舞うＡｊｕ。Ａｊｕと母とはすでに仲良し。いつも変わらぬ穏やかな母の姿に安心するのだろう、Ａｊｕは家族のことを相談した。母のアドバイスに後押しもされ、Ａｊｕは溝が広がり続ける家族への報告を決意する。しかし、話そうとすると蕁麻疹や頭痛に見舞われ切り出せない。決意から1カ月後、ようやく、授業に出席できないこと、保健管理センターへ行っていること、診断を受けたこと、薬を飲んでいることについて書いたメモ書きを読み上げた。家族の反応はそれぞれだったが、Ａｊｕが望んでいたものとは異なった。そこからまたＡｊｕは「自分が怠けているからだ」「弱いからだ」「逃げているからだ」と自身を追い詰め責め始めた。「がんばらなきゃ」と呪文のように繰り返す。「この子、壊れてしまう」「もう踏ん張れる限界を超えた」。私の不安が一気に膨れ上がった。Ａｊｕに必要なことは、家族のことも、授業のことも考えないでいい一人の時間だった。私の実家の離れをＡｊｕに提供するという、ぼんやりもって

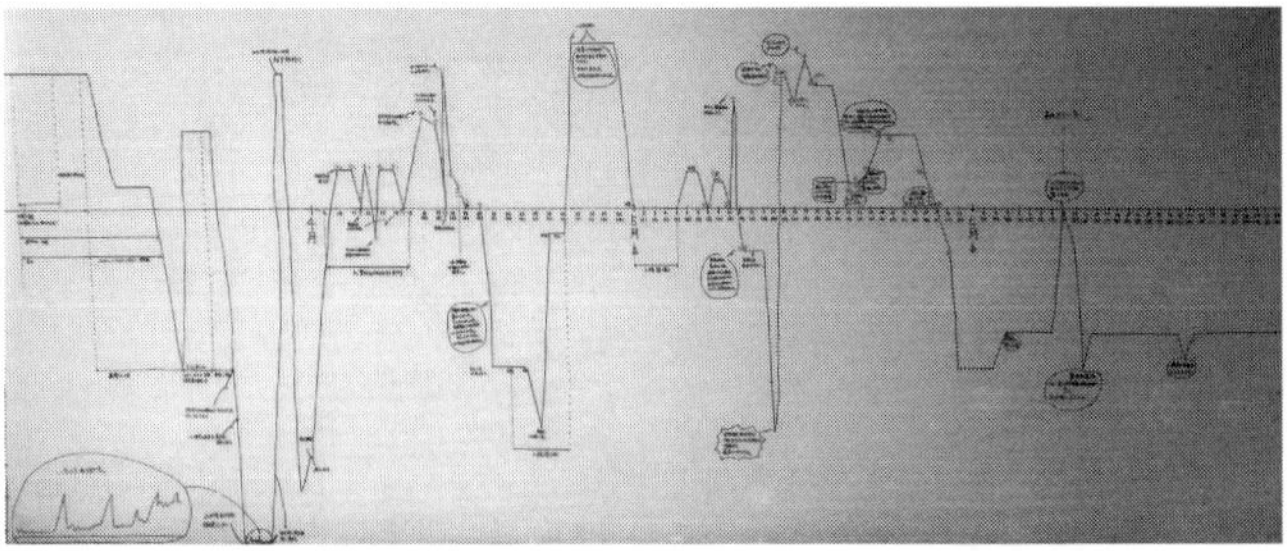

気持ちグラフ（2012）
自分の気持ちの波を客観的に見つめ直すためにせんせいと考えた初めてのツール。事務の馬場さんと。

いた考えを実行することにした。

気持ちグラフ

交換日記と同時に始めたもう一つの大切なことに「気持ちグラフ」がある。自分を責める日々が続くＡｊｕ。自身を褒め、冷静に判断する材料として、グラフをつけることを提案した。ホームセンターに行き、畳１枚分の大きさの養生ボードを購入した。まずは、基準となるベースラインを決めることにした。授業への出席をベースラインの「０」にしようとするＡｊｕに、「アカンやろ～」と言う私。あれこれ相談した結果、横置きにした養生ボードの真ん中に１本の横線を引き、研究室に来ることをベースライン「100」とした。研究室に来たら、「100」である。研究室を一歩でもでれば「105」、教室の前まで行けば「120」など、Ａｊｕと共に決めた。Ａｊｕが毎日プロットし、それをつなげば折れ線グラフとなる。その時の気持ちも簡単に記入することで振り返りにもなる。毎日一緒に眺めては、「おっ、すごいじゃん！」と声をかける。グラフが下がれば、「しゃーない、しゃーない、そんな日もある」とだけ。このグラフは、2年間続き、畳3枚分の大作となった。その後も、Ajuの気持ちを支える大切なものである。

＊

出遇いからこの時期あたりまでの私とAjuとの関係は「一方向の関係」であった。私が、Ajuの状態・状況を判断し、決断し、Ajuに行為・行動を促していた。私が主導であり、私からAjuへと一方向に矢印が向く、私から行為・行動が開始される関係であった。

この頃を振り返り、私は、Ajuに対し「半ば強制的に指示していた」時期と考えている。Ajuの生きづらさを軽減するための対処・対応を共に模索はしていた（と思いたい）が、Ajuに模索させようとしていたというほうが適しているかもしれない。「Ajuの行動が他者から奇異に見られないように」という理由がいかに傲慢であるか気づいていなかった。私という「みるもの」とAjuという「みられるもの」の関係そのものであった。

Ajuは「思考が完全にストップし、自分で考えることができず、何もかもせんせいに任せたかった」時期と捉えている。

第2章

扉をあけてみましょうか
——特性を知る・知らないの選択

はじめまして（2016）
この街にやってきて、等身大の自分を大切にできるようになった。

教員と学生という関係を維持しながら、Ajuは私の実家の離れで暮らすことになった。診断後の不安定なAjuにとって、一人になる時間、Ajuだけの空間が必要だった。

「Aju、特性について無理に知る必要はないよ。知らないことで楽に生きられることもある。知っても・知らなくてもAjuはAju。私は変わらないよ」と言う私に「でも知りたい。せんせいにまた迷惑かけることになるかもしれないけど知りたい」と答えた。

じゃあ、扉をあけてみましょうか。

Aju　家族ってなんだろう？　人と暮らすってなんだろう？

古墳の街へ

今、大阪・堺に住んでいる。これは偶然ではないかもしれない。さかのぼること20年前、小学校6年生の歴史の時間。授業はもう戦国時代に差しかかっている。それなのに、私の開いている教科書のページは古墳時代。この頃すでに、完璧主義は見事に発揮されていたようだ。古墳時代のお墓の名前を全て把握しないと先の時代に進めなかった。だから授業では戦国時代の話をしているけど、私の頭の中は古墳時代だ。家では「あんたまだ古墳時代なん⁉︎　授業はもっと先に進んでいるでしょう。先に進みなさい」「それは無理。どうして知らないことがまだあるのに、先に進まないといけないの！（図書館で借りてきた本を見せて）ほら見てよ、古墳時代は大仙古墳だけじゃないよ。どうして先生は他の古墳を教えてくれないの？　他の古墳も知りたい！　全部知らないのに、先になんて進めない。ずっと古墳時代だけ勉強したい！」「いい加減にしなさい！」と。6年生で一通りの歴史を学ぶが、私が1年間で学んだのは90％が古墳時代。電車で堺市に入ると、このことを思い出しながら古墳を眺めては、不思議だな～と思う。よりによって古墳の街にやってくるなんて。あれだけ勉強したからかな～なんて思う。

変わった「わが家」

そして私は、その堺にある、今では「わが家」と呼んでいるせんせいの家にやってきた。せんせいの家はとても変わっている。せんせいの家には昔からいろんな人が出入りしている。その一番初めは、「母《はは》ちん」（せんせい母）と「せんせい父」が結婚して新婚ホヤホヤの時。せんせい父が、せんせい父の郷里である鹿児島の中学校を卒業した男の子2人をせんせい父たちの家に住まわせた。大阪に来て、住むところがなかったから、狭い団地の2DKで一緒に暮らしたんだって。その子たちは、そこからせんせい父が当時勤めていた定時制の高校に通ったんだって。母ちんは笑いながら話してくれた（私からすればそれを許しちゃう母ちんも母ちんだけどね）。せんせいは、「気づいたら、いつも誰か人がいたから、これが日常だったわ」と言う。そして私もやってきた。私は、一体何番目の住人なのだろう。

私がわが家に来た時には、毎日16時に必ずやってくる、おばちゃんがいた。今で言う、認知症のおばちゃんだ。リビングに入ってくるなり、洗濯物をたたんでくれる。そして、ドラマ『相棒』を見ながら、母ちんと話をしている。帰りには、母ちんが作る晩ご飯を持って帰る。私の名前は覚えられないようだったけど、話しっぷりはお友だちのような感じだ。母ちんには「お義姉さん、おじゃまします」と言うけど、私を見ると「よっ！」と言うから、私も「よっ！」と挨拶をする。日本舞踊が得意で踊ってくれることもある。そのおばちゃんが鍵をなくしたりすると、せんせいは自転車でおばちゃんの家に行って、一緒に探したりしていた。おばちゃんの調子が悪い時は私が母ちんの作った晩ご飯を配達したりもした。

家族？

時々、せんせい兄弟が里帰りしてくる。せんせいの甥っ子や姪っ子とも私は仲良しだ。姪っ子ちゃんのアーチェリーの試合を見に行ったこともある。とても強い選手だ。よく来る甥っ子くんたちとは、一緒に電車の旅にも行く。家では、いつも遊び相手に選ばれる。「お～Aju、助かるわ。俺はちょっと寝てくるから、この子たちをよろしくね～」と、「せんせい弟」は言う。なんだろう？　私がここにいることに誰も違和感を抱かない。不思議だったけど、とても嬉しかった。

それから、思い出すのは、せんせい父が亡くなった時のこと。「私は、今ここにいてはいけないんじゃないか。だから、帰ったほうがいいんじゃないか」、そう思った。「家族じゃない」、そう思う瞬間だった。だけど、「父の晩年が華やいだのはAjuのおかげだよ。一緒に父を送ってくれる?」、せんせいはそう言ってくれた。せんせい父と青春18きっぷで和歌山まで旅をしたこと、プラネタリウムに行ったこと、にこにこご飯を食べながら長〜い話を聞いたこと。それとは反対に、理不尽なことに直面した時にはピシッとぶれることなく筋を通す話し方に、若かりし頃のせんせい父を垣間見たこと。一緒に過ごした時間はたからものだ。

お葬式の日、せんせい兄弟も、親戚の人たちも今までどおり私を迎えてくれた。認知症のおばちゃんも来た。せんせい父のそばで踊っていた。でも、それを止める人なんて誰一人としていなかった。

つながり、暮らす

今でも「わが家」にはポツポツと人がやってくる。最近では不登校の中学生がやってきた。母ちゃんが国語を教えている。私は一緒におやつを食べる。「学校は頑張って行かなくてもいいよ〜。母ちゃんの子どもたちは、雨の日は学校に行かなかったらしいよ! 学校ってそんなもんみたい!」なんて言いながら。そんな彼は今、高校に楽しく通い始めている。

小包が届く。誰だろう? ずいぶんと年齢を重ねた人の字だ。母ちゃんに知らせると、小包の中から1つポンカンを手渡してくれた。一緒に食べながら話を聞く。鳥肌が立つ。さっき書いた、新婚ホヤホヤのせんせい父と母ちゃんのところに住んでいた、あの高校生だった人からの贈り物だった。

ここに暮らしていると、ふと考えることがある。家族ってなんだろう。人と暮らすってなんだろう。最近？　いやもっと前からだ。せんせいから「いつここを出てもいいよ～」と言われているけど、「居心地がよくて、住み着いてしまいそうです。もう住み着いてるけどね」と答えている。こんな生活、海外旅行したって、宇宙旅行したって経験できないぞ。

1　堺の住人に（2012年1月：3回生後期）

障がいの告白

家族の反応に動揺するAjuに新しい視点を注いだのが、研究室に集まる学生たちだった。交換日記での対話の中で、「だれのために生きますか？」という私の質問に対し、「自分のために生きます。Ajuを生きたい」と記したAju。その第一歩でもあろう、仲良しのみえちゃんに自身のことを説明したいと思ったと言う。二人で六甲牧場へ遊びに行き、そこで告白すると決めていたAju。牛にも大好きなアイスクリームにも目がいかないほど緊張していただろう。山頂の椅子に腰かけ、告白。「ふ～ん、それで？　AjuはAjuなんやろ。なんか変わるん？」と、みえちゃん。Ajuは「……」。何ごともなかったように、残りの時間が過ぎたらしい。Ajuの拍子抜けした姿が目に浮かぶ。次に、みえちゃんと同じにおいがしたと言う別の学生に告白。やはり反応は同じ。「でっ？」ということばとも言えぬ音で終了。家族とは異なる反応を見せた二人は、Ajuの力になった。また、彼ら以外の研究室に来る学生たちのAjuに対する態度も、Ajuの思考を前向きにした。

私と馬場さんとは、Ａｊｕの家族に会い、Ａｊｕの状態を説明した。同時に、一人暮らしの練習の場所として、私の実家の離れでの生活を提案した。もちろん、その持ち主は私の父と母であるが、Ａｊｕへの間貸しに関しては、自然と母が窓口になった。大家さんの誕生である。２０１２年、年明け早々、家族総出でわが家の離れを訪れたＡｊｕの家族に対し、両親とＡｊｕとの取り決めを母が説明した。家族の同意も得られた。Ａｊｕとの契約書も交わされ、２０１２年１月初旬、Ａｊｕは堺の住人となった。

新しい生活

初めての半一人暮らし。母屋と離れの距離は10歩。離れ１階がＡｊｕの居住区。老朽化したお風呂は使えないため、母屋のお風呂を使う。きちんと自炊をする。この取り決め以外は、全てＡｊｕの裁量に任される、はずだった。変化を好まないＡｊｕの食事は毎日同じ。朝はコーンフレーク。昼は卵かけご飯とお味噌汁。Ａｊｕの作ったお味噌汁は、不思議な味。母が訊ねてみると、だしが入っていないと判明する。Ａｊｕの帰宅は遅いため、夜はお惣菜一品が定番だった。「一品では少ないでしょ」とおかずのおすそ分けをする母。「自分でしてね」のはずが、親子そろってお節介の気があるようだ。母は少しずつ料理も教えていた。その一つが白菜の蒸し物。白菜はお鍋にしか使えないと思っていたＡｊｕはびっくり。それがお気に入りとなり、白菜の蒸し物が続く。Ａｊｕの特性の一つ。気に入ったものを食べ続ける、使い続ける、着続ける。幅広くということが難しい。

穏やかな時間も流れる一方、Ａｊｕが不安定になる時間も多かった。処方されていた薬の効き目が強すぎて寝込む日も少なくない。昼を過ぎても起きてこないＡｊｕの様子を見に母は離れに足を運んだ。Ａｊｕを起こさないようにそっと部屋をのぞき、生きていることを確認、ホッとしたという。何度か過呼吸も起きていた。ある夜、Ａｊｕの部屋で物音がしたのでのぞいてみると、頭を壁に打ちつけている。打ちつける強さは増す一方。後ろから抱きかかえ落ち着いたので、私が自室へ戻った数分後、玄関の鍵の開く音がする。Ａｊｕがパジャマ姿のまま、外へ出ようとしている。理由を訊いても答えず、ただ外へ飛び出そうとするばかりで完全なパニック状態だった。その瞬間、私の手は「こっちに戻ってきなさい」とＡｊｕの右頬を打っていた。我に返り泣きじゃくるＡｊｕと話をした。数日前から繰り返し放映されていた東日本大震災の映像を見てその場にいる感覚になったようだった。読んでいる本の世界、見ている映像の世界にいるような感覚になるということをＡｊｕから聞いてはいたが、この時に初めて目の当たりにした。怒りや憎しみからではないにしろ、私の今までの人生でただ一度、人に手をあげた私の後悔は今も続いている。

ほこりと散乱、どっちもどっち

「ほこりで死んじゃうかもしれない」。これが、Ａｊｕのわが家に対する最初の印象らしい。遠慮していたらしく、ずいぶん後になってもらした。Ａｊｕが言うほどひどくはないが、壁の高い場所にほこりがついていたりはする。一方、批評したＡｊｕの部屋はというと、２週間もすると物が散乱する。特に、布団の周囲が徐々に埋まっていく。こうなるとＡｊｕはお手上げ状態。どこからどう片づけていいのか分からない。出したものは片づければいいのに、「また使うかも」「手の届くところにあると便利」となって、物があふれ出す。こういうところは、とてもものぐさで、結局、最低でも2週間に一度は一緒に片づけることになる。

「どっから片づけたらいいと思う?」と訊けば、「……」。「じゃあ、分類しよう。服は服、本は本で集める」

と畳の上のものから始める。しばらくすると畳が姿を現す。本棚もしかり。とにかく適当に突っ込んである。Ajuは適当ではないと言うが、必要な時に見つからないのだから適当と言われても仕方がないと思う私。「畳の上と同じように、次は分野ごとに本を分類しよう」。宇宙の本、歴史の本、天気の本、電車の本、科学の本、……。最初は順調に進むが、次第に考え込むAju。2つの分野が混ざっている本の分類に悩んだ挙句、「宇宙と科学の本」という新しい分野を作る。「歴史と天気」「電車と科学」…など、新しい分野は広がり続け、結局、それぞれの本が全て異なる分野となり、本棚に戻されていく。「う～ん、まっ、いっか」。こうやって、衣類も一緒に片づける。時には、いつのものか分からない衣類の掘り出し物もある。

現在のAjuはといえば、やはり部屋は定期的に散らかり、定期的に私と片づける。死んでしまうかもと思ったのはどこへやら。Ajuの部屋にはおっきなほこりのかたまりが。「ほこりで死んじゃうんじゃなかったの？」と問えば、「人は慣れるもんだね～」と返す。「う～ん、まっ、いっか」。一人で考えられる、一人で声を出して泣ける、自分のことしか考えなくていい場所として提供した空間は今、Ajuの「わが家」「うちの家」となっている。

2　予定変更の難しさ露呈（2012年：3回生後期）

電車遅れる事件

Ajuのわが家から大学への通学はJRを利用する。引っ越しから2週間目のある日、保健管理センター受診の日だった。最寄り駅で電車を待つAju。時刻になっても電車が来ない。人身事故の影響で大幅に遅延していた。Ａｊｕのそわそわ・イライラが始まり、やがてパニックに。どんな時でも私に電話するという約束通り、すぐに相談の電話がかかる。「電車はいずれ来る。保健管理センターに遅刻の電話を入れようね」。結局、受診は中止となり、大学に向かう。ここからが大騒動。Ａｊｕの中で、分刻みに決められている予定の一つが狂った。一つのことが予定通りにいかなかった場合、それ以降の全ての予定を予定通りにしてはいけない。今は少し緩やかになっているが、これが当時のＡｊｕの強固なルールだった。研究室に着いても、上着を脱がない。お茶も飲まない。自学もしない。私は、「何もしないよりはしたほうがいいんじゃない？　別の科目の勉強すれば～」とだけ声をかけ放置。しかし、狂った予定以降の全ての予定を予定通りにしないというルールはまだ続く。帰宅時には、快速電車を乗り換える駅で乗り換えない。帰宅後は、夕飯を食べない、お風呂に入らない。心配した母が「Ａｊｕどうしたの？　ゆうれいみたいよ」と声をかける。Ａｊｕの感情は一気にあふれ出し、涙が流れる。Ａｊｕが涙を流すのは母の前が多い。母のおおらかさ、聴いてくれるという雰囲気がそうさせるのだろう。私や馬場さんには感情の全てをそのまま見せない。「忙しいだろうな」「心配させるだろうな」という思いは、Ａｊｕの心とは正反対の形となって表されてしまう。私には何も言わず、不機嫌とも見える態度をとる。馬場さんには「保健管理センターがなくなってラッキー」と陽気に振る舞う。

空気が読めないと言われるアスペルガー症候群。本当にそうなのだろうか。場の空気、例えば、ある場面で自分の役割を察知するなどが難しいことはある。しかし、自身の行為が他者に影響を与えるかもしれない場面においては、相手の状況や気持ちを読みすぎているのだと思う。読みすぎて、読めていないように映るのかもしれない。私の気持ちを読みすぎた結果、Ａｊｕは黙りこみ、感情を押し殺そうとする。それがふてくされた、あるいは拒絶している態度に見えてしまう。場の空気が「読めない」ことと場の空気を読みすぎて「読めないように見える」こととは、似て非なるものである。私には「特性って何なんだろう」と考え始めるきっかけとなり、Ａｊｕにとっては自身の特性を感じることとなった大きな「電車遅れる事件」だった。

不安だらけの海外旅行

予定変更によりＡｊｕに大きなパニックが生じた2週間後には、予定変更がつきものの海外、ニューヨークへの旅行が決まっていた。しかも、高齢の母、車いすを必要とする母の友人、私、Ａｊｕというメンバーである。大丈夫だろうかと心配しながらも、どうにかなるだろうといういつもの楽天的な考えが先行する。不安がなかったと言えば嘘になるが、キャンセルという選択肢は頭になかった。

２０１２年2月、私たちは、酷寒のニューヨークへと出発した。Ａｊｕは、車いすを押したり、支えたりと大活躍。ＮＹのビルに目をキョロキョロさせる。真冬に、半袖・半ズボン・ビーチサンダルのニューヨーカーに目が釘づけ。英語を話してみたくて、何度もフロントへお使いに行ってくれる。

その一方で、予想していた通りのパニックが生じる。旅行中は、高齢の母たちの体調を最優先するため、予定の変更がしばしば起きる。予定していた観光場所に行くことをやめる、訪れる順序を変更する、レストランを変更するなど、その都度Ａｊｕのパニックが場所を問わず起きる。不慣れな土地で、自由に動けない母たち、そのそばでパニックになるＡｊｕ。一度だけ声を荒げた私の態度にＡｊｕは動揺し、結果的に別のパニックを誘引してしまうという悪循環も生じた。私が怒っていると思い、私に近寄れないＡｊｕ。母と母の友人がＡｊｕにやさしく語りかけ、Ａｊｕの気持ちを和らげてくれることもあった。大変なこともあったが、楽しい旅となった。また、Ａｊｕの自信にもつながり、この半年後、Ａｊｕは、アメリカ・シアトルへの一人旅をした。

3　死なくてよかった（2012～2013年：4回生）

入院＋入院

Ａjuの４回生がスタート。すぐさま大事件が３つも起きる。その２つは、体調不良。

１つ目。４月中旬、近くの歯科で、Ａjuは虫歯の治療、私は定期検診を受けていた。Ａjuと私の席は２つ空いた横並び。治療が始まって20分ほど経った頃、「せんせ～」と呼ぶＡjuの声。衛生士さんに促され、Ａjuのところへ行く。医師から、歯茎から菌が入り、鼻の骨を蝕み始めていると説明される。大きな病院での外科手術になるらしい。Ａjuは何が何だかわけが分からず、すでにパニック状態。すぐに、大きな病院での受診、授業のないゴールデンウィークの週に入院・手術が決まる。

２つ目。４月下旬、Ａjuが体調不良を訴える。尿意があるのに尿が出ないという。真夜中、激しい腹痛を訴え、動けなくなり、救急搬送された。尿管閉塞だった。詳しい理由は分からないが、Ａjuが服用していた薬が競合したらしい。翌日も尿の出が悪いにもかかわらず、私にも母にも隠していた。が、百戦錬磨の母に見破られる。運悪く、その日は日曜日。近くで唯一日曜診療しているクリニックへ行ったが、処置できないとのこと。またもや、歯の入院・手術が決まっていた大きな病院へ救急外来に駆け込んだ。パニック状態のＡjuの代わりに説明する私の緊迫感を察知した若い医師は、私がＡjuの入院や手術の説明を聞く「キーパーソン」になることを了承してくれた。さらに、翌日以降の検査や通院に私が付き添えず、Ａjuが一人で受診することの難しさを説明すると、そのまま入院させてくれることになった。

修学への架け橋

3つ目。これが最大級の大事件。尿管閉塞の治療を終えて退院した翌日のこと。大学で整備されつつあった修学支援室のスタートに先駆け、Ajuへのサポートが決まったのだ。具体的には、別室にいるAjuが、授業内容をリアルタイムで受講できる「遠隔授業」の実施であった。同時に、各授業に必要なAjuへの支援内容が記された「配慮願い」が、大学として各担当教員に出されることになった。この対応には、教職員が個々の学生に目が届く小規模学部であったこと、馬場さんと私とがAjuという学生への支援を大学に発信し続けたこと、大教二部の主事を務め、Ajuを自身の研究室で教授した木立先生が初代の支援室長であったことに依るところが大きい。

想像もしなかった大事件である! 超特急で帰宅しAjuに説明した。支援室長としての木立先生からの伝言を一字一句間違えないように話した。「彼女に伝えてくれたまえ。学校を辞めないでいてくれてありがとう。僕たちは分からないことのほうが多い。ぜひ、彼女に力を貸してもらいたい。よろしくと伝えてくれたまえ」と。Ajuも一字一句聞き漏らさないように耳を傾けていた。気づけば、Ajuも私も静かに涙を流していた。久しぶりに味わうやわらかな時間だった。Ajuは「死ななくてよかった。大学やめなくてよかった」と静かに泣き続けていた。ただ、今もまだ、Ajuは「生きていてよかったとは言えない」と言う。「死ななくてよかった」ではなく、「生きていてよかった」とAjuから聞くことができるのは当分先かもしれない。ずっとないのかもしれないが、それでもいいと思っている。前を向き、元気に生活しているAjuがいるのだから。

配慮願いが出され、遠隔の授業が始まったが、思ったほど簡単にはいかなかった。遠隔の部屋は廊下を挟んだ私の研究室の横。歩いて6歩。他学生はいない、ざわめきもない、予期せぬことも起きない。それなのに授業開始前にはＡｊｕの緊張感が最高潮に達し、研究室内をウロウロ。６歩先の部屋に行けない。環境というよりは、授業そのものに対する怖さなのだろうか。好成績を取得しなければいけないというプレッシャーなのだろうか。結局、仕事道具を携え、私もその部屋へ移動。一緒に部屋に入っても、Ａｊｕのそわそわ感はやまない。しばらくして、実際の教室の映像とともに音声も聞こえるため、授業の臨場感がそのまま伝わることが原因であると判明した。馬場さん、木立先生が様々な工夫をし、Ａｊｕが自身で教室の音声をオン・オフできるようにしてくれることで解決した。

「ごめんなさい」から「ありがとう」へ

遠隔の授業を行うにあたり、多くの学生がＡｊｕのサポートにかかわった。教室にビデオ機器を設定してくれる、私の代わりに遠隔の部屋で一緒に過ごしてくれる学生たち。Ａｊｕは嬉しいと思う反面、その親切さに「私は何もできないのに、なぜこんなに親切なんだ。障がいがあるからなのか？　自分の友だちなのか？　せんせいが作ってくれた友だちなのか？」と葛藤する。「ごめんなさい、ごめんなさい」と心の中で謝り続ける。この状態が終わりを告げるのは、やはりＡｊｕの周りに集まった他学生たちのあり様とＡｊｕ自身の気持ちの変化である。他学生たちは、それぞれのペースでＡｊｕをサポートする。ビデオ機器のセッティングの時間に遅れたりする。集う場所ができて「ラッキー」と言わんばかりに、お菓子をいっぱい持ってＡｊｕの遠隔部屋に登場する。時にＡｊｕに課題を教えてもらう。なんとも使命感のない・緩い学生たちのあり方が、Ａｊｕの気持ちを楽にしたのだろう。

Ａｊｕ自身にも変化がおこる。黒板の文字を見る、教員の話を聞く、資料を見る、ノートを取るなど、一度

沖縄メンバー（2013）
遠隔授業の準備をしてくれた友だち。一緒に地層の実習にも行ってくれた。

に多くの行為をすることが難しいAjuにとって、静かな遠隔の部屋でオン・オフの切り替えにより必要な音声だけを聞くことができる、事前に配布された資料は理解済みで板書に集中できる授業のあり方は、大きな気づきと感動をもたらした。「聞けてる！　混乱しない！」「勉強してるって、こんな感じなんだ！」という初めての感覚、大きな喜びは、勉強したいというAjuの欲求をさらに強くした。それは、同時に、友人たちに対する「ごめんなさい」から「ありがとう」への転換だった。

大学からの正式な配慮願いとなり、教員の対応は大きく変化した。Aju4回生の前期・後期には、それぞれ14単位取得する結果となった。夜間部の5年課程では、この取得単位数は平均的である。そして、私の一人での奔走も終わりを告げる。

4　離れても、離れない（2012年：4回生〜2014年：6回生前期）

「なんか隠してることない！」

修学継続の可能性もより高くなり、私一人が奔走する時期も終わったが、まだまだいくつもの壁がある。私とAjuのいた学部は教育学部。教員免許状を取得しなければ卒業できない。卒業には教育実習が不可欠である。遠隔授業により修学への糸はつながったが、卒業への光は見えない。私の中に「Ajuと私との距離を考える時なのかもしれない」という新たな思考が生まれる。この先、Ａｊｕと長く歩むことになると予測していたのか、そう決めていたのかは定かではない。ただ、「今のままの形で卒業すれば、『せんせいがいたから卒業できた』となり、Ａｊｕの自信にはつながらない。卒業できなければ、『せんせいがいても卒業できなかった』となり、二人で歩む道が途絶えてしまうかもしれない」と、当時書いたメモを見れば、どうやらすでに腹はくくっていたようである。同じ大学内で教員と学生という立場にある限り、距離をとること自体が難しい。私とＡｊｕとが同じ大学にいることに利点を見いだせなかった。結果、私が大学を離れることが最善の方法であるという思いが強くなっていった。

そして、応募していた大学から採用の内定をもらったが、Ａｊｕにはゆっくり時間をかけて丁寧に話そうと時期を見計らっていた。内定から2カ月ほど経った夏のある日、突然、Ａｊｕが強い口調で私にくってかかる。「なんか隠してることない！」と。この頃、複数の教職員から「Ａｊｕ、元気になったね。もう、せんせいがいなくても大丈夫だね」と声をかけられることが多くなっていた。まだ誰にも異動のことは話しておらず、彼らの素直なほめことばだった。しかし、時に人の心を深読みするＡｊｕは、何かを感じ取ったようである。そして、先の怒り。ゆっくり時間をとり、異動のこと、その理由をＡｊｕに説明した。説明の核は、「離れる」という意味についてだった。「物理的に離れることと気持ちが離れることとは違う」「私の異動は、勤務先が少し遠くなるだけのことで今までと何も変わらない」と丁寧に説明した。「同じ大学に一緒にいないほうがいい」ということも丁寧に説明した。また、この時にＡｊｕに約束したことがある。Ａｊｕがつらく・苦しくなるだろうと予測されることについては、黙っているか、少し内容を変えて伝えてきていた。しかし、これを機に、Ａｊｕに関するあらゆることについては一切隠しごとをしない。伝えることでＡｊｕがつらく・苦しくなれば、一緒に苦しむほうがいい、隠すよりは気が楽であるとAjuに伝え、Ajuも同意した。それから今日まで、この約束を守り続けている私がいる。

大きな誤解

しかし、翌日からAjuは私を避ける。話そうともしない。顔を合わせないように時間をずらす。「何がどうなってるんだ?」。わけの分からない私は、再度Ajuとゆっくり話した。「どうしたん?」と問う。泣きながらの説明は、Ajuの「0か100」の思考そのものだった。「せんせいが大学を変わる」→「ここに住んじゃいけない・引っ越さなきゃいけない」→「何もかも自分でしなきゃいけない・独り立ちしなきゃいけない」→「せんせいに頼っちゃいけない」→「全部、自分でする」→「一人になった時の練習を始めなきゃ」→「一人になるから、せんせいと口を聞かない・顔を合わせない」。これが、極端なまでのAjuの思考である。「ありゃ～」と笑いそうにもなりながら、説明、説明、また説明。「堺から出なくていいよ」「今まで通りだよ」「週末には帰ってくるよ」「毎日、電話で話せるよ」「物理的に離れることと精神的に離れること、存在として離れることは違うんだよ」「物理的に離れても離れない」、私も母も馬場さんも何度も何度も繰り返し説明した。Ajuは、「せんせいはいなくなる。でも、いなくならない。せんせいは離れる。けど、離れない」と呪文のように繰り返す。「悪いなあ」と思いながらも、やっぱり笑ってしまった。少しずつ落ち着きを取り戻してはいったが、Ajuがこのことを実感するのは、もう少し先である。

気づけば、Ajuも5回生。私たち二人にとって5度目の春、2013年4月、私の立命（立命館大学）での勤務がスタートした。毎日電話してくるAjuだったが、しんどいこと、つらいこと、嫌なことがあった日は電話を躊躇する。そんなAjuに、「あっこさん（私）に電話したら?」と促す母。「せんせいを悲しませる、嫌な気持ちにさせる」と返すAjuに、「あんたらそんな関係じゃないでしょ。いいことも悪いことも全部ひっくるめてでしょ」と母。Ajuは、こういう母のあり様に何度も後押しされてきた。まごまごしながらも、Ajuは私に電話をかける。結局、悪いこともいいことも含めて、いっぱい話す。一通りの報告が終われば、「もうないかな。ほかに話すことないかな。もうないの～。残念。ほんとにもうないかな」と電話の時間を長引かせるという繰り返し。

1年後の実感

大学でのAjuへのサポートの範囲が拡大したとはいえ、私がいなくなったことで生じたAjuの不安は大きく、やはり大変だった。卒業のために2校課せられているうちの1校目の教育実習が始まった。学部主事、支援室長の木立先生が実習校の別室で連日待機した。環境、特に音に起因する不安定さのために、教室から逃亡したAjuを担当教諭である保高先生が校内で発見することもしばしば。無理に引き戻したりはせず、安否確認をした後はそっとしておいてくれた。

教育実習の大変さに加え、Ajuを混乱させたことは、誰からかも分からないAjuに対する誹謗中傷だった。メールを送りつける、SNSに書き込む、遠隔の部屋に手紙を滑り込ませるなど、卑劣な行為が続いた。このような状況の中、Ajuは毎週、私のアパートにやってきた。たいていは2泊していく。私と一緒に出勤し、私の研究室で好きな勉強をする。しかし、不安定な状態のAjuを研究室に一人残していくことが心配な日も多かった。そんな時は、Ajuのことを深く話していた同僚の長積先生の部屋で学習させてもらった。長

せんせいのお別れ会（2013）
立命館大学に異動するせんせいと、みんなでお別れ会。せんせいがいなくなると思っていたけど、「離れても一緒」ということが時間をかけて分かるようになった。

積先生に対する私の信頼の強さがＡｊｕにも反映するのか、長積先生の寛容な・大きなあり様に安心するのか、きっとそのどちらもだろう。長積先生とＡｊｕとの会話は徐々に広く・深くなり、少しずつ距離が縮まった。今では大の仲良しである。

2日間を私と過ごし、少しの安心感を蓄えた後は、少し元気になって堺へ帰っていく。その2日後には帰宅する私を待ちわびるＡｊｕ。「離れても・離れない」をようやく実感したようだった。物理的には離れたが、二人の関係は異なる形となり、より深く・強くなった。引っ越さなきゃと決意したはずのＡｊｕの姿は、10年後の今も、ここ堺のＡｊｕの「わが家」にある。

卒　業

卒業を半期遅らせたＡｊｕ、6回生の前期。残り1校での教育実習は免除となった。学長裁量の特別措置が設けられ、教育実習の単位を別の授業の単位で振替ることが可能となった。教師を熱望していたＡｊｕだが、1校目の教育実習を通じ、教師になることの難しさを痛感していた。何度も対話を繰り返し、教員免許は取得せず、単位互換で卒業することを選択した。２０１４年9月、自身の特性について執筆した卒業論文の審査を終え、卒業を手にした。長い・長い道のりの5年半だった。

卒業後の進路については、かなり前から、Ａｊｕ、馬場さん、木立先生、私、母が模索し、話し合いを繰り返していた。最終的には、Ajuが自身の特性を考え、一般就労は難しいと判断した。私は、激動の大学生活をやっと終え、診断を受けてからまだ2年しか経っていないAjuには、もう少し時間が必要であると思っていた。「経済的な心配は、とりあえず後回し」とAjuに伝え、ひとまず一般就労を延期し、Ajuに適した職種、可能な就労時間を見極めるために、就労移行支援センターへの通所を決めた。

＊

この時期の私とAjuとの関係は「双方向の関係」であった。「一方向の関係」に加え、Ajuが主体となり、Ajuから私に矢印が向くような、Ajuから行為・行動が開始され、それに私が呼応する関係であった。言い換えれば、両方向に矢印が向き、双方から行為・行動が開始される関係である。

この頃を振り返り、私は、「Ajuが主体となり、Ajuからも行為・行動が開始された」時期と考えている。Ajuは、「助けてもらいたいという気持ちも含めて伝えたいと思う気持ちが出て、その内容の1%を言うことから始めて、どんどん伝えられるようになったが、助けてもらいたい範囲がどこまでとかは考えず、全部、助けてってお願いしてた」時期と捉えている。

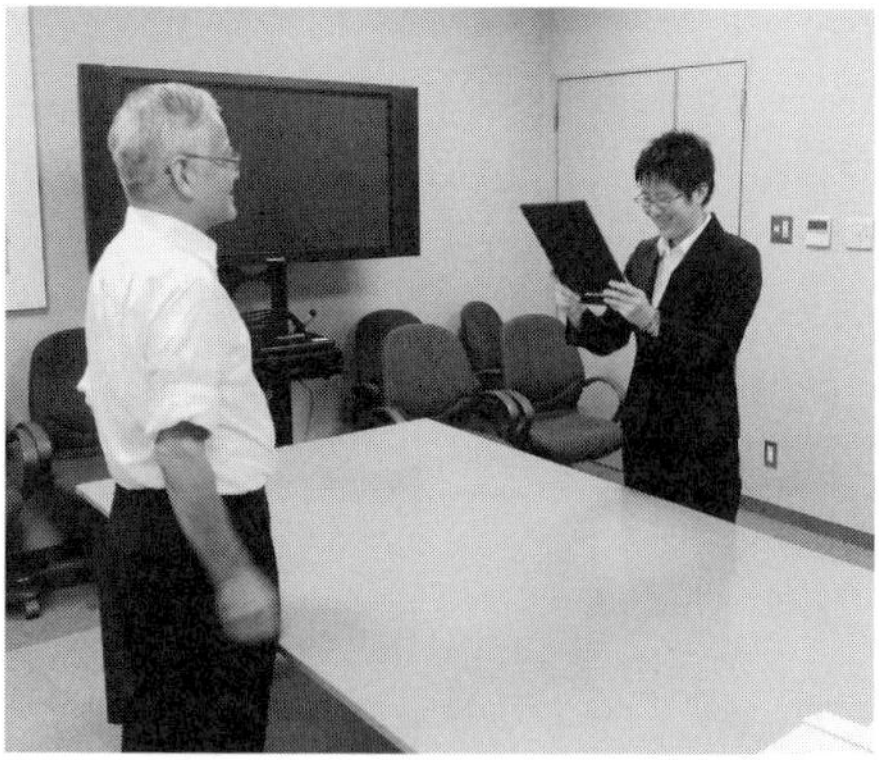

木立先生と卒業式（2014）
半年遅れての卒業。緊張しやすいため、小さな部屋でお世話になった木立先生から卒業証書を授与してもらった。

第3章

卒業。うだうだ。めそめそ。イライラ。そして、脱皮

絵とペーパークラフト（2015）
就労移行支援センターを利用するようになって、できる仕事ではなくて、好きなことを仕事にしたいと思うようになる。

怒涛の日々だった大学も無事に卒業したＡｊｕ。ホッとしたのも束の間。順風満帆に進むなどとは思っていなかったが、卒業後も次から次へと予期せぬことが起きた。私たちの生活は相変わらず目まぐるしかった。Ａｊｕのうだうだ・めそめそ・イライラに付き合いながら、何かが起きるたび、小さな決断・大きな決断を共にしてきた。

A.ju 大学で培った自分

見え始めた輪郭

大学生活では、新しい自分を感じた。自分が少しずつの変化を積み重ねて大きく変わってきた、そんな感覚がある。自分というものが、少しずつ、しっかり見えてきた、そんな感じだ。それは、多くの大学生が体験しないようなことを体験し、そのたびに考え、決断しなければならなかったからだと思う。

発達障がいだと告げられた後、専門の病院に行って検査を受けたこと。結果を聞くために、覚悟なんて持ち合わせていなかったけど、心の準備だけはしたこと。これから先が思いやられたこと。家族に1年近く話せなかったこと。特性やそのために起こる生活のしにくさを家族に説明したけど、「(私のような特性は)誰にでもある」と理解してもらえなかったこと。大学では教室に入れないままなのにと自分を責めながら迎えた2度目の教育実習。特例措置が適用されて、教育実習の単位を他の授業に代替する許可がおり、教員免許を取得しない選択をしたこと。多くの人は就職先が決まって卒業していく中、私は、就労移行支援センターへの通所を決めたこと。

どれも大変な経験だった。避けられることならば、どれも避けたかった。でも、選択しなければならなかった。ハンバーガーかチーズバーガーかどちらにしようか。北海道旅行にするか沖縄旅行にするか。そんな選択をたくさんするはずだった。でも、現実は、それらとは比べものにならない、別次元の選択ばかりだった。人生の岐路が凝縮してやってきたようだ。一人で決断できないことがほとんどだった。せんせい、馬場さん、修学支援センター室長で物理の先生である木立先生、母ちんに相談して、一緒にいろいろなことを決断してきた。このひとたちは、決して、私より先に走らないでいてくれる。ネガティブになってしまう私の気持ちを、強引に晴れやかにもしない。でも、「こういう考え方もあるで～」と教えてくれる。

だからだろう、決断した後に残るのは、手伝ってもらいながらも自分で決めたという感覚だ。これまでは、人に言われてした選択、させられた選択も多くあった。嫌だなと思っていても、親の意見や他の人の意見を想像しては、自分の意に反する選択もしてきた。それが一変した大学。大変な決断ばかりだったけど、自分というものの輪郭を知る大切な時期だった。自分がどうありたいか、どう過ごしていきたいか。5年半の間に、少しずつ少しずつ積み重ねられていった。ぐしゃっと崩れたり、泣きべそをかいたりしたけど、そのたびに強くなってきた。強くならなければいけなかった。自己が定まらないまま社会に出ていく人が多い中、私は「しっかりと輪郭をもって頑張っておいで」と送り出されたような感覚をもっていた。大学とは異なる新たな局面に緊張するだろう。待ち受けている大変な出来事にも遭遇するだろう。でも、これまでしてきたように、選択すればいい。自信はなかったけど、そう考えた。

卒業後の進路

私は、大学を5年半かかって卒業した。といっても、夜間部だから半年遅れただけだ。先輩はいるもので、せんせいの兄弟二人とも1年遅れ、私がとてもとてもお世話になった大学の事務の馬場さんはさらに上をいく。そんなひとたちが近くにいたので、半年遅れをとても早いほうだと感じる。卒業と同時に、学校の先生になっている予定だったけど、それが難しいと分かって、進路についてもう一度考え直さなければならなかった。学校の先生になるという目標がなくなって、これから先のことを全く想像できなくなっていた。これからのことについて相談できるひと、これから進むべき方向を一緒に考えてくれるひとがいなければ、おそらく私は自分の人生に消極的になって、自分を引き裂きたくなるほど傷つけて、引きこもっていたと思う。私はまだこの時、自分をきちんと客観視できなかったから、「大学生になって改めて自分を知ったから、自分の向いている仕事、向いていない仕事を見つける時間が必要」と言ってくれる、私より私を客観視できるせんせいや親身になってくれる馬場さん、木立先生、安福先生（大学生活全般の支援をしてくれるコーディネーター）が、私に合った卒業後の一歩目を提案してくれた。

私は卒業してから就労移行支援センターに通った。そこは2年間、就職のために必要なスキルを身につけたり、マナーを学んだりしながら、自分に合った仕事を見つける場所だった。私と同じような特性のある人が多く通っていて、人間関係でつまずくところや、こだわりが強いところなど、共感できる場面が多くあった。そういう特性がこれからの社会生活で生きづらさに変わらないように学ぶ時間が設定されていることもこの支援センターの特徴だった。私にはきっとその時間が必要だったと思う。大学生の頃、「ＡｊｕはＡｊｕやで」と言われることで、自分を大切にすることができるようになってきた。それでも、就職する時にはまた「障がい」という言葉や社会での見られ方に向き合わないといけないだろうなとも思っていた。障がいという言葉にまだビクビクしている私が、今すぐに障がい者枠で働くことになると、きっと消化不良を起こしてしまう。私には障がいという言葉に対して、自分の言葉で自分に説明するための時間が必要だった。そのための2年間と思うことにした。

もちろん金銭的な不安があり、できるだけ早く就職したいという気持ちがあり、早く仕事が見つけられそうな事務職に就職できるといいなと考えていたけど、せんせいの「焦ってもしゃあない」、馬場さんの「ゆっくりＡｊｕに合った仕事を探したらいい」、そういう声を思い出して、最初の1年間はどんな仕事が向いているのか、焦らないで考える時期にしようと思った。初めのほとんどの時間は事務職に必要なパソコンスキル向上のために使い、残りの時間は、興味のあったデザインソフトを使ったり、絵を描く時間にあてたりした。ところが、半年が経つ頃には使う時間が入れ替わるようになっていた。デザインの仕事をしている時がとても楽しかったのだ。その時間はもちろん、それ以外の時間もデザイン案を考えたり、絵を描き続けていたりした。乗り物のペーパークラフトの展開図を考えている時は、寝る前に枕元に紙とペンを置いて、いつでもひらめいた展開図をメモできるようにしておいた。机に向かわなくても、ずっと頭の中のイメージを眺めていられる時間がすごく好きだ。目をつぶっていると図形がイメージしやすくなる。こうやって出来上がった展開図を、翌日支援センターに行ってパソコンで形にしていく。指導してくれた先生は、段階的な技術の習得ではなくて、自分のやってみたい、作ってみたいと思うものから必要なスキルを教えてくれたので、ますます楽しくなった。ゆっくり時間をかけることで見えてくる自分の姿がとても新鮮だった。

そういえば、こういう時間の流れ方が好きだったな。

EF66（2015）
大好きな乗り物の展開図をパーツごとに分けるのではなく、ひと続きの展開図になるように考えるのが楽しかった。写真はその展開図を組み立てたもの。

等身大の自分

私は美術の時間が好きだった。好きだった理由は、その時だけに感じることができる時間の流れ方が好きだったから。私は学校生活に緊張することが多かった。学校は規律が多く、してはいけないことが多くあった。それは具体的で私にとって分かりやすくもあるけど、私を動きにくくするものでもあった。私語はいけない、遅刻はいけない、靴と靴下は白でないといけない、整列は乱れてはいけない、乱れると運動場を走らされることになる、数えると切りがない。授業では正解を求められることが多く、間違えることが怖かった。先生の話を聞けていないと注意されることも怖かったし、いけないことをしたと思うのが嫌で、それを守るためにいつも緊張していた。

　でも、美術の時間だけは緊張せずに過ごすことができた。課題を1つ与えられても、そこには正解も間違いもやってはいけないこともなくて、自分の思ったように表現すればよかった。こういう世界はどうだろうか、いやもっとああならどうだろうかと考えているだけで楽しかった。この時間だけは学校にいる気がしなかった。たった2時間の美術の時間なのに、とても広い世界へ行ってきたようだった。私は考えている時間が長くて、みんなが課題の下書きを終えてもまだ白紙だったから、課題を家に持って帰ったり、放課後に残ったりして続きをすることが多かった。でも、それを宿題や居残りと思わなかった。続きをどんなふうにしたら面白いのかどこまでも空想の世界を見続けていたかったから。いつも学校生活で感じる、「〜してはいけない」「〜せねばならない」と、その範囲内で動かなければならない時と違い、この時はそのままの自分をさらけ出してもよい場

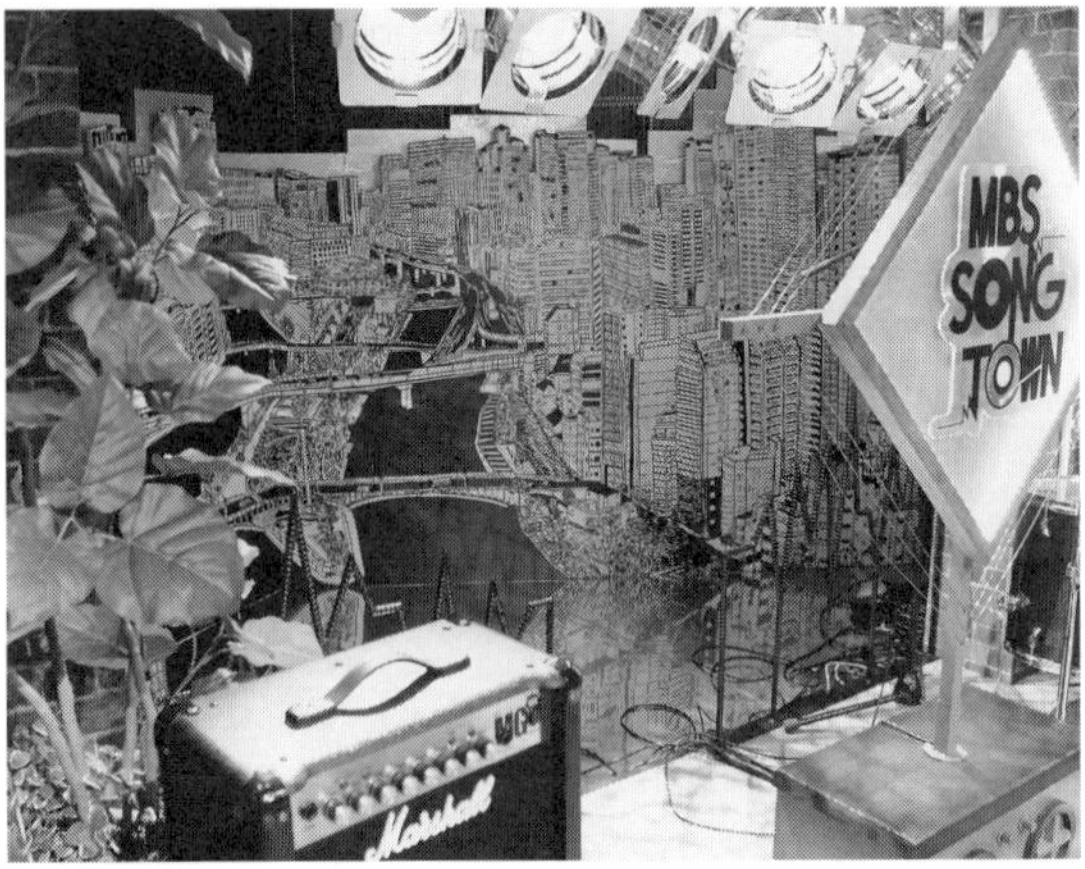

MBS SONG TOMN（2015）
テレビ局の音楽番組スタジオの背景になって、好きなことが仕事につながるかもしれない、絵の道に進んでみたいという気持ちを後押ししてくれた。

所であり、時間だった。美術の先生は私が思うまま、好きなように描いた作品を、「今までに見たことがない発想力をもって描くから、本当にいつもあなたの作品が楽しみやわ」と言ってくれた。私はその時、そのままの自分を肯定してもらえたような気がした。完成した絵を「次の学年の生徒たちにも見てもらいたいなと思っているので、私にその絵をくれませんか」と尋ねられた時、私は喜んでその絵を手渡した。

支援センターに通い始め、デザインを学んでいる時、何度もこの美術の時間の映像が浮かんできた。今デザインをしている私とあの時の私が重なって見えた。もし、それだけを理由にデザインや絵の道に進んでみたいと言ったら、周りの人はどう思うだろう、せんせいは反対するだろうか。

そんなことを考え始めるようになった時、私を後押しするような出来事も起きた。職業体験でＭＢＳ放送局（大阪にある放送局）へ行った時のことだ。どこかで見てもらえるチャンスがあればと思い持参した絵が、デザイン担当の人の目に留まり、すぐ放送予定の音楽番組のスタジオの背景に使用したいと言ってくれたのだ。あまりに突然の話で信じられなかったけど、話はどんどん進んでいった。１カ月後には、スタジオにかっこよく映っている自分の絵をテレビの画面越しに見ていた。デザイン担当者の方から、「ずっと絵を描いていってほしい。一人のアーティストとして将来が楽しみ。自信をもって」とスタジオの舞台裏で話してもらったことを今でも忘れられないでいる。これから進んでみたいと思う道にいる人からこのような言葉をかけてもらったことは、大きな自信になった。自分の絵が仕事につながる初めての出来事に、胸が高鳴るようだった。

私に合った働き方を探す

どのような仕事に就くかということに加え、私にはもう一つ決めていかなければならないことがあった。それはどのように働くかということ。支援センターに通ったのも、自分の特性を仕事にうまく活かせる、反対に支障が出ないような働き方を見つけるためだ。

この1年間、自分のいろいろなことが分かってきた。一つは、支援センターで週5日、8時間働いてみることで、自分の身体がとても疲れやすいことが分かった。疲れやすい原因が、電車を使った通勤と8時間の労働に心身がもたないこと、人の話し声のある環境、オフィス内の機械音、あちこちで突然なる電話の音、場所によって異なる室温など、様々な刺激に非常に敏感なことにあると気づいた。蕁麻疹が出たり、頭が痛くなったり、一日の疲れは10時間の睡眠でもとることができず、楽しみの土日も身体を回復させるためにベッドで過ごすだけの日になった。

ほかにも、こだわりが強く、ある一つのことをしていて、切り替えて次の作業に移るまでにすごく時間がかかったり、時には集中し過ぎたりして、次の作業のための集中力がほとんど残っていないこともあった。全体を見通して、体力や集中力をまんべんなく使うことが私には難しかった。それ以外にも、どんな仕事も同じくらい大切だと思う私にとって、仕事には優先すべき順位があり、それは時と場合によるということを学び、実行しなければならなかった。多くの人が何気なくできることを、私はできないか、常に意識しなければならないかだった。どのようにすればそれらを身につけられるのかを学ばなければならなかった。これはすごくネガティブな自分を知ったことになるかもしれないけど、自分に合った仕事や働き方を見つけるためには、好きなことを知るのと同じくらい大切なことだと思う。内面から自分を知っていくと、障がいがあるから障がい者枠で働くのではなく、自分に合った働き場所を探す、そういう考え方をするようになっていた。支援センターに通い始めた頃、障がい者枠という名前の下で働くことに心の準備ができていなかったけど、考え方に変化があると、その言葉を自分で説明しなおすことができた。私は、デザインや絵の仕事ができること、そして自分の特性を理解してもらえる、そういう会社を見つけることを目標にした。

立ちはだかる大きな壁

自分の特性を理解してもらえる会社、つまり障がいのある人を雇っている会社をいくつか見学した。初めての会社見学で、私はひどく落ち込んだ。「君たちは水やりはやったことありますね？」という問いに返事をしなければならなかった。「君たちは耳を塞ぐんでしょ？」と、テレビが大音量になった瞬間、耳をふさぐ私たちは、ほらほらと指をさされなければならなかった。「何人もそういう人を見てきていますから」とこれまでの雇用実績を誇らしげに話す人たちがいて、私たちは、当たり前のように障がい者としてまとめられ、一人ひとりの人として見てもらえる場面がなかった。自分に合った働き場所を探すと意気込んで会社見学に行ったけど、先を考えるのが怖くなった。

特例子会社という場所にも見学に行った。大きな会社が国の定めた障がいのある人の一定の雇用率を守るために作った子会社で、そこでは障がいのある人だけが働いていた。いろいろな人たちと一緒に働きたいと思っていた私は、その空間にいると閉じ込められたような気持ちになった。このような会社が全てではないにしても、私には大きな衝撃だった。特性を理解してもらうために、このような環境に身を置くことが果たして私にとって働きやすい場所なのだろうか。

もう一つ問題もあった。障がいのある人を雇用する会社の仕事内容は事務作業、軽作業、清掃作業で占められていて、デザインを仕事にする会社はほとんどなかった。そのほとんどない中から、自分に合った働き方ができる場所（家からのアクセス・勤務日数・お給料・障がいの種別・デザイン歴の有無など）を絞ると、一つも残らなかった。支援センターの人に相談しても「デザインの就職は一般就職でもほとんどないので、障がい者枠はほとんどゼロですね」と言われただけだった。デザインを学ぶ時間は何のためにあったのだろう。ようやく自分のしてみたい仕事、自分に合った働き方を見つけたつもりでいたけど、それは願望であって、現実的でなかったのかもしれない。デザインや絵という楽しいと思う仕事を始めるには、もう遅すぎたのかもしれない。支援センターに通い始めた頃に考えていた、事務職で就職を探すことのほうが正しいのかもしれない。そう考え始めると、1年間考えてきたことをなかったことにしたくなった。

腹をくくるということ

「障がいがあったら、好きな仕事に就けないの。どうして同じ人なのに、働く場所が分けられてしまうの。社会ではのけ物にされるの。見つからない仕事を探しに、支援センターに通う必要があるのか分からない。とても悔しい」。支援センターに通うことを渋り始めて、せんせいにその理由を尋ねられた時のことだ。

私たちはこの会話をしてから、これから先のことを真剣に話し合った。私はこの時、できるだけ早く就職先を見つけること以外の選択を考えられずにいた。どこかに勤めるということだけが私にとっての就職だった。だけど、せんせいは「何がなんでも就職にこだわらなくてもいいんじゃないかな。Ａｊｕが見つけた本当に好きなことをやってみたらいいと思う。障がいがある・ないにかかわらず、人は自分の好きな仕事をしていいはず。私が好きな仕事をしているように、Ａｊｕにもそうあってほしいと思ってる。いつ絵が収入になるのか私にも分からない、そういう日は来ないかもしれない。それでもやってみたいと思う？　それまで必要最低限のお金はアルバイトで稼ぐ。そういう選択ならあると思う。もちろん一人で頑張れなんて言わない。一緒に頑張るんだよ」と言った。

せんせいが話してくれたこの内容に私はすぐに返事ができなかった。なぜなら、就職という道を選ばないことなんて考えていなかったからだ。そういう道があることを知ってはいたけど、これまで自分のこととして考えたことがなかった。私にそんなことができるのだろうか。でも、そうすることで自分の好きな仕事、やってみたいと思う仕事を諦めないでよくなる。せんせいがこの話をしてくれたのは、きっと私以上に私の気持ちを汲み取ってくれていたからだと思う。「支援センターに通って、デザインや絵の仕事をしているＡｊｕの生き生きした姿を失いたくない、障がいがあるからといって失っていいはずがない」とせんせいは言ってくれていた。だから、道を尋ねて見つからなければ、自分でその道になるように歩き始めることを提案してくれたのだ。そして、「立ちはだかる問題が出てきた時には、一緒に考えて、一緒に歩こう」と言ってくれた。私はどれほど愛されているのだろう。もう一度、自分に問いかけ、覚悟をもって決断しなければいけない。

それなのに私は弱虫だ。弱い心がどんどん出てくる。まだ歩き始めてもいないのに、うまくいかないことばかり考えている。絵の道を歩いてみたいと思っても、多くの人がそれで生計を立てられていない様子を見て、私になんてもっと無理だ、ほかに就けそうな仕事を探した方がいいのかもしれないと気持ちが定まらないでいる。間近に迫る金銭面での不安が私の邪魔をする。何年までに絵の収入がなければ、貯金がなくなる。計算をしては悲観的になる。「働かざる者食うべからず」。ぼそっとつぶやいた言葉にせんせいが噛みついた。「いいかげんにしなさい。私はとっくに腹くくってるよ。あんたが腹くくらんでどうすんの！」。私はせんせいの言葉に小さく何度も頷いた。そうだよ、私が腹をくくらないで、どうやって一歩を踏み出すの。あれだけやってみたいと思った仕事を自分から諦めていいの？　それに一人じゃないんだよ。心強いひとがいるんだよ。本当は答えは決まっていたはず。私は大きく頷いた。せんせいにも母ちゃんにも「絵で生計を立てたい。どうなるか分からないけど頑張ってみたい。だからお金がなくなりそうな時は、母ちゃんに家賃の値下げ交渉をするかもしれません」とお願いした。もう弱音はこれっきりにする。するとせんせいは「節約はＡｊｕ一人でしなくていい。私と母と三人ですればいい。同じご飯を食べているんだから。お出かけを減らしたり、時々ごほうびの外食にしたり、こまめに電気を消したり、みんなですればいい」と言い、母ちゃんは「家賃の値下げは今月からでなくてもいいのかしら？」と言った。

私はどんな顔をしていたのだろう。

喜んでいたのだろうか、泣いていたのだろうか。

初めての展示会。母ちゃんを元気にするはずが……

２０１４年にせんせい父が亡くなってから、母ちゃんの心はほとんど日常にないようだった。

「母、全然あかんな～」「時間はかかると思っていたけど、ますます沈んでるように見える」「あのさ、母にはまだ内緒の話やけど、隣の家でＡｊｕの絵の展示でもしよか。Ａｊｕのためって言ったら絶対協力してくれると思うねん」「私のために？　そんなことで元気出るかな？　でもせんせい父以外のことを考える時間があるのはいいかもしれない」「じゃあそうしよう。後は私に任せて」

このままでは、母ちゃんが鬱《うつ》になるのではないかと心配したせんせいと私は「Ａｊｕの展示会」という名のもと、「母ちゃんの気を紛らわせよう作戦」を開始した。

母ちんは自分のためにはなかなか動かないけど、私たちのためならと「よっこいしょ」と腰をあげた。せんせいの言うとおりだ。一軒一軒電話をかけ始めた。「父が亡くなったの。Ａｊｕが個展をするの。お越しいただけますでしょうか」。一軒にかかる電話の時間は短くても20分、長い時では1時間以上話している。私が隣の部屋で展示の準備をして、一段落して戻ってきてもまだ話している。いったい何十年分の話をしているのだろうと思う。でもそこには私の知らない母ちんの姿があった。どれだけの生徒さんに、そのお父さんお母さんに、そして同僚に慕われていたのかをこの電話は語っていた。長く勤めていた同和解放地区で差別や人権問題と共に闘った同志との電話での声は、私が聞いたことのない母ちんの声だった。あれだけ電話で話したのに、案内状の一通一通に、必ず手紙を入れる母ちん。「電話で話したことと、これはまた別なの」と私にその心について話してくれた。一番初めに書き始めた母ちんだけど、私の書く十数枚の案内状、せんせいの言葉は添えない数枚の案内状に追い抜かされて、発送予定日ぎりぎりまで奮闘してくれていた。150は優に超える枚数だった。

初めての個展（2015）

母ちんを励ますはずが、励まされたのは私のほうだった。

　私は毎週末、お金とにらめっこしながら準備を進めた。100均の額に、色画用紙をマット代わりにして飾られた作品、今の私の予算内でできる最大の展示方法だ。お金がなければ、ないなりに工夫をする。この道を歩くと決めた時に、三人で心したことだ。作品を吊るすためのワイヤーを購入できる予算がなくても、（知恵を借りて）釣り糸と発泡スチロールで作品を吊るすことができた。絵描きさんが目指す個展とは程遠いけど、なんとも私たちらしい一歩目のような気がする。いつもはスケッチブックに収まっているだけの作品も、この機会を逃さんとばかりに、いつもと違う扱われ方に喜んでいるようだった。

展示会は大成功だった。3日間でのべ250名ほどの人が来てくれた。言うまでもなく、8割近くが母ちんのお友だちだった。そのお友だちがお友だちを連れてきてくれた。みんなが「ながはまさん」と呼んで、再会を喜んでいた。母ちんの服装は明るいピンクのお洋服でとても素敵だった。せんせいと私はこの光景を見て、「やってよかったね」と言い合った。今回の展示では、絵以外にも障がいについて考えてきた数年間の記録を展示した部屋を設け、私はそこで母ちんのお友だちといろいろな話をした。私の高校時代の友だちやお世話になった方たちも足を運んでくれた。私が大学を卒業して、それなりの職に就くことを想像していただろう私の知り合いの人たちは、どんな心境で絵を眺めていただろう。「これからの仕事をどうするのだろう」「どうして絵に」「絵を職にするのは厳しいだろう」という声をひとりでに想像しては、その言葉をグッと呑み込んだ。今は見に来てくれたことを素直に喜べばいい。地域の人もたくさん見に来てくれた。堺に住み着いてから、ご近所付き合いというものをしたことがなかったけど、展示会を通して、地域デビューを果たした。近いからと毎日足を運んでくれる人もいて、最終日まで賑やかな展示会になった。

これで「母ちんの気を紛らわせよう作戦」は無事に終了したはずだった。展示会が終了して数日後、「これは母がAjuに残してくれる大きな財産になるね」。芳名帳を見ながらせんせいが言った。積み重ねられた5冊の芳名帳には、母ちんのお友だちの名前がたくさん記されている。ここに記されている名前の数は、この展示会の大成功だけを物語っているのではなかった。「あなたが展示をする時に、きっと次も来てくれる大切なお客さんだよ」、そんな声が聞こえてきた。その瞬間に、一軒一軒、電話をかけていた母ちんの姿、さらに来場者へのお礼状に一言添えた母ちんの姿が思い返された。母ちんの心は、初めから私にあったように感じた。母ちんに元気になってもらいたいと思って始めたはずが、今、目の前で励まされ応援されているのは私のほうだった。

1　家族の形（2014年9月〜11月）

就労移行支援センターへの通所

2014年9月半ば、正式な卒業を前に、Ajuは就労移行支援センターへの通所を始めた。毎朝、ピシッとスーツを着て、シャキッと出かける。帰宅後、その日の出来事を楽しそうに話す。特に、パソコンソフトを使ったデザインに夢中になる。パソコンの中で、自身が描いた絵に色をつける。絵がまた違ったものになり、Ajuはますますのめり込んでいった。絵のはじまりは、診断直後に何気なく描いた新幹線。コピー用紙の裏に描かれた新幹線を見た私は、Ajuに1冊の小さなスケッチブックを渡した。それ以来、気が向けば絵を描いていたAjuだった。疲れながらも、週末には、カッターシャツを洗濯し、アイロンをかける。そしてまた、ピシッとした姿で家を出る。これが通所し始めた頃のAjuの姿だった。慣れないことも多かったが、まずまずの好スタートに、もしかしたら、この延長に、Ajuに適した・Ajuの望む職に就く道が開けるかもしれないという思いもあった。

改めまして、堺の住人に

もう一つの新しい出来事。10月1日、Ａjuは堺に住民票を移した。様々な手続きのたびにＡjuの住民票のある役所へ行くのは大変だった。卒業までという最初の約束はいつの間にか、父、母、私、そしてＡjuの頭の中から消えていた。区役所でもらってきたばかりの新しい住民票を「見て見て～、堺市民になったよ。ここがおうちだね、これからもよろしくお願いします」と父に嬉しそうに見せた姿を今でも覚えている。父も嬉しそうだった。これまで転送してもらっていた手紙類が初めて堺に配達された時は、飛び上がらんばかりの喜びようだった。初めての選挙の投票案内のはがきも嬉しそうに眺めていた。正真正銘の堺の住人となったＡjuだった。

父との別れ

父に血液がんの診断が下りたのは、２０１４年1月のことだった。闘病生活を続ける父の病室へＡjuと何度も通った。Ａjuが顔を出すと父は本当に嬉しそうにする。「待ってました」と言わんばかりにＡjuに語りかける。無菌室のガラス越しに話すこともあった。父の退院準備で、家中のクリーニングをした時には、嫌がりもせずよく働いてくれたＡju。退院した後には、ゆっくりしか歩けない父の歩調に合わせ、おしゃべりしながら散歩してくれたＡju。仕事が忙しくて私ができないことをたくさんしてくれた。

寛解と言われ喜んだのも束の間、病状が急変し、あっという間に亡くなってしまった。Ａjuの住民票を嬉しそうに眺めた3週間後だった。Ａjuを心から純粋に愛したひとである。Ａjuもまた父を慕った。二人で電車に乗り、プラネタリウムに行き、本当に楽しそうだった。「好きに理由はいらない。愛には、無条件の愛がある」というAjuの心に深く残ることばを残したひとでもある。亡くなった夜、Ajuのもとに戻り「Ajuくんは一人じゃないよ。あっこさんもお母ちゃん（母）もいるよ」と父がそっと、やさしく語りかけたと言う。

お別れの会

家族だけのお別れ会と決めていた父の意思に従い、準備が始まった。といっても、私は何もできず、亡くなった夜から一人、父のそばで泣きつくしていた。丸一日が経ち、少しだけ頭が動き始め、Ajuをほったらかしていることに気づいた。夜中、Ajuを迎えに行き、父の横にいたいというAjuにスペースを譲った。私が一人で泣いていた時、Ajuも一人不安と心配に押し潰されそうになっていた。「ちちが死んだ。私（Aju）は家族じゃない。ここにいてもいいのかな」「家族のお別れの会は家族の人だけだから、私は出席しちゃいけない」「家（実家）に帰ったほうがいいんじゃないのかな」。父が亡くなった悲しみとは別の悲しみがAjuを襲っていたのだと思う。私や母、兄や弟・そのパートナーたちは、そんなことを考えもしていなかった。「Aju、父の会に出てくれるかな」と兄。「Aju、ありがとうな」と弟。その妻たちもAjuへの感謝の気

せんせい父（2015）

せんせい父が亡くなって、せんせいと母ちんは元気がなかった。だから「いつもせんせい父はそばにいるよ」と伝えたくて描いた。

持ちを口にする。お別れの会では、Ａｊｕも父への手紙を読んだ。Ａｊｕとの関係は、私・父・母にとどまらず、私の兄弟・妻たち、甥っ子・姪っ子とも結ばれている。甥っ子・姪っ子たちは「Ａｊｕちゃん」と呼び、みんなＡｊｕのことが大好き。堺のわが家にＡｊｕがいることが、ごく自然で当たり前になっていた。きっとだれの心の中にもＡｊｕが家族として存在しているんだろうな。

父、その大きな羽

さて、わが家の大黒柱である今は亡き私の父に、Ａｊｕはどう映っていたんだろうか。Ａｊｕが堺の住人になる相談を私がしたのは、父は心臓のリハビリに通い、母はまだ闘病生活をしている真っ只中だった。私が最初に相談したのは母だった。父はその相談を母から聞かされた。母が父に相談するというよりも、事後報告に近かったようであるが、母曰く、父は特に何も言わなかったらしい。きっと根掘り葉掘り質問することもなく、「ふ～ん」くらいではなかったかと思う。相談以前からちょくちょく顔を出すようになっていたＡｊｕのことを面白い？かわいい？子だと思っていたのかもしれない。もともと私の中では、両親から「何か言われる」「反対される」という意識がなかった。頭にもなかった。それは両親の影響だと思う。Ａｊｕも書いているように、新婚ホヤホヤの両親が住む狭いアパートには、父の郷里である鹿児島から出てきた二人の高校生が居候していたと言う。その後も、時々わが家には何人かの居候さんがいた。そんな両親にとって、Ａｊｕが堺の住人になることは自然の流れだったのかもしれない。

私は、両親から怒られた記憶も、勉強をするように言われた記憶もない。父との思い出は多い。保育園の遠足で一緒に芋ほりをしたこと、授業参観に来てくれたこと、スケートや卓球に連れて行ってくれたこと、映画に行ったこと、いつも私の淹れるコーヒーをおいしいと言ってくれたこと。成人してからは二人であちこち旅行にも行った。離れて暮らしていた期間もあったが、私の傍らにはいつも父がいた気がする。

一匹狼的な私の生き方は、父と母の生き方そのもの。二人とも何よりも差別を嫌った。人を見下すような言動を嫌った。強く残る父のことば。「自分に嘘をついてはいけない。他人は騙せても自分は騙せない。おかしいと思うことはたった一人でも言い続けなさい。それで98人の敵ができても、父と母のたった二人かもしれないけど、僕たちだけはどんなことがあっても、あっこさん（私）の味方です。傷ついたら戻ってくればいい。僕と母ちゃんはいつも羽を広げて待っている」。父と母は、いつも私が私らしくあることを願った。それしか願わなかったと言ってもいいかもしれない。私は私のままでいいと言った。そんな父がいたから、母がいたから、今の私があり、今私の横にＡｊｕがいる。

Ａｊｕは、こんな大きな父ととても仲良くなっていった。話し好きの父のあちこちに飛ぶ話題にもＡｊｕは耳を傾けていた。「ちちのお話は、いつもどこかに飛んでいってしまうのに、まわりまわって、最後はちゃんと戻ってくるんだよね」と不思議がるＡｊｕを父はかわいがった。きっとＡｊｕの歩みを父は誇らしげに見ていると思う。

2　大きな決断（２０１４年11月～２０１５年９月）

限定された職業の選択肢

父の死後、Ａｊｕにもまた変化が現れる。生き生きと通所していた姿が次第に消えていく。週５日、往復の通所時間を合わせると、1日10時間を費やす就労移行支援センターの生活はA.juにとって過酷だった。A.juの快活さがどんどん奪われていった。過刺激による疲労から、週末のほとんどを寝て過ごす。日々の家事全般を母が担う。さらに、A.juの気持ちを暗くしたのは、いくつか見学した企業の雇用形態だった。障がい者雇用枠での採用のあり方は、まだまだ問題が多い。単純作業が定番。事務所の奥の方に仕切られた狭いスペースで、障がい者雇用枠で採用された社員が働く。そういう環境で働く自信も、働きたいという意欲もないA.ju。楽しそうに通っていた姿はもうない。やっとの思いでセンターに到着しても、外を歩いて気持ちを落ち着かせる日が増えていくばかり。就労移行支援センターの職員とA.juと私との三者相談を何度か繰り返し、徐々に通所の回数を減らしていく。「あ〜、また覇気のない、消えそうなA.juになる」との思いが私の中で強くなっていく。

そんなある日、「せんせい、特性？　障がい？　があったら、好きな仕事はできないの？」とA.juに問われる。ここから私の自問自答が始まる。「私は好きな仕事をしている。A.juも好きな仕事をすればいいのではないか」。A.juの思う好きな仕事が絵を描くことであるとは分かっていた。「でも、どうやって生計を立てていく？　しかも、多くの人が陽の目を見ない絵で」「いや、生計を立てていくことが最優先なのか？　また自己否定の強いA.juに戻ってしまう」。私の中で、すでに答えは出ていたような気はするが、その決断を口にするのは数カ月後である。

初めての個展

うかない顔をしながら通所を続けるA.juが楽しそうにするのは、絵を描いている時、完成した絵を母と私に見せる時であった。少しずつだが作品は増え続けていた。私は、Ａｊｕの絵に対する他者の評価、Ａｊｕ自身の絵に対する気持ちを知りたかった。そこで、Ａｊｕの絵のお披露目という意味でＡｊｕと私とは「Ａｊｕ個展」の計画を立て始めた。同時に、この個展は、夫を亡くしてひどく落ち込む母の気を紛らわすという意味もあった。私自身覇気を失っており、毎日をどう過ごせばいいのか分からなかった。最善の方法かは別にして、母の気を紛らわすために、目の回るような勢いで次々と個展のための仕事を母にお願いした。

数カ月の準備の末、２０１５年５月、堺の自宅で開催した個展は大盛況。３日間で250名以上の来場者。その3分の2以上が母の知り合い。母の人望の厚さに驚くほかなかった。Ａｊｕ本人も驚くと同時に、ますます絵に没頭していく。「あ～、この子、本当に絵が好きなんだな、これを仕事にさせてやりたいなあ」「うん？　でも、待てよ。これまでも興味関心は、二転三転してきたぞ」と私の葛藤が再燃する。Ａｊｕは広範囲に渡り、様々なことに関心を示し、没頭する。が、ある日、憑き物が落ちたように手をつけなくなる。それを間近で見てきた私は、当然躊躇した。絵に対する思いをＡｊｕに訊く。私の危惧も説明する。「絵を描きたい」「絵だけはこれまでと違う」と繰り返すＡｊｕ。Ａｊｕに限らず、絵で生計を立てようとするリスクを考えながらも、「それでも……」と思う私がいた。「私は両親からなにごとも反対されることなく、好きなことをさせてもらってきた。今も、好きな仕事をしている。Ａｊｕもそうすればいいのではないか」という気持ちが再浮上する。個展の後、徐々に就労移行支援センターへの通所回数を減らしていたが、つらそうな姿は変わらなかった。このまま覇気のない生活を送るＡｊｕの姿を見ているのも限界に近かった。

一大決心

「Ａｊｕ、絵で生計を立てていく？」。とうとうＡｊｕに切り出した。Ａｊｕが「できるのかな？」と私に問う。「私にも分からん。また模索の日々やわ」と答えた私に、「うん、絵を中心にしたい」とＡｊｕ。そこで、２０１５年９月、１年間通所した就労移行支援センターを退所。自宅で絵を描くことを中心とした生活に突入した。もちろん、まだ絵の収入はなかった。何十回も対話し、必要な生活費の計算を繰り返した。今振り返ってもなんと無謀な選択をするのかと自分でも苦笑するが、今同じ状況になったとしても、やはり同じ選択をするのだろう。絵を含めた将来の収入を月10万円、できれば13万円と設定。その内訳は、まずＡｊｕが疲労困憊しない程度のアルバイトで得る収入。足りない費用は、私からの無期限奨学金の貸与。その分、おうちの中でできることをすると約束。一大決心の瞬間である。それなのに……。

アルバイトをすると決めたものの、Ａｊｕに適した仕事がなかなか見つからない。Ａｊｕの少ない預金は減っていく一方。次第にＡｊｕの気持ちが揺らぎ始め、イライラ勃発。「働いていない人は何も食べちゃいけないんだよ。水も飲んじゃいけないんだよ。何もしちゃいけないんだよ」と騒ぎ始める。「あんたさ〜」と怒る気力もなく、ただただあきれるばかりの私。「あのさ、あんた本人が腹くくらんで、なんで私が腹くくってんの？　それおかしいやろ」と。Ａｊｕはハッとしたのだろうか、時間をかけながら少しずつ吹っ切れていった。

＊

２０１５年６月以降、就労移行支援センターへの通所回数を減らし、退所を視野に入れ始めた時期以降の私とＡｊｕの関係は「共歩」である。「共歩」は私たちの造語であり、「共に判断」し、「共に決断」し、「共に責任を負う」あり様を指す。この関係は、行為・行動としての支援の実態の有無に関係なく、また物理的な意味においてではなく、「共にある」ことの重要性を「双方が認識」する関係である。

この頃を振り返り、私は、「これまで抱えてきた一人で背負う責任を放棄し、全てのことをＡｊｕと共に考え、共に行う関係」と考えている。Ａｊｕは、「せんせいが私のことに気負わず、必死じゃなくなって、穏やかになった」「自分は、どこまでが自分でできるか、せんせいにはどこからお願いするかを考えるようになった」と表現し、卓球やバドミントンのダブルスに喩え、「ここに来たら打つから、そっちにいったらせんせい打ってねと、二人で一つのコートを守る関係」と捉えている。

第4章

新たなる世界へ

想像の世界のはじまり（ｉ）（2018）
新しい世界へ。

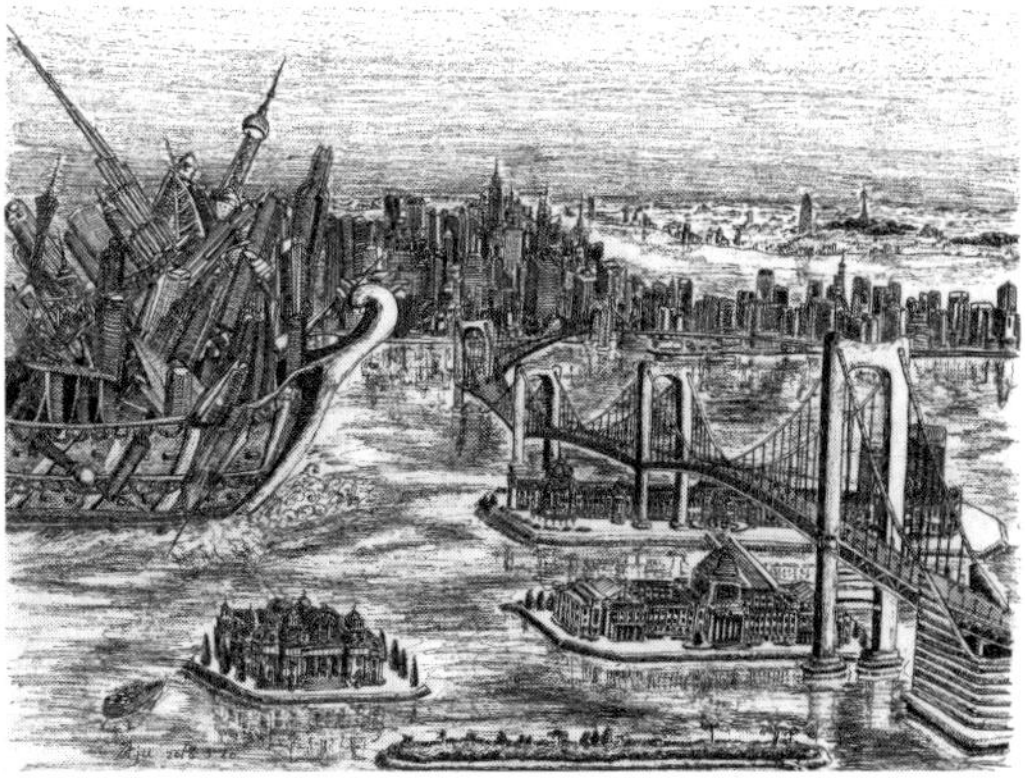

私たちの生活は本当に次々と新しい局面を迎える。アルバイトをしながら落ち着いて絵を描こうと決めた矢先、東京行の話が舞い込む。決してよい時間とは言えなかった東京生活にはオマケがついてきた。Ａｊｕは、私や母にない発想をする。母も私やＡｊｕにない発想をする。三者三様すぎるから楽しいのかもしれない。順風満帆でないから充実するのかもしれない。新たなる世界へまた踏み出したＡｊｕと私たちの生活は、Ａｊｕの特性と仲良くしながら。

Aju　私らしく生きる

自分でよく考える

　東京での生活も経験した。あるプロジェクトの補佐員として1年間勤めた教育機関は理不尽な環境だった。明治時代以前にタイムスリップしたようなそんな感覚を抱いた。ヒエラルキーの世界、この環境に染まってはいけない、慣れてはいけないと自分に言い聞かせた。障がいについて知識のある人たちだったけど、「私」という存在は置き去りにされた。お昼にお弁当を持って行くと、「お茶を沸かせるのか」「家にガスが通っているのか」「ご飯が炊けるのか」と訊かれる。学内にある食堂を「貧民食堂」「平民食堂」と平気で呼ぶ人たちとご飯を食べると吐きそうになった。時々やってくる子どもたちを「選ばれしモルモット」と話す声を聞いた時は、怒りを通り越して悲しくなった。どうしてこういう人たちが教育に携わっているのだろう。さりげなく出てくることばに傷つくばかりだった。親しいと思っていた人との距離感も分からなくなった。悲しかったけど、根本的な考え方の相違から、最終的には孤独になった。そんな状況だったから、後半の半年間は、何度も何度も堺に帰った。せんせいと母ちんのそばで数日間過ごした。少し元気になったらまた東京に戻って、エネルギーが切れたらまた「わが家」に帰る。そうやって、1年間を乗り切った。自分でものごとをよく考えていなければ、違和感を抱かなかったかもしれない。

　自分でよく考え、そして、大学の時のように頭の中でせんせいたちに登場してもらい、頭の中で一緒に考えてもらう「一人会議」をした。私の抱いている違和感は間違っていない。そうやって、自分という存在がどうあるべきかを、さらに考えるようになった。東京生活は、私の輪郭を色濃くしたのかもしれない。自分でよく考えて、決めて行動することが自分の道を歩いていくたった一つの方法なのかもしれない。そう思いながら今も歩いている。「頑張れ、私」と言いながら。

東海道五十三次を歩く

「私も歩いてみたい」

東海道五十三次を歩こうと決めたのは、東京で働いていた時に福島県へ山下清展に行き、そこで彼が東海道五十三次を歩き、絵を描いたことを知ったからだ。絵描きさんと言えば私の中では山下清になる。恥ずかしながら、絵描きさんの中でその人くらいしか知らなかったと言えばそうなってしまうけど、幼い頃に見ていた『裸の大将放浪記』の最後に出てくる絵をいつも楽しみにしていたことをよく覚えている。

「私もやってみたい。毎日歩いて絵を描きたい」。一人で東京から大阪まで歩くなんて、危険で反対されるかもしれないと思ったけど、せんせいは「やりやり～。おもろそうやん！」と後押ししてくれた。それどころか、私の中では東海道五十三次の最後の宿場町、京都の三条大橋で旅を終える予定が、「せっかく京都まで歩くんやったら、堺まで歩いてきたら？」と。「大丈夫か私？」と思いながらも「確かにそれもそうだな」と思い、決心した。

一日中、絵のことだけを考えて過ごせる時間があるなんて、人生の中でこれが初めてだ。いやいや、絵を描き始めたのは最近じゃないかとつっこみたくなるけど、この年齢で自分のためだけに24時間を使えるなんて本当にラッキーだ。しかも、さらに距離を伸ばして歩いておいでと言ってくれる、こんなチャンスはもうなかなかない。歩きながらどんなことを感じるのか分からないけど、この旅を大切な時間にしようと思った。

念入りな準備

浅草駅8：30着、改札を出て言問橋を渡った。隅田川を右手に左手の腕時計の針が9：00になるのを待っていた。帽子をかぶって、長袖、長ズボンに大きなリュックを背負い、雨に強い靴を履き、「いよいよ出発の日！」ではない。東海道の出発地は日本橋だ。それじゃあ何しにやってきたのって？　リハーサルにやってきたのだ。本番の旅の前に、あらかじめ1日にどれだけ歩けるのか、その距離を歩くのに何時間くらいかかるのか、疲れ具合はどんなものなのか知っておくことはとても大切だ。突然の出来事や初めての出来事には心が乱されてしまうので、あらかじめ調べておいたり、知っておいたりすることが心の安定につながることは、これまでの経験から分かっている。9：00きっかりにスタートして、3時間くらいゆっくり歩いた。新大橋あたりで、お昼ご飯を食べた。裸の大将放浪記では白いおむすびを食べる山下清がいたが、私は海苔が好きなので、海苔巻きおにぎりを作ってきた。彼の旅スタイルを味わいながらゆっくり涼んで、再び歩き始めた。意外と疲れて、勝鬨《かちどき》橋に来たところで16時前になっていた。ウォーキングのアプリを見ると、おおよそ15キロ。1日で歩ける距離はだいたいこれくらいの距離かもしれない。

次の日から、机の上に地図を広げ、東海道五十三次の本を数冊、全国のホテル・宿の本、スマホを準備した。1日15キロ前後歩くとして、出発地から15キロほど先にある宿を探す。地図の上にものさしを置いて縮尺の計算をし、近くにあるホテルを検索して、一番安い宿に予約をした。電話でないと予約ができない旅館もあり、この時ばかりは苦手な電話も、あらかじめ考えておいた予約のための「文言リスト」を読み上げながら予約をした。これを50回ほど繰り返す。気の遠くなる作業かと思うかもしれないけど、ちっとも苦痛じゃない。それよりも、ホッとする気持ちのほうが大きい。15キロの間にどんな観光スポットがあるのか、メモをしていく。

ここは見逃せないスポットだとか、途中寄り道をして乗りたい電車を書き留めた。東海道のルートを必ず歩くが、そこに戻れば、途中でその道から外れての鉄道の旅はOKとした。名物の食べ物、景色の良さそうな場所。名前しか知らない地名がいつの間にか、知っている町のようになった。頭の中で旅の行程がイメージできるようになると、見通しが立って、安心する。計画を立てているだけなのに、もう旅をしている気分になる。そして、山下清の東海道五十三次の本を見ながら、彼が描いた場所に行ってみたいと思うと、ますます頭の中で妄想の旅が始まる。そんなことで、1日に1宿分しか計画できないことが多く、全ての行程の計画を立てるのに2カ月かかった。計画が全て立てられた後は、もうすでに一度旅をしたような気分だった。

大好きな四角が見えなくなる

旅の始まりは、東京・日本橋。大好きな建物がたくさん並んでいる。銀座通りを歩き、品川、神奈川あたりまで気分よく、順調に歩いていた。ところが、先へ進めば進むほど、大好きなビルがどんどん遠のいていく。大好きなものを取り上げられていくようで、私はだんだん悲しくなっていった。毎日宿に着いたら、絵を1枚描くことを決めていたけど、楽しく書けたのは、初めの数枚くらいだった。見えるものは、山、木、草、花、雲、風、海、水、光、鳥、虫ばかりだ。直線や四角い形が見当たらない。事前調べでなんとなく想像はしていたけど、四角い形がそばにないのはとてもつらかった。四角い形に囲まれていた時は、顔は前を向き、見上げて歩いていたくらいなのに、柔らかい線に囲まれると元気がなくなって、下を向いて歩くことが多くなっていた。四角の恋しさに、歩道脇に溝に落ちないようにステンレス製でできた蓋、グレーチングの四角い形を見て心をなだめることが多かった。でもこれも田舎に進むとなくなっていった。見えるものは完全に曲線になってしまった。もやもやした形に私の気持ちももやもやしてしまう。毎日描くと決めた絵には自然を描かなければいけなくなった。思うようにペンも走らない。

美しい曲線の世界

ところが、毎日曲線を見ていると、曲線も悪くないなと思うようになってきた。本当に不思議なものだ。回転しながら成長する木や植物、風でできる歪んだ波紋、カモが泳いだ後にできる半円が繰り返される波紋、風が頬にあたる時の柔らかな大きなうねり。直進する光だって、雨粒にあたって反射すれば丸い虹を描くのか。直線は曲線をも織りなす。そんなことを考えながら歩いていた時、私のこれまで見ていた世界が、自然のごくわずかにしか触れられていないことに気がついた。頭の中に稲妻が走ったような衝撃だった。宿に着いてから描く絵も曲線ばかりだったけど、見え方が変われば、曲線が直線へ姿を変えて自分のほうへ少し近寄ってきた気がした。

光（2020）
曲線だと思っていた円も、実は直線で織りなす風景だと気づいた。

旅道中、観光スポットもあるけど、どこにでも生えている草木に目を奪われ、草木の名前を知りたくなり、小さな本屋さんで手に入れた植物の本を片手に歩いた。楠木、アヤメ、フジ、モッコウバラ、タンポポ、どれも形を見ただけで、ワクワクした。タンポポの前で30分、水の流れに30分、鳥の羽の動きに30分立ち止まって、予定の宿の到着時刻を過ぎる日

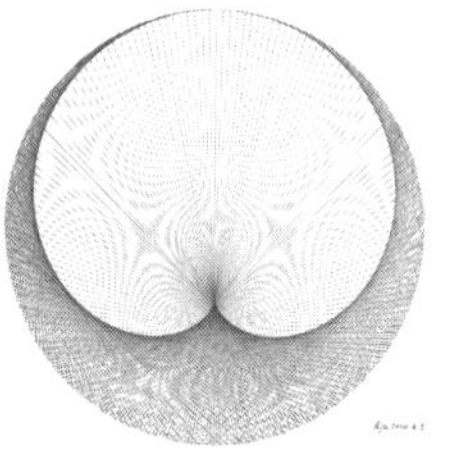

ツワブキの葉（2020）

ツワブキの葉を直線で。

も多くなった。カージオイド曲線に似た葉を見つけた時には、鳥肌が立った。こんな世界を見過ごしていたなんて。自然の美しい形は数学でも表せるけど、違う方法でも表現できるかもしれないと想像すると胸が高鳴るようだった。曲線と接線の世界が織りなす風景を自然界で見ると、こんなに感動するものなのか。この感情は今でも私の中できらきらしている。これらを絵で表現できるまでにはまだまだたくさんのことを習得し、学ばなければならない、そう思わずにはいられなかった。

東京から京都・三条大橋を通過し京街道からわが家まで歩いた距離はおおよそ697キロ。かかった日数は58日間。描いた絵は61枚。数字だけ見ても自分の中でも大きな達成感と充実感がある。でも、何よりも自然に包まれ歩いた毎日が、私への最高のプレゼントになった。

また、この道のりを一人で歩いて帰った影響か、大阪に戻ってからは、「成長したな～」と言われることが多くなった。

１　東京一人暮らし・東海道一人旅（２０１５年９月～２０１７年５月）

プロジェクト参画

就労移行支援センター退所間近の２０１５年夏の終わり、東京でのある教育関連プロジェクトに補佐員として参画する話が舞い込む。プロジェクトには参加者として参画したかったＡｊｕだが、年齢枠から外れたらしい。しかし、Ａｊｕの作品に興味がもたれ、補佐員としての参画の機会がオファーされた。まずは、Ａｊｕの意志を確認し、プロジェクトのスタッフと会い、条件を確認した。その後何度も対話を繰り返した。本当に初めての一人暮らし。しかも、大都会東京のど真ん中、渋谷近辺。「大丈夫なんだろうか」と思いながらも、「まあ大丈夫だろう」と気楽な私。Ａｊｕもまた、行きたいという強い気持ちと、一人で生活することへの不安が交錯し続けていた。ひとまずと調べた家賃の高さに驚愕。セキュリティを最優先させると10万円近い。私たちの得意とする綿密な計算のお出まし。収入と支出の計算を繰り返した。結果、貯金できる可能性は低いこと、13カ月分の家賃一括払いが安いから途中で辞められないことをＡｊｕに伝える。その後、数カ月間、Ａｊｕは東京での一人暮らしを想定しながら堺での生活を楽しんだ。

２０１６年2月下旬、いざ、東京へ出発。といっても、一緒に新居を整えるため、最終的な仕事内容確認のため、Ａｊｕの横には私がいた。しかし、意気揚々とスタートした生活は、半年で崩れ始める。初めての一人暮らしと特性が理解されない環境で、Ａｊｕの心身が悲鳴をあげた。毎日最低でも1回、多ければ3回も4回も電話で話すが、それでも安堵できなくなっていく。後半の半年は、たびたび堺のわが家に帰省し、英気を養ってはまた踏ん張るという繰り返し。プロジェクト側の意向で、予定より1カ月早く契約が解除された。家賃納入済みの最後の1カ月間を東京でめいっぱい楽しむことにした。東京はもちろん、東京以北の一人旅を満喫したＡｊｕだった。

山下清との出会い

たくさんの博物館・美術館を巡ったAjuは、山下清の展覧会で、彼が東海道を旅したと知る。「せんせい、東海道を歩いてみたいんだけど……」と小さな声で訊いてきた。「へぇ～、めっちゃ面白そうやん、やりやり～」と私。東京での高額な家賃、東京と堺の度重なる往復で、Ajuのお給料はほとんど残っていない。てっきり反対されると予想していたAjuは、拍子抜けしたようだった。私は、根っからの面白いこと好き。自分では絶対歩かない東海道をAjuが歩くという。こんなワクワクすることはない。早速、二人で準備開始。スポーツ用品店に行き、3泊分の旅の必要品が入るリュック、頑丈で履きやすい靴、足が疲れない靴下などを一緒に選び買い込む。Ajuは、そのリュックに3泊分の荷物を詰め込み、東京の川沿いを歩き、1日に歩くことのできる距離を見極めた。結果、1日に歩く距離を15キロ前後と決めた。次は、Ajuお得意の綿密な計画の出番。東海道の経路図とにらめっこしながら毎日の宿泊先を決めていく。インターネット予約できる宿は簡単だが、電話予約しなければならない場所も多い。電話が大の苦手なAjuには難関だった。話す内容をメモに書くが、Ajuのシナリオ通りには進まない。しかし、東海道徒歩の旅の魅力には勝てない。しぶしぶかけていた電話は、次第に流暢な会話へと変わっていった。

日本橋から堺へ

2017年4月1日、スタート地点の日本橋に立つAjuと私。かくして、Ajuの東海道一人旅が始まった。Ajuの東海道の旅の基本ルール。途中寄り道をする以外で、バスや電車は使わない。ただし、東海道沿いから遠く離れた場所にしか宿がない場合に限り、バスを使ってもいいが、前に進んではいけない。進行方向

東海道五十三次（2017）

直線だけでなく、曲線に惹かれた旅だった。

にしか宿がない場合は、バスで移動し、翌日もとの場所に戻り、旅を再開する。ほんと、Ajuらしい。

初めて描いた新幹線以降、Ajuの絵は四角い整ったビル、大好きな乗り物に限られていた。しかし、東海道の道中にAjuの大好きなビルはほとんどない。がっかりするAjuの目は、次第に自然の美しさに惹かれていく。一枚一枚異なる葉の形や色、風になびく木々、お城や橋、これまでにない曲線にAjuの感性が揺れ動き始める。心が揺さぶられる、そんな風景を毎日1枚のはがきに描き、堺に向けてポストに投函し続けたAju。私と母はそれを楽しみに待った。はがきに描かれた絵が、みるみるうちに変化していく。毎日の電話では、風景に対するAjuの気持ちや絵に関する会話とともに、体調や食事について相談する。足が痛くて、誰も通らない道が怖くて、雨が強く進めなくて、などいろいろ苦労もしたが、5月28日、58日間かけて歩いたＡｊｕの東海道・京街道を経た堺までの旅は終わった。かと思ったら、終わっていなかった。到着後、Ａｊｕは一人旅の終着点としてわが家を描き、近くのポストに投函した。Ａｊｕらしい一面である。配達されたはがきを三人で感慨深く手に取り、Ａｊｕの東海道一人旅は本当に終わった。

東京での滞在、一人旅、いろいろな意味で飛躍的に成長した1年間だった。一人暮らしは当分不要らしい。

2　変わり続ける生活、変わらぬ特性（2017年6月～現在）

新しい職場

帰阪したＡｊｕの体のあちこちに痛みが走った。しばらくは、ゆったり・のんびり。大好きな睡眠三昧。徐々に日常に戻り、ハローワークに通いながらアルバイトを探す。初回は、手続きも多く、私が一緒に行った。その後は、Ａｊｕが一人で足しげく通った成果あり。自宅近く、なんと歩いて3分の距離にある病院でのアルバイトを見つけ、すぐに応募した。過緊張するＡｊｕの面接には、やっぱり私のお供が必要ということで、面接会場近くで待機すること40分。面接の印象も若さもよかったのだろう。２０１７年9月からアルバイトを開始した。仕事の内容は、院内食の検品。週に5日間、1日3時間働く。休みは不定。

私にはＡｊｕのアルバイトに対する不安があった。これまで、いくつかのアルバイトをしてきた中で、偏見をもたれ、謂れのない差別的な対応を受けてきたこともある。また、そんな目に遭うのではないかと心配もした。もし、Ａｊｕがまた同じような目に遭ったらすぐに仕事を辞めていいと思っていた。今もそう思っている。

それと同時に、生活費の捻出という以外に、アルバイトをすることで、少しだけ社会との接点、人と接する機会をもってほしいと願ってもいた。Ajuのわが家での生活が長くなるにつれ、Ajuは遠ざけてきた人との関係を新たに築き始めていた。人との交流を楽しんでいた。その範囲を少しだけ拡張したいと思っていた。そのせいか、当時は収入を得るということの意味を深く考えていなかったように思う。

収入を得るということ

病院のアルバイトで手にした初めてのお給料。Ajuは「高いものは無理だけど」と言って、母をラーメン屋さんに誘いご馳走した。母の嬉しそうな報告の声とAjuの華やいだ声が今も耳に残っている（それなのに、Ajuも母も覚えていないことが、これを書いている今、判明した。二人とも「そんなことあったっけ?」と流す。愕然とする私）。

少しずつお金が貯まってきたある日。描いた絵を入れる額縁などの必要品を、Ajuが自身で得たお金で支払った。その嬉しそうな、誇らしくも見える姿を見てハッとした。決してAjuに恩着せがましくしてきたつもりはないが、私が支払うことに遠慮もあったのだろう。何よりも純粋に、自分で働いたお金で何かを買うという行為が嬉しかったのだと思う。本当にいい顔をしていた。その後もAjuは、自身の得た収入で、私や母に誕生日プレゼントを贈ってくれたり、時々おごってくれたりする。まだまだ苦しい経済状況にもかかわらず「一度はちゃんとご馳走したい」と料亭での懐石に招いてくれた。Ajuが収入を得る意味がここにあるのだと実感した。収入の多い・少ないではない。Ajuが一生懸命に働いたお金で好きなものを買う、好きな人にプレゼントする、一緒に食事をする。これらがいかに大切かということに思いが至る出来事である。

7:20 着替え
　パスケース
　時計を外す
7:30 準備
　衛生チェックに記入
　アルコールでペーパーをぬらす
　余分にペーパーをポケットに入れておく
　温度と湿度を確認して記入
　時間があれば経管食を冷凍庫で準備(おそらく調乳のときにする)
7:35 院内？からかな？左のほうから検食を出す
　配膳準備係の日
　　(100℃切ったら)表のおぼんを拭く
　　カートを動かす(タイミングまだ自信ない)
　　ふたが閉まっていない裏のおぼんを拭く。食札を中へ入れる
　　カートの並べ方

	9西(　)	9西(　)		
	9東	9東	キッチン	
	8西	8西		
3号機	8東	8東		
7西				
7西				
7東		5西		
7東		5西		
6西		5東		
6西		5東		
6東				
6東				

　　エレベーター前

　　東A　　東B　　西B　　西A
　　(エレベーターへの入れ方はまだ)

配膳係の日は
栄養管理士と医師に検食のため配膳(これはどこから？)
栄養管理士→部屋の洗い場付近
「配膳表」と「お下げします表」「メニュー表」とお箸もしくはスプーンが必要か確認
扉の自動を解除　看板を横にずらす
エレベーターに札を貼って、階延長ボタンを押す
　4階へ行って医師に検食をお願いする。
　食器の上に下膳カードを重ねる
　メニュー表を立てる

そのまま配膳へ
東から出して、西から配達
八の字にして運搬
階段で移動
3階は救急が先　院内は外に置く
3階からはエレベータに乗って、配膳表を取って降りる
＊相手がパートさんの時は3階からそのまま降りてもいい

8:00～　そうじ

仕事の流れ（2017）

仕事の流れを一度に覚えられなくて、焦ってパニックになる私のために、せんせいが視覚的に分かるように作ってくれた表。（一部抜粋して掲載）

変わらないもの

今も、様々な状況に戸惑い、時に小さなパニックを起こすAjuがいる。仕事が始まった直後は、なかなか手順を覚えられなかった。過緊張による疲労、それにより絵が描けないことへのめそめそ・イライラが始まる。何度同じようなことがあっても、Ajuはまるで初めてのことのようにうろたえる。「はい、はい。じゃ、一緒に整理しよか」。Ajuとの思考整理が始まる。仕事のプロセスを詳細に書き出す。それを表にまとめるのは私。仕事がある日とない日に分けて、それぞれ24時間のスケジュールを表にする。空き時間は、Ajuの好きな青い色で塗る。「ほら、こんなに絵を描く時間あるやん、寝る時間もあるやん」ということばと視覚情報にホッとし、Ajuは冷静さを取り戻していく。繰り返されてきた作業であるが、書き出し、表にするという発想がAjuには浮かばない。うろたえると何をしていいか分からなくなるAjuである。「せんせいはAjuのことをAjuより分かる」とA juが笑う一つの例。ただし、これまで作られてきた数々のスケジュール表は、Ajuを安堵させる役割を終えた後、使われることはない。

仕事では、いい人たちと巡り合い、今日もAjuは元気に働いている。個展も数回開催した。生計を立てるにはまだ遠いが作品の依頼も少しずつ増えている。

私たちの12年間は、こんなふうに刻まれてきた。多くの人たちと出会い、Ajuと母と私の生活は、豊かになり続けている。ようやく、つらいことより楽しいことが多くなってきた。一歩・一歩、ゆっくり・丁寧に歩んだ先に、「今」があった。これからも、Ajuも母も私も変わり続けるのだと思う。ただ、どれだけ変わろうとも、変わらないものもある。Ajuを苦しめた「特性」は、今も何ら変わっていない。ただし、「特性」に苦しめられることは少なくなっている。「特性」とうまく付き合うすべを徐々に身につけている。時にけんかし、時に仲良くし、時にかわいいと思う、そんな「特性」はAjuの一部である。きっと、これからも「特性」とうまく付き合う方法を模索し続けながら、私たちの関係は形を変えてゆくのだろう。それに伴い、新しい「共歩」の形が見えてくるだろう。

第Ⅱ部

特性とゆっくり付き合う

Ａｊｕと歩み始めた当初から、特性を忌み嫌わない、特性と仲良くなる、ゆっくり付き合いながら共存するすべを見つけようとしてきた。数えきれない対話を重ね、分析・考察を繰り返してきた。特性とけんかする時もあるが、仲良しの時も増えてきた。時々、かわいい特性である。

第5章

感覚過敏——活動時間を制限する特性たち

凸凹する文字（2021）
文字を読もうとすると、凸凹していて平面に並んで見えない。文字なのに記号や図形のように見えたり、重なって見えてしまうから、読み始めるのにとても時間がかかる。

まあ本当に、あれもこれもね。と思うほど、Ａｊｕの感覚は過敏である。日々、過敏さと暮らすのは大変だが、時にイライラもめそめそもしながら、その過敏さをうまくコントロールしようとしている。

Ａｊｕ　聞こえているのに聞こえない耳

元気な耳たち

私は、自分の耳を「元気な耳たち」と呼んでいる。母ちゃんやせんせいからは「あなたの元気な耳さん」と呼ばれている。私にはＡｊｕっていう名前があるのに、私の身体の一部には、こうやって個別にかわいらしい名前がつけられているものがある。ちょっとうらやましいでしょ。

でも、大学に入って発達障がいの診断を受けるまでは、そうやって自分の耳のことを「元気な耳たち」とは言えなかった。言えるどころか、腹立たしさばかりが募って、「耳なんかいらない、ちゃんと聞けない耳はもううんざりだ」と大荒れしていた。普通に聞けるということが一体どういう状態なのか分からなかった。他の人の耳になることは不可能なのも分かっている。自分のことについて知るまでは、集中力のないヤツと言われてきたこともあって、聞けていない自分を責め続けた。聞くってどういう状態なの？

私の耳が不便なのは、どの音も同じように聞こえて、必要な音を上手に聞き取れないこと、どんな音も同じ大きさに聞こえるので、たくさんの音が重なるととても疲れてしまうこと、高い音・高い周波数が苦手なこと、話す人の声の音程差が大きいと聞けなくなってしまうことだ。授業中は先生の話を聞かなければいけないことはよく分かっている。それなのに私の耳は、教室の蛍光灯の音や、クーラーの羽の音、窓から聞こえる自転車のベルの音、走っている車のタイヤが道路を転がる音、たくさんの音が一度に押し寄せてくる。先生の話を聞こうとしているのに、先生の声もクーラーの羽の音と同じように音として聞こえるだけだ。先生の音（声）だけをどうすれば器用に際立たせて聞くことができるのだろう。

外へ出かけて、騒がしい場所を通る時は疲弊する。パチンコ屋さんの前を通って、ドアが開いた瞬間、心が乱れてイライラしてしまう。たくさん人が歩いている場所では、下の方では靴音の少し低い音の集まりが聞こえ、上の方では靴音より高い、人の話す声が、汚く・整うことなくざわざわ聞こえてくる。この音程差とざわざわ感にとてもしんどくなって疲弊してしまう。音程差というのは、一人の人の声や一つの音が1種類に聞こえなくて、いくつかの音の層として、濁って聞こえることだ。家電量販店も苦手だ。防犯のために設置されたゲートを通る時、高周波の音が耳にピーンと突き刺さるからだ。とても痛い。地下街もそうだ。ネズミ除けの音が、止まることなくピーンと鳴っているところを通るのは、とてもつらい。スカイツリーは好きなのに、スカイツリーの地下街は苦手だ。この頃推奨されている電気自動車も耳がつらい。ピーンという突き刺さるほどの音ではないけど、電気で走っている時は、キーンと鳴る音に気持ちがざわざわし始める。

音・声・ことば

大学生の時に発達障がいと診断されたことで、自分についてよく知ることができた。音に関しては特にそうだ。大学では、授業を受けやすいように配慮を受けた。五感の中で一番不便している耳について、せんせいをはじめ、馬場さんと、どうすれば授業が聞けるのか、試行錯誤した。中でも大変だったのは、先生の声の聞こえ方だ。授業を担当する先生の声に音程差を感じると、音は聞こえるけど、ことばとしては聞こえず、内容を理解することが難しかった。音程がある程度近ければ、まだ聞きやすいけど、音程に差があると、その差が気になって、音としてしか聞こえず、声として理解しにくく、不快音となって響き、蕁麻疹が出てくることもある。木立先生と一緒に、音楽の先生のところへ相談に行ったこともある。そうしたら、音楽の先生にとてもうらやましがられ、「音楽の世界ではとてもいい耳をもっていると言われるよ。君がうらやましい」と言われた。「音楽ではいいんだが、この子は今、音楽をしていないわけだ。普段とても苦労しているんだが、何か方法はないかな」と木立先生。私の耳は、場所によってはいいこともあるらしいと分かって、少し嬉しかったのを覚えている。その後、木立先生がイコライザーという機器を購入してくれ、機器に強い馬場さんが、授業担当の先生の声の音程を変えられるよう、いろいろ試してくれた。結局、音程差は消えず、ことばとして聞くことができなかったけど、この時に、可能性のある対処法は一つずつ試すことを、馬場さんや先生たちから学んだ。

「聞けない」を聴いてくれる

大学に入ってからも、音に対して、聞けていない自分にイライラすることが多く、「授業なんて座っているだけで、結局は自習したほうがよく勉強できる」と思っていた。それなのに、私の耳がどう聞こえているのか、何にしんどくなっているのか訊いてくれるひとたちがいて、一緒に試行錯誤してくれる先生たちがいた。中でも、遠隔授業は私に初めて聞けている感覚を実感させてくれた。受講する教室にカメラが設置され、別室にいる私のもとにテレビ画面を通してリアルタイムで授業を映してくれる。音に敏感で、さらに2つ以上の感覚を同時に使うことが難しい私は、見ることと聞くことが同時にできない。遠隔の授業では、この2つが別々にできるように、馬場さんや先生たちが工夫してくれた。授業が始まる前に、担当の先生から資料をもらって一通り読んでおいて、授業中は先生の話す声だけに集中する。視界にいろいろなものが入らないように、黒板の文字だけがカメラで拡大されている。これまでは、教室から飛び出すか耳を塞ぐしかなかった不快な音、授業前のガヤガヤした音は、リモコンの消音ボタンを押せば消えた。どんな音も一斉に聞こえて、先生の声だけをうまく聞き取れなかったけど、遠隔授業の静かな部屋では、先生が話している時だけ、音量を上げて聞くことができた。先生の声が、音としてしか聞こえない回数がうんと減った。意味のあることばとして聞こえる回数が増えた。目をつぶって聞いているとその内容が頭の中で映像になりやすかった。また、自分のタイミングで音量を調節できることで、授業の中で自分の考えをまとめる時間になると、画面の中で賑やかに話し合う声を消すことで集中しやすくなった。今までこんなふうに、自分の中で先生の声がイメージとして残ることがほとんどなかったので、これが授業を聞けているというのであれば、「私は授業を聞けているかもしれない！」と思った。こう実感したのは、大学４回生の時だった。この時の喜びは、思い出すと今でも鳥肌が立つ。

耳のことを「元気な耳たち」と親しみを込めて呼べるようになったのも、一緒に悩んでくれて、聞けた瞬間を一緒に喜んでくれるひとたちに出会えたからだと思う。「Ａｊｕの元気な耳」に付き合ってくださり、ありがとうございます。耳なんていらないと言って、聞けていない自分を責め続けていた耳と、けんかしつつも仲良くやっています。親しみを込めて。

１　聴　覚

日常生活における様々な事象がＡｊｕにとっては、過刺激になる。その最たるものが「音」であり、Ａｊｕの修学を困難にした。音に関する主な現象は、多くの音の侵入、特定の音を選び、聞き取ることの難しさ、音への過敏反応である。

多くの音の侵入

多くの音の侵入とは、人の声に加え電子機器が発する電子音など、ほとんどの人には聞こえない様々な音を拾うことである。研究室に入ってきて、「いつもと違う音がする。何か充電してるでしょ」と耳を塞ぐこともあった。教室では、パソコンやビデオデッキのような電子機器の音、スライドで使用される効果音なども加わり、Ａｊｕにとっては制限された空間での音の氾濫となる。頭の中が音に占領され思考が止まる、あるいはパニックが起きる。音を拾うというよりは、「望みもしないのに侵入してくる感じ」とＡｊｕは言う。

大学では、各科目の担当教員の協力を得て、他の受講生が静まったタイミングでの入室、我慢の限界値前の一時退出を試みた。なかなか思うようにはいかず、最終的には別室での遠隔受講という形をとった。だが、別室においても、ビデオ映像から教室でのざわめきが伝わる。さらに、集音マイクで拾った多数の人の声が混ざり、拡張される雑音への不快感に悩まされた。様々な工夫と実践を繰り返し、Ａｊｕ自身がリアルに流れる映像の音声をオン・オフすることにより受講が可能となった。また、授業で使用する資料を事前に受け取れるようになり、理解できる内容が増した。各科目担当教員との関係も構築され始めた。授業終了後、音声を消したために理解できなかった内容を担当教員に確認できるようになり、さらに習得内容が充実した。

音の選別の難しさ

Ａｊｕには、特定の音を選別することの難しさもある。それは複数人が会話する場面、同じ場所で複数グループがディスカッションするような場面で顕著に表れる。同時に何人かが話し始めると、Ａｊｕは主となる話者の声の選別ができなくなる。ＡＳＤの当事者であるテンプル・グランディンは、「私の耳はすべての音をそのまま拾い上げるマイクロフォンみたいなものだから、二人が同時にしゃべっていると、片方の声を意識外に押し出し、もう一人の声に耳を傾けるということが難しい」（Grandin 1995=1997:p.83）と表現している。近くの別の集団から聞こえてくる無数の声は、会話している相手の声と混じり合う。全ての音が、その音量にかかわらず均一にはいってくる。この時点でＡｊｕの思考は完全に停止し、会話から置いていかれる。混乱が強い場合にはその場にとどまることができない。多くの者は、複数の声の中から自身と会話している他者の声を無意識のうちに選別し、その声に集中できるがゆえ、多人数が集まる場所での会話が可能となる。Ａｊｕの場合、電話での会話も、他者の声や車の音など近くの他の音が混ざり合うと、話していた内容が分からなくなり、その時点で会話が途絶える。

大学でのグループディスカッションは代替の課題により回避できたが、日常生活では人との会話を避け続けることはできない。会話の途中に、人の話を最後まで聞かず、話をかぶせてくる人によく出会う。自分の声に相手の声がかぶると、Ａｊｕは一瞬で相手の声を見失う。相手に会話の作法の問題があるのに、Ａｊｕはうまく話せないと嘆く。Ａｊｕが疲労せずスムーズな会話が可能となるのは、話し手が話し終わるまで待つ、具体的なことばで話すなど、ＡｊｕとともにＡｊｕの話しやすい「場」を作ることである。また、関係が構築されている心許せるひとに対しては「声をかぶせないでください」「ゆっくりしゃべってください」とリクエストし、相手の会話スキルのアップに貢献している。

重ならない音・声

音に対する対処・対応はある程度成功しているが、特定の声質や音に対する過敏性は現在も解消できていない。人の声は一つの音ではなく、濁ったいくつかの異なる音（周波数あるいは音域の異なる音）としてＡｊｕには聞こえる。それらの異なる周波数・音域が接近している声であれば、人の声として聞くことができる。しかし、周波数・音域がかけ離れている声は、不快な音・不協和音としてＡｊｕに届く。ＡＳＤの人の中には、ある特定の声の高さ（女性の声、子どもの声など）を苦痛に感じる、聞き取れないケースも少なくないという研究報告もある（尾崎 2014:pp.93－94）。

声のほかにも、拍手、教室で響くリコーダーの音、合唱の声などが不快な音・不協和音としてＡｊｕの中に侵入する。このような声や音に出会った時には、短時間の会話やその場にとどまることさえ困難となる。急に耳を塞ぐ、顔を歪める、その場から逃げ出す、発疹が出るというようなことが生じ、Ａｊｕは相手に対する申し訳なさに苛まれると同時に、自身へのがっかり感や絶望感に襲われる。Ａｊｕの内部では様々なことが生じ、その結果としての反応や行動がＡｊｕの外部に表出されるが、人にはその反応や行動のみが目に映る。「あかんと思ったら、まずすぐにその場を離れる。後から事情を説明する。倒れるほうが大変だから」と促している。Ａｊｕが悪いわけではないという繰り返しの説明はＡｊｕの自責の念を軽減するが、具体的な解決策は未だ見つかっていない。

過敏さの波

Ａｊｕの音に対する過敏さには波がある。非常に敏感に反応する時期とあまり反応しない時期（といっても私と比較すると非常に敏感ではある）がある。グランディンは「同じ人でも日によって敏感度が変わることです。特に、子どもは、疲れていたりストレスを受けていたりすると、感覚が鋭くなったり、鈍くなったりします」(Grandin 2008=2010:p.116）と言っており、また、ＡＳＤの人は「ストレス過多な状況が続くと、感覚の過敏などが顕著になることも多く、余計に生活が困難となる」（尾崎 2014:p.91）との報告もある。Ａｊｕ自身、波の周期は明確には分かってはいないが、過度なストレス状態が続いた場合、感覚も過敏になっているようである。最近は音に対する対策として、様々な機器が開発されている。発達障がいのある子どもたちの修学サポートアイテムである高機能のノイズ・キャンセリングを備えたヘッドホンもその一つであり、Ａｊｕも使用する機会を得た。ヘッドホン自体の電子音が新たな音として入ってはくるが、その不快さより周囲の不快音の軽減が勝る。皮膚も過敏なＡｊｕにとっても心地よいフィット感を実感したようであるが、大型のヘッドホンの常用は現実的ではなく、使用には至っていない。

Ａｊｕ　虫眼鏡のような目

眩しくて

目がいいのか、悪いのか分からなくなる時がある。朝起きて、ドアの隙間から差し込む光が目に痛い。夏、朝ごはんを食べる時間は、ちょうど食卓に光が届く時なので、いつも座っている席の向かい側に座って、光に背を向けパンを食べる。家で絵を描く時も、机の電気をつけたほうがいいよって言われるけど、電気をつけると白い紙に反射して、紙がよく見えなくなってしまう。光はとても眩しい。

外食すると、最近は電子機器で注文するようになっている。手に取って見るメニューと違い、パソコンの画面を見ないといけない。画面が眩しすぎて、文字に集中できないし、いつもより薄く見えてしまう。そのせいで、目の上側が痛くなる。お店でパソコンのディスプレイの彩度を調整できるといいのだけど。大学の授業のパワーポイントに派手な色を背景に使う先生がいる。色が強すぎて字に集中できなくて困る。そんな時は、資料で配ってもらえる白黒で印刷されたパワーポイントがとても頼りになる。

小中学校では、女子の間でいろいろな色のペンを使って線を引き、ノートを賑やかにすることが流行っていた。私も色を使うのが楽しくて、やってみた。でも、読み返すと、色とりどりの落書き帳のようだ。色を眺めているのはきれいで、好きだけど、文字を読む時には賑やか過ぎる。だから、落書き帳のようなノートを見返すということはほとんどなかった。ノートを取る時は、単色で十分みたいだ。

見えるパーツ

光や色の刺激を受けやすく、目が痛くなったり文字が読みにくくなったりするけど、その一方で私の目は細かいものにはめっぽう強い。少しの変化にも敏感だ。人が身につけている物の変化に気づくことが多い。それはおそらく、私にとって、その人だと分かるために必要な印だからだと思う。なぜ身につけている物が印になるのかというと、人と会う時に顔全体を見ることが難しくて、それ以外に見ていた「部分」が目に映っているからだと思う。いつも焦点が合うのは、とても細かいところだ。

例えば、久しぶりに会う人のことを想像してみる。顔から目をそらしながら、手のほうを見る。以前は1から12まで数字がついていた時計だったのに、数字がなくなって、円の中に12本の線が入っただけの時計に変わっている。少し顔を上げてみる。目を見るのは怖い。背景が気になって顔が浮かび上がらないけど、髪の毛を見てみようとする。あれ、前より目に訴えかけてくる色がそんなに強くない。髪型を明るい色に染めていたのに、少し暗い色に変わっている。今度はチラッと目を見ようと頑張ってみる。これはなかなか大変だ。目はとてもじゃないけど、簡単に見られるものじゃない。だけど、メガネならなんとか。あっ、これもだ。メガネのフレームを一周ぐるっとなぞれない。メガネの形が四角いフレームの物から上にしかフレームがない物に変わっている。

前に会った人だと分かるのは、その「部分」が見えてきて、たくさん集まってその人になるからだ。頭の中

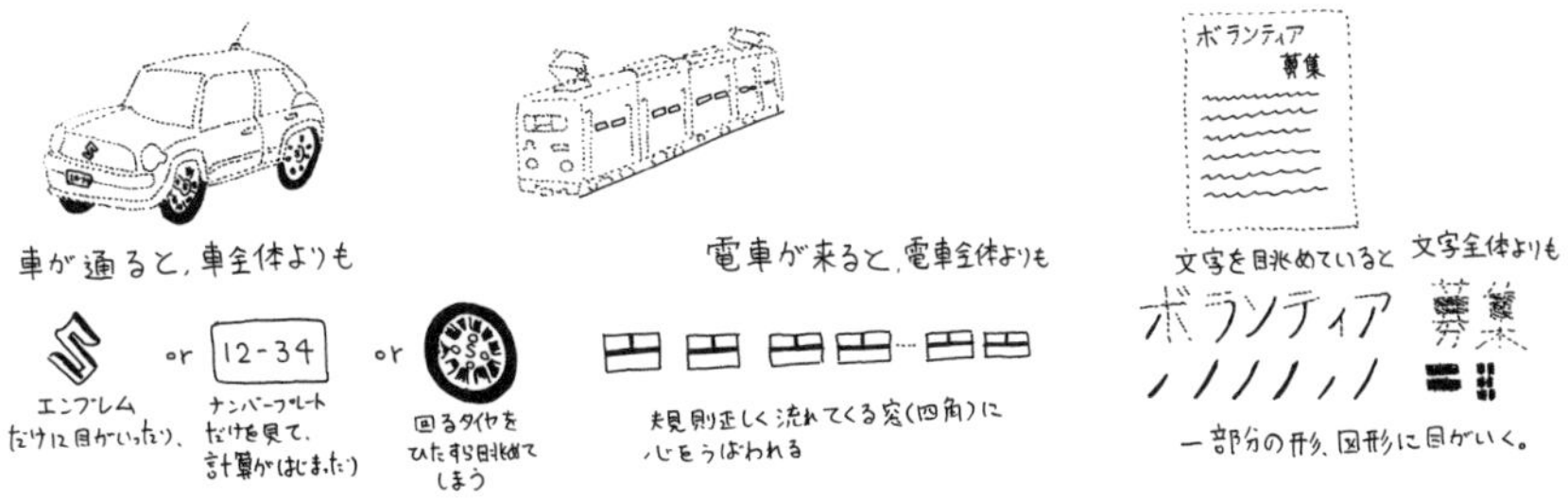
ボランティア
募集
車が通ると，車全体よりも
電車が来ると，電車全体よりも
文字を眺めていると
文字全体よりも
ボランティア
12-34
or
or
エンブレム
だけに目がいったり、
ナンバープレート
だけを見て、
計算がはじまったり
回るタイヤを
ひたすら眺めて
しまう
規則正しく流れてくる窓（四角）に
心をうばわれる
一部分の形、図形に目がいく。

見えているのは一部分
全体が見えにくく、細かなところに目がいく。

に前回見たその人のパーツ、メガネや髪型、手の大きさ、肩幅、靴などが出てきて、詳細に見える。全体像はぼんやりしていることが多い。でも印象深い人に関しては、その時の思い出も映像になってよみがえってくる。顔はなかなか思い浮かばないけど、ある人のパーツの組み合わせが他の人のパーツの組み合わせと同じになることはほとんどない。それは人の声質が一人ひとり違うのと同じことだと思う。その人だと分かるためにはもちろん声質も頼りにしている。ただ視覚においては、無意識のうちに「部分」の映像が、今のその人に重ね合わされていく。だから会った瞬間にその人だと分かる。そして、間違い探しのように、頭の中にある映像と目の前にいるその人との重ならない違う箇所を見つけると、それが気になって、その人に尋ねてしまうこともある。あまり顔を見ていなくて、印象を悪くしてしまうこともあるけど、細かな変化に気づいて喜んでくれる人もいて、その時はとても嬉しい気持ちになる。

誤字脱字探し

ほかにも、人の書いた文章の誤字脱字を見つけるのも得意だ。論文を書いている途中のせんせいが「この文章をどこから抜き出したか分からへん」と切羽詰まった時も、お助けマンになることができる。何十冊もの本から、そのフレーズを探すのはお手の物だ。今やっているアルバイトも、食事の検品で細かなチェックが必要とされるので、自分の「目」に合った仕事だと感じている。反対に全体が見えていないことも多いのだけども。

とにかく、何かを見る時は、細かなところが気になって仕方がないのだ。これはもしかして、小さい時に『ウォーリーをさがせ！』をし過ぎたことが原因なのだろうか⁉　ジクソーパズルをし過ぎたことが原因なのだろうか⁉　そんなことはない。虫眼鏡のように、顕微鏡のように、拡大してみてしまうのが、私の目。だから、絵を描く時も、ついつい細かいところまで描いてしまう。でも、そうすることで目はとても喜んでいるような気がする。自分に見えている世界を知らせることができるからだ。場所や環境によって、便利になったり不便になったり、ややこしい目をもったものである。でも、実は顔のパーツの中で一番気に入っている。

2　視　覚

音と同様、様々な光や灯りが刺激となりＡｊｕの生活を乱す。視覚の刺激には2つある。1つ目は、それ自体の光度が強く、Ａｊｕにとって刺激となる場合である。2つ目は、それ自体は刺激としての強さはもたず、Ａｊｕの行動の結果として、それが刺激となる場合である。

眩しい

聴覚への刺激と同様、日常生活の視覚的な刺激もＡｊｕにとっては過剰となる。居酒屋などに置かれているタッチパネル式の電子メニューは、様々な広告が目まぐるしく入れ替わる。眩しくてＡｊｕの視点が定まらない。学習、読書、絵を描く時には机の蛍光灯をつけ、手元を照らしたほうがいいのだが、眩しくて目が痛いと言う。パソコンや携帯電話、テレビも同様で、明るい画面設定を嫌がる。私が好きな朝の陽ざしも、目が痛いと言って雨戸を開けない。ＡＳＤの人において、「照明や太陽の光をまぶしがる」「ビデオの点滅ランプを怖がる」（彦坂ほか 2012:p.920）という報告もあるが、その対処法は記されていない。

Ａjｕの場合、一つひとつの事象に対する対処・対応を模索してきた。電子メニューは注文する時以外は伏せ、口頭での注文が定番である。画面の明るさは、Ａjｕの感覚が受けつけられる設定に変更している。蛍光灯は手元を照らすのではなく、かすかに手元が明るくなるように角度を変えているが、やはりつけないことが多い。

数えてしまう・計算してしまう

外出先でも視覚の過敏さがＡjｕの疲労を招く。Ａjｕの行動には、Ａjｕ自身の意志・欲求に加え、まるでもう一人のＡjｕが行動させてしまうという表現が適していることが多い。立ち並ぶビル群の四方八方に目が行く。何百個もある窓を数える。整った形に魅了されるＡjｕにとって、四角いビルの四角い窓は心躍らせる恰好の対象である。しかし、楽しく見るにとどまらない。全ての窓を数えきるという行動は「数えたい」ではなく、「数えずにはいられない。全部数えないと落ち着かない、気持ち悪い」からであると言う。

初めて、車で長距離を移動した時の驚きを今も覚えている。高速道路を走っている最中、助手席のＡjｕが「できる・できない、できる・できない」とつぶやいている。何のことか全く分からず尋ねてみると、車のナンバープレートの数字を使って計算しているという。Ａjｕも後述しているが、車のナンバーを左から順に四則計算を施して、「10」になるかならないかを確認している。Ａjｕは、「10」に「できる」か「できない」か

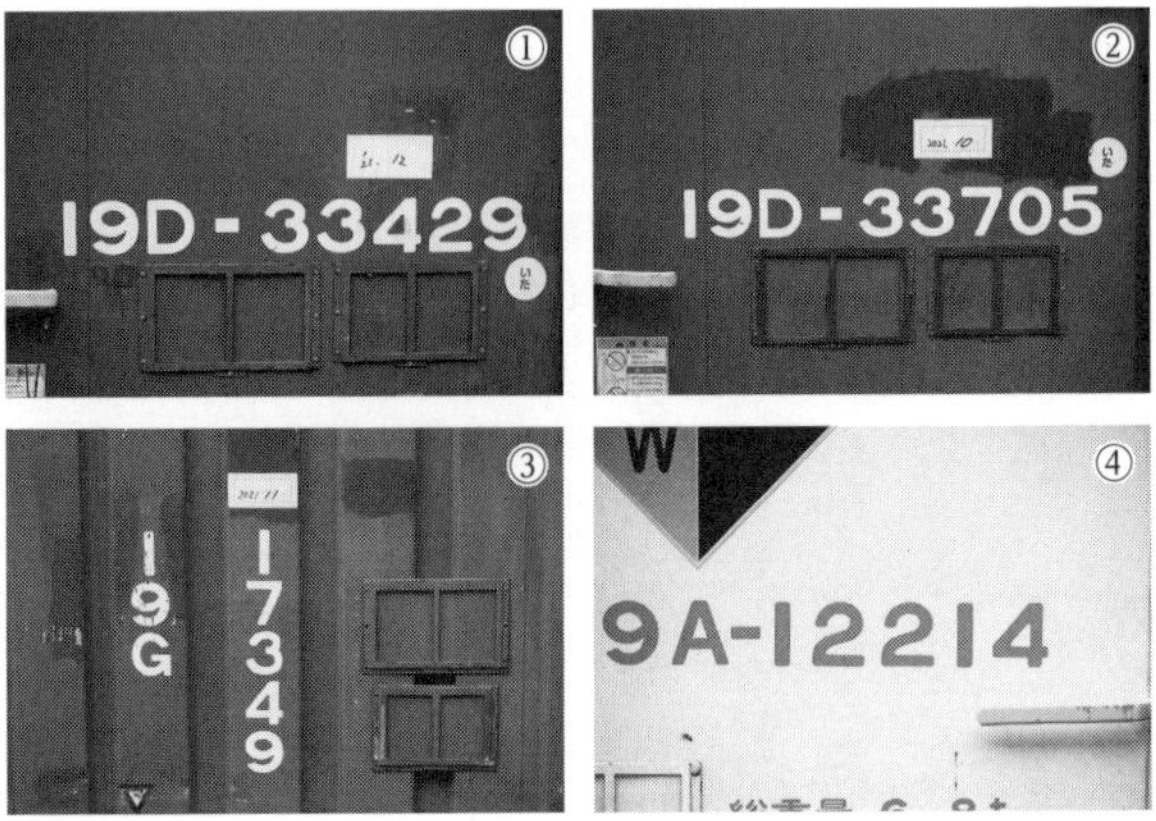

ついつい計算してしまう

数字を見ると計算してしまう。算数の四則計算の決まりで計算するのではなく、左から順番に「+」「−」「×」「÷」を使って計算して「10」にするという方法。電車のホームで貨物列車のコンテナに書かれた数字を見ると、ホームの端から端まで歩きながら、計算が自動的に始まる。順番に、3＋3－4÷2＋9＝10、3×3－7＋0×5＝10、1×7－3÷4＋9＝10、1＋2×2×1＋4＝10（計算方法は何パターンもあるが一例）

を頭の中で考えていると書いているが、その答えはしっかりと声にも出ている。私たちの車を追い抜いて行った車のナンバーだけではなく、対向車線をすれ違う車のナンバーまでもが計算の射程範囲である。高速で走っている車のナンバーを判別することさえ、ほとんどの者には難しい。それを確実にキャッチし、瞬時に、本当に瞬時に「10」にできるか・できないかを見極めるのである。Ａｊｕによると「計算」という表現は的確ではない。「10」という数字が「浮かぶ」か「浮かばない」かということになる。相当の集中力を維持しながらであることはもちろんであるが、即座に視点を定めることへの視覚的疲労も想像に難くない。

疲れてもやめられない

ビルの数を数えることも、ナンバープレートの計算も、それ自体が困るということはない。しかし、その行動を自らやめることがＡｊｕには難しい。前述のように、「したい」ではない、あるいは「したい」から始まった行動も「全てやり終わらないといられない」へと変わる。その行動を「したくない」「もうできない」となるまで、あるいはもう一人のＡｊｕが「もういいよ」と許可するまでには、かなりの時間を要する。行動が終了する時には疲労困憊している。Ａｊｕ自身、ビルのスケッチや撮影など必要な時以外は、ビルの多い道を避ける、上を見上げずに前を見て歩くなど工夫している。ナンバープレートの計算については、私が車に同乗している時は声をかけ、終了時間を決めている。ただし、Ａｊｕが落ち着いて時間を過ごせる私や数人の他者といる時には、会話をしたい気持ちが強くなっており、計算の回数は減ってきている。また、ほかにもしたいことが増すばかりのＡｊｕは、一人での外出時にも疲労困憊になることを避けるため、「51台（大好きなイチローの背番号）が10にできるまで」ではなく、「30分ほどの散歩時間だけ」と決めて、楽しめているようである。

Ａｊｕ　混ざっているものに混乱
舌の上には図形がいっぱい

私の五感はとても「めんどくさい」。五感というのは、正確ではないかもしれない。目と耳と舌と皮膚の四感だ。鼻はきっと「並み」に作られていると思う。「めんどくさい」は、なげやりな言葉のように聞こえるかもしれないが、この感覚と一緒に長く過ごしているのだから、少しくらいそんな言葉を使っても、許してもらえそうな気がする。「めんどくさい」をいいように言えば、「とても精度のいい感覚」や「ぼやかすのが苦手な感覚」だ。

私は食べることが好きだ。でも、給食や家での食事は「食べ方」を注意されるから、食べることが難しくなる。小学校低学年の給食では、三角食べというのを教わる。給食では3種類くらいのおかずと牛乳が並べられる。教えられる食べ方はこうだ。1つ目のおかずを一口食べたら、次のおかずを一口食べる。その次のおかずを一口食べたら、パンをちぎって、牛乳を少し飲む。これを繰り返して、同時にお皿から給食がきれいになくなるのが、きれいな食べ方ですよと。食べることが好きなのに、食べ方を決められた時、大好きな食べることは苦痛に変わる。他の「正しい食べ方」にも苦労する。多くの人が当たり前のように、一つの料理に入っている食材を一緒に食べる。でも私にとって、いろいろな食材が舌の上で混ざり合うことは、大事件だ。混ざっている料理を見た目、口に運ぶお箸を持つ手、異物に触れる舌、それらを動かす意志も筋肉も、頭の中の判断により、一緒に食べることを許そうとしない。

例えば焼うどんを見たら、どう思う？　正方形に近い黄緑色のキャベツ、曲線的な形をした固い茶色いお肉、長方形に目立つオレンジ色の人参、三日月のような形をした薄白い玉ねぎ、そして直線がふにゃふにゃした白いうどん。これを一斉に口の中に放り込むことは、到底できない。口の中に、正方形や長方形、曲線的な形、三日月、長い直線の図形を放り込むなんて……。混乱しないように順番に食べていく。まずは、一番苦手な曲線的な形のお肉。噛んだ時の食感も、他の食材と一番違う。次は、視覚的にパチパチ訴えかけてくる、長方形でオレンジ色の人参。その次は、正方形に近い黄緑色のキャベツ。キャベツを食べるのには時間がかかる。特に白くて硬い芯と、その周りの黄緑色で柔らかい部分が合わさったキャベツは食べ方が難しい。正方形に引かれた対角線のような芯以外の部分を先に食べてから、対角線の芯を食べなければならない。そして、最後の具材、玉ねぎ。ここまでくると、気持ちがホッとする。白色に近い玉ねぎと白色のうどん、色の違和感が少しなくなる。でも、一緒には食べられない。まず、うどんの周りについた、三日月型の玉ねぎをうどんからはがして食べる。そして、最後に待ちに待ったうどんだ。ざるうどんのような滑らかさではなく、焼きうどんならではの舌触り。わずかにザラザラしている。でも、大好きだ。白い食べ物は大好きだ。1本目のうどんをつるつる食べると、次の1本。また1本。この1本ずつ食べることにも理由がある。うどんは直線だけど、丸まっている。気を抜くと、丸まっているうどんとうどんの間に隠れている玉ねぎや小さいキャベツを、うどんと一緒に食べてしまうことになる。だから、1本ずつ口に運ぶ。今は、3本くらい一緒に食べることができる。

給食が苦手な理由

こんなふうに食べるので、学校の給食では食べるのが遅いし、食べ方も汚いと言われてきた。学校の給食はパンが多く、これにも悩まされた。どんなパンも焼いた後の表面は、茶色い皮みたいになっている。その皮と、中の白いふわふわした生地を一緒に食べることができない。色が違うのだから、食感が同じはずがない。食パンは、耳を先に食べて、中が残る。コッペパンも周りの皮を先に食べるので、中身だけが残って白い雲ができ上がる。レーズンパンは、レーズンを食べて、虫食い状態になった後、皮をとって、雲になる。そんなことだから、給食では「こんな食べ方をしてはいけません」と恰好の悪い見本として取り上げられてばかりだった。

家でも、食事中によく叱られた。どうにかして叱られないようにと身につけた方法がある。いろいろな食材を口の中までは一緒に入れる。その後、口に入った食材を右と左に分けて別々に噛んで飲み込むのだ。野菜炒めは、大きなキャベツと玉ねぎを口に入れて、左でキャベツを噛んで、空いた空間に玉ねぎを噛まないで置いておく。そんな食べ方をしてきたから、左側の歯だけがすり減っている。でも、混ざった状態で一緒に食べることを思うと、こういう食べ方になってしまう。ラーメンは、上の具材を一種類ずつ順番に食べていくから、麺は最後になり、いつも伸びっ、伸びだ。麺の中で食べやすいのは、冷やし中華だ。具材が混ぜられずに盛りつけられているので、順番に食べるだけでいい。たまご、きゅうり、ハムが同じ長さの、細長い長方形で整え

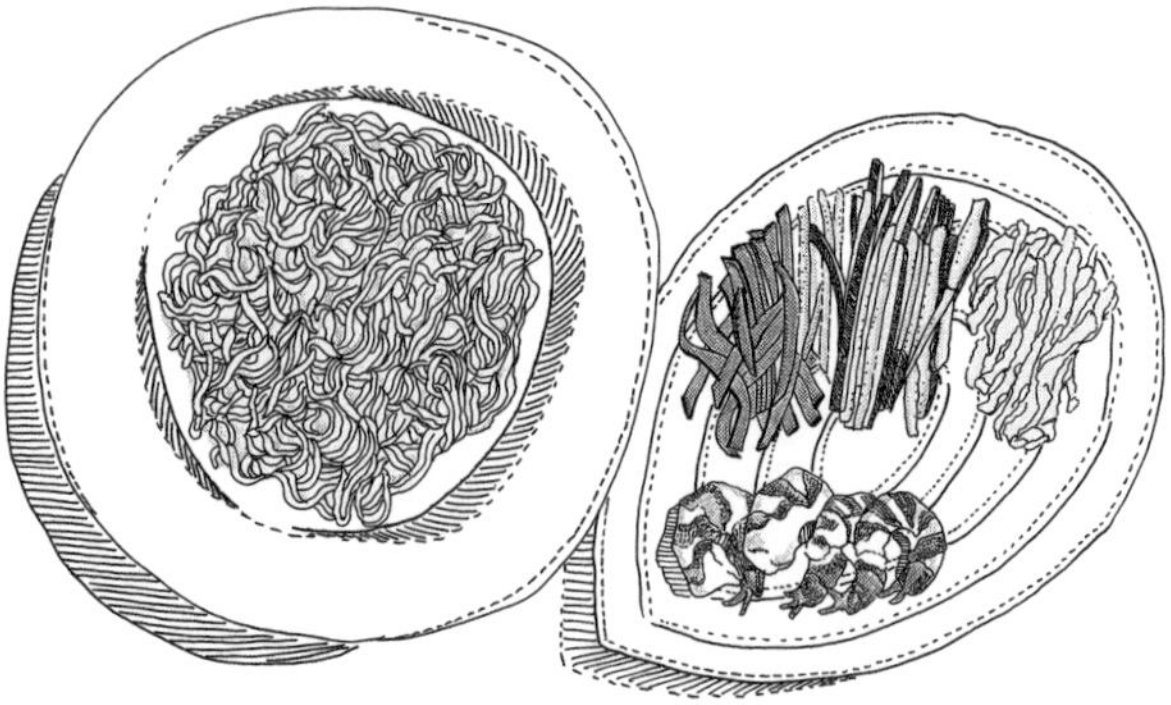

冷やし中華（2021）
混ざり物も食べられるようになったけど、冷やし中華はこんなふうに盛りつけた食材を一つずつ食べて終えて、最後に麺。だからいつも麺は伸びっ伸びっ！

られているから、きれいに感じる。

今は食材の混ざった料理にずいぶん慣れてきている。せんせいが、混ぜる具材のサイズを同じ長さ・形に切ってくれたり、同じ硬さ・柔らかさになるように炒める順番を工夫してくれたり、似た食感を集めたおかずを作ってくれたりしたおかげで、いくつか異なる食材を口の中に一緒にいれることもできるようになった。形が同じだとなぜか安心する。こんな工夫で食べられるなんてとても驚いた。それでも分けて食べることもあるが、それを怒ったり、嫌な顔をしたりする人は今のところ、あまりいない。ただただ、食べるのに手間と時間がかかるだけだ。

凸凹した文字

食べ方について書いているともう一つ似た感覚が押し寄せてくる。文字を読んでいる時のことだ。私は文章を見ると、文字がデコボコして見える。文字の隙間にできた空間の大きさによって、文字に高低差ができてしまうようだ。漢字・ひらがな・カタカナが混ざった文章を見ると、漢字が一番手前に見えて、カタカナが真ん中、ひらがなが一番奥に見える。一様に漢字、カタカナ、ひらがなできちんと見え方が決まっているかというとそうではない。漢字でも、「一」や「二」、「甘」「力」「右」など、文字の隙間が広い字はカタカナと同じ高さに見える。「金剛力士像」という文字を見ると、「力士」という字が奥に見える。カタカナが真ん中に見えるのは、漢字に近い直線的な形だからなのかもしれない。ひらがなは曲線的で、丸みがあり、漢字とカタカナと同じ位置には見えない。実際には紙に書かれているから、平面だと分かっているのに、そういうふうに感じとってしまう。自分でもなぜだかよく分からない。

食材の混ざった料理を食べる感覚と、漢字・ひらがな・カタカナが混ざった文章を見る感覚は、とてもよく似ている。だから、今でも文章を読むことに強い抵抗感がある。パッと本を開いて、すぐに読み始めることが難しいからだ。文字として見えるというよりも、隙間の密度の高い形が浮かび上がって、密度の低い形が奥まって見え、まるで凸凹した山の地形を見ているようだ。後でもう少し詳しく説明するけど、数字に至っては色まで見えるのだから、文章を読むというのはとても大変だ。文字を読むことに今も抵抗があるが、書くことは難しくない。小学校低学年の頃は鏡文字になったり、漢字のつくりとへんが反対になったりすることもあったが今はそういうことはない。そんなこともあってか、高校生になるまでに読んだ本の数は、わずか8冊だ。漫画も文字は読まず、ほとんど絵で理解する。図書館で借りるのも、ほとんど文字のない本。文字のある本は、読んだふりをすることが多かった。だから、文章の読み方も独特だったと思う。浮き上がってくる漢字を読んだ後、沈んでいるひらがなを読む。ほかの人もこういう読み方をするのかな。だから、漢字で読み取った名詞を思い浮かべて、後から読んだひらがなの言葉を適当に結びつけて、自分でストーリーを作って解釈することになる。

数学的に解く国語

その結果、国語のテストでは、数学的に解けない問題は決まって不正解。国語を数学的に解くというのは、

$$\{(x+2)+y+z\}A-X>0$$

だいたいのドラマの公式

中学生の頃、家族で見るドラマ（登場人物が多くて、感情を理解しなければならないもの）に関心がなくて、退屈だったので、このドラマの世界（特に刑事ドラマ）を数式で表せないかを考えていた時にできたもの。(x + 2）は主人公。「+ 2」なのは他の登場人物よりどこか賢かったり、変わっていたり、情熱的だったりする様子から。主人公がその他の登場人物（ここでは y や z）と力を合わせて（これが＋のイメージ）、その時に出てくるエネルギー「A」をかけ合わせて出てくる力を{（x + 2）+ y + z}A で表現している。その力は、ドラマの中で必ず出てくるある問題 x より大きくて、たいていのドラマはハッピーエンドで終わるから、ゼロより大きい（> 0 ：+の感情で終わる、 0より大きい）という意味の公式。

例えば、「主人公は誰ですか」という設問があれば、登場人物の中で登場回数の一番多い人を主人公として解答してきた。「話が変わった場面は何段落目ですか」という設問があれば、話の内容が反転する「しかし」「ところが」という単語を探せば正解できた。「しかし」「ところが」は「＋」→「－」、もしくは「－」→「＋」というように、接続詞に数学の記号をつければ正解できた。「また」「同じように」は「＝」、「さらに」は前の文章よりも強調しているので「＋＋」もしくは「－－」だ。「したがって」「要するに」はまとめの時に使われ、数学で言えば答えの部分だから、計算した結果という意味で、「＋－×÷＝」と書く。「筆者の最も言いたいことはなんですか」と設問があれば、紆余曲折しながらたどり着いた、「＋－×÷＝」の部分、つまり「したがって」に続く文章を抜き出せば正解だ。そうやって登場人物の横には数字を書いて、接続詞には記号を書いていた。こうやって解答してきたから、これ以外の数学的に解けない、きちんと読まないと解けない文章は決まって不正解だ。親からは「どうして国語の問題なのに、数字と記号が出てくるの？　算数の問題じゃないよ！　それにこんな話、どこにも書いてないよ。文章を勝手に作るな！　ちゃんと読んでるの⁉」と言われるばかりだ。私は、「ちゃんと読んでる‼（本当に読んでいると思っていた）」と答えては、「文字なんて大っ嫌い！　見てるだけで吐きそう！　形を混ぜないで！」と心の中で叫んでいた。

本の読み方をきちんと知ったのは、高校に入って本の好きな友だちができてからだ。「漢字だけを先に読まないの?」「読まない」「ひらがなは最後に読まないの?」「上から順番に読むよ」「そもそも本のどこがいいの?」「いろいろな経験ができるやん。こんな世界もあるんや~とか。推理小説やったら、作者の推理を見破ろうとするけど、そんな展開があったんや!って毎回感動すんねん、この人すごいな!って」。私からすると、「上から順番に文字を読んでいるあなたたちがすごい!」。本の魅力を語りだすと止まらない友だちを見ていると、自分もそんな世界を味わってみたいと思った。友だちに薦められた本『容疑者Xの献身』を読み終えるのに、夏休みを通して3カ月かかった。内容をきちんと理解はできなかったけど、自分なりの読み方で文字だけの本を1冊読み終えた時、達成感とともに友だちの見ていた世界を少しのぞけたことが嬉しかった。

3　舌感覚

Ajuの食べ方、舌の感覚、食感覚について、詳しく聞いたのは、出遇ってずいぶん経ってからのことである。私にとっては、それくらい気にならないことだった。Ajuを生きにくくさせているものとして位置づけてもこなかった。しかし、この感覚もまたAjuがAju自身を否定してきた一つの要因だった。

具材は一つずつ

「面白い食べ方をするなあ」と最初に思ったのは、Ajuが大学で救急搬送された日のこと。足元のおぼつかないAjuを一人で帰宅させるのが不安で、私の車で自宅まで送ることにした。その途中、不安げで疲れきった様子のA.juに温かいものを食べさせようと思い、ラーメン屋さんに入った。食べ始めて少しして、ふと横を見ると、A.juはラーメンの上にのっている具材を一つずつ丁寧に食べている。順序は覚えていないが、ネギ、カマボコ、もやしなど、一つの具材を全部食べた後、次の具材に手をつける。全ての具材がきれいになくなり、最後に麺を食べる。「麺は伸びきってるやろうな～」とクスッと笑ったことが鮮明によみがえる。それ以後も、A.juの面白い食べ方にクスッとすることはあっても、私には大したことではなかった。しかし、このような食べ方が叱責の対象となってきたという事実を考えれば、やはりA.juを生きにくくさせてきた一因だろう。今は混ざった具材も同時に食べることもあるが、他者と食事を共にする場合の最低限のマナー、気遣いさえできれば、A.juの好きなように、おいしいように食べることが一番だと思っている。

料理は一品ずつ

大学時代、A.juは私の研究室に集う学生たちとも次第に距離が近くなり、授業後に食事をする回数も増えてきた。A.juにとって初めての居酒屋でのいわゆる飲み会。それぞれが好きなものを注文する。多くの場合、お皿はテーブルの中央に置かれ、誰が注文したかにかかわらず全員が食べる。A.juが注文したホッケの開きも運ばれてきた。わいわい・がやがや会話が進む中、A.juの手元を見ると、ホッケの開きはA.juの真ん前にあり、もうほとんど残っていない。「あんた～、他の人、食べてないんちゃうの？」と私に訊かれ、きょとんとするA.ju。

自宅でも同じことが起きる。わが家は、汁物以外は全て大皿に盛られる。お酒を飲む私が作る夕食には、酒の肴を中心に5、6品が並ぶ。A.juは、好きなものを小皿に取って食べる、また同じものを取って食べる、を繰り返す。気づいたら、ほとんどなくなっている。私も母もまだ食べていない。Ａｊｕの食べ方にＡｊｕ自身が悔しい思いもする。食べたいものから順番に食べたいだけ食べると、出ている他の料理のいくつかにたどりつかない。「食べたいのに～、もう食べられない」となる。大人数でテーブルを囲み、大皿からシェアするという経験が少なかったこと、食べたいものに夢中になることも原因ではあるが、Ａｊｕの舌感覚の影響が大きい。テーブルに並ぶ料理の食感は、それぞれ異なる。それらを少しずつ回しながら食べることに、Ａｊｕの舌感覚がついていけない。結果、一つの具材ずつ一品の料理を食べてから次の料理を食べることになる。

私や母、気心の知れた人以外との会食も視野に入れ、Ａｊｕに気をつけようと言っていることが２つある。１つ目は、一緒に食べている人の人数を見る。その料理をその人数で割ったくらいの分量を小皿に取る。Ａｊｕが食べ終えれば、同じものは取らず、いったんは次の料理へ移る。２つ目は、残り少なくなっている料理を食べたくなったら、「最後、食べてもいい（ですか）？」と一声かけてから食べる。この２つに気をつけることで、ひとまず、料理を独り占めすることも、食べられずに残念がることも回避できている。自宅でのＡｊｕは、自分の好きな料理が出れば、そのほとんどを食べつくした後、「はい、どうぞ」となることも少なくないが、やはり私や母にとっては大した問題ではない。

具材のハーモニー

焼きそばの具材を一つずつ食べていくことも何も問題ないとは思っている。でも、せっかくだから、全部の具材を一緒に食べてみてはどうかと思う私。まず、全ての具材を焼きそばの麺と同じくらいの太さにそろえて切る。具材の長さも同一を心がける。どれかがシャキシャキ、どれかがフニャフニャとならず、麺との食感が均一に近くなるよう、硬いものから炒める。こうして作った焼きそばは、麺を含めた全ての具材が一緒になってAjuの口に運ばれ、「これならいける」と及第点をくれる。チャーハンやサラダも同様。できるだけ具材の大きさをそろえ、それぞれの具材が邪魔し合わないようにしている。Ajuにとって、こうやって食べることの利点が一つある。食事にかかる時間の短縮である。具材を一つずつ、特に刻まれたネギなどを制覇するのには結構な時間を要する。それも大した問題ではないが、したいことが多くあるにもかかわらず、疲労しやすいために一日が短くなってしまうAjuにとって、食事に要する時間の短縮は嬉しいようである。

Aju 夏でも冬でも温度差で蕁麻疹

夏の暑い季節。外でダラダラ汗をかいて、涼しいお店に入ると生き返った気がする。私の気持ちは暑さから解放されて喜んでいるのに、私の皮膚さんは「急に寒くなって、ついていけない!!」と言い始め、Tシャツの首回りに赤いプツプツを作り始める。かゆいかゆい。お風呂から上がって、クーラーの効いた部屋へ行く。とても涼しい。私の気持ちは「生き返った～最高!!」といい気分でいるのに、私の皮膚さんは「え、何々!? この寒さ！ あり得ないんだけど！」と言い始め、全身に赤いプツプツを作り始める。あーー！ かゆい！ 寝る前にクーラーをかける。お気に入りの柔らかいタオルケットをかぶって、心地よい眠りが訪れそう。「いい室温。眠たくなってきた～」とうつらうつらし始めている時に、寝返りをうったから、体は仰向けから左に回転した。私の皮膚さんは「こんなんじゃ寝られないよ～！ 体の左側だけが暑くなって、どうすればいいの～！」と言い始め、敷布団と引っついている左側にプツプツを作り始める。眠いのに、かゆい……。

冬の寒い季節。朝起きて、１階のリビングへ行こうと、階段を降りた後、「しまった～！」と思う私の心。「だから何回も言っているじゃないか～」と私の皮膚さんは訴えてくる。布団の中から出たての私の身体はとても暖かいけど、冷たい床に引っついた足の裏は冷たくなって、かゆいかゆい。冷たい水で食器を洗っていると、指先には、「いた～い」ではなく「かゆ～い」がやってくる。手の温度と水の温度に差がありすぎて、掌の中が重くてかゆい。

毎日の生活でも

季節を問わないこともある。買い物に行って、たくさんの食材を袋に詰めて、両手に持って「よいしょ、よいしょ」と家に到着。荷物を床に置いてしばらくすると、袋の線の跡がついた腕や掌がプク～と赤く腫れてくる。私の心は「また⁉　こんな時にも⁉」と訴える。「だって仕方がないじゃないか～」と私の皮膚さんに諭される。荷物の重さがかかった場所の血行が悪くなって、血液が流れにくくなるとはいえ、こんな時にも出てくるのかい……。

水泳のインストラクターをしていた時もそうだ。泳ぎを指導する時は自分が泳ぐのと違って、胸元辺りまでしか水に浸からない。私の皮膚さんは着々と準備を進めている。レッスンを受けている生徒さんたちから「また赤いで～！」といつものフレーズが。日焼けの赤さではない。ここは室内プール、焼けるはずもない。プツプツの赤さだ。プツプツは次第に結合していき、超巨大な一つの「ブツッ」を作り上げる。ランニングをする時だって。「プツプツ」は出ないけど、かゆくなる。半ズボンで走っていると、生地のあたるところだけがかゆくなってくる。走ると身体も温まる。私の心は「まだ走れるし、走りたいんだけど！」と言っても、皮膚さんは「好きでこんなことしているわけじゃない！　丈の長いズボンで走れ〜」と言ってくる。
ストレスで出る時もある。気持ちが不安定になると、首の辺りが真っ赤になる。初対面の人と会ったり、何か落ち着かなくなったりすると、「プツプツ」はやってくる。

身体の一部だけど

自分の特性を知らなかった高校生の一時期は、蕁麻疹が毎日身体全体に出て、とてもつらかった。大変だった時期は、朝起きると、目が開かないほど腫れている。かゆいから、当然、掻く。そして、掻けば掻くほど、視界が狭くなっていく。その上、唇もかゆくなってくる。歯でギシギシしていると、どんどん唇が大きくなっていく。服薬では間に合わず、注射を打ってもらうこともよくあった。勉強をしようと思うけど、注射の後は眠くて、ボーッとする。何もできないじゃないか。自分の身体のことをよく知らないと、とても心配になる。なんで自分だけがこんなに身体がかゆくなるのか、不安を通り越してイライラさえしてしまう。自分のこんな体質が嫌で仕方がなかったけど、変わらない体質には、上手な思考転換がイライラする気持ちを和らげてくれる。自分一人では、上手な思考転換ができなかったと思う。なぜなら、毎回イライラする感情に飲み込まれて出てこられないからだ。でも周りにいた馬場さんやせんせいと過ごしていると、そのひとたちのかけてくれる声や、考え方が浸透してくるようになった。「（蕁麻疹が）出るのはしゃ〜ない。緊張したらプツプツ出るのがAjuやろ?」「それが常態やと思ったらいいやん。（人と）比べても仕方ないで。かゆくなるのが日常やと思って、それに心が乱されないようにどうすればいいのか考えるほうが大切」。そういう時間を過ごしたことで、今までは「自分の身体の一部で起こっていることなんだから切り離して考えられない!!」と思っていたけど、少しだけ客観的に自分の状態が見られるようになってきた。「(かゆいのは) 仕方がない。かゆくなるんだから。ひとまず冷やそうか。寝不足になると、『プップツ』が出やすいんだったよな。やっぱり早く寝るのがいいな。イライラせず、違うことを考えよう」とプツプツのかゆさと同じ目線になるのではなく、プツプツよりうまく立ち回ろうと思考の転換を大切にしている。

4　肌感覚

Ajuの大学生活で生じていた蕁麻疹は、間違いなく精神的なストレス・過緊張によるものが大半だった。全てだったと言える。蕁麻疹については、Ajuが自身で詳細に分析しているため省略する。

頻繁に出る蕁麻疹にはAju自身も困っており、急速な温度変化が生じないように徐々に体を温める・冷やす、重たい荷物を同じ手で持ち続けないなど、様々な工夫を試みているため、私がすることは3つだけである。

1つ目は、Aju自身も書いているが、とにかく注意することを忘れがちなAjuに声をかけることである。「徐々に温めてから湯船に入りなさいよぉ」「一枚ずつ、布団かぶって、徐々にあったまりなさいよぉ」「ガバッと布団はいで起きたらアカンよぉ」「徐々に部屋を冷やしなさいよぉ」などである。全て「徐々に」がキーワードになる。

2つ目は、薬を飲むか否かの決断とその量の決定を共にすることである。蕁麻疹の薬は、とにかく眠気を誘う。したいことが山ほどあり、睡魔に襲われたくないAjuは薬を先延ばしにする。結果、蕁麻疹は広がり続ける。Ajuは薬を飲んだほうがいい、でも飲みたくないと葛藤する。「せんせい、薬飲もうかな」と相談する時は、気持ちは飲むことに傾いているが、最後の後押しが必要。私の返事はいつも同じ。「すぐ飲み。眠くなってもいいよ。治まったら、また気持ちよくしたいことできる。潔いのが大事～」である。その時々のAjuの体調と蕁麻疹の出る範囲とかゆさの程度を見ながら薬の量を決める。Ajuは残念そうにしながらも薬を飲み、眠りにつく。ほんの少しの後押しがAjuの気持ちを楽にする。

3つ目は、衣類の提供である。肌に触れる衣類の感覚に敏感なAjuは、化学繊維のものを好まない。Ajuの衣類は大半が綿であるが、綿であっても嫌がるものもある。ごわごわした厚手のもの、首回りが窮屈なもの、肌との密着性が強いものなどである。必然的に、Ajuの家用の衣類はどれも年季の入った、伸び伸び・くたくたなものになる。薄手の柔らかい綿の私のTシャツは、気づけばいつの間にかAjuのものとなり、Ajuのタンスに収まっている。Ajuは「せんせいから借りている」「私（Aju）に着たがってもらっている」と都合よい言い方をしている。私は、伸びて自分では着なくなったトレーナーなどを捨てることなく、Ajuに着てもらっているとポジティブに解釈している。こうやって、わが家ではものが大切にされている。

Aju　敏感で鈍感な身体

私の身体はとても敏感にできている。耳はいろいろな細かい音を拾ってきて、聞きたい音や声を選ぶことが難しい。目は眩しく感じることが多くて、文字に集中できなかったりする。皮膚は、温度差にとても敏感で、身体がかゆくなりやすい。それなのに、気づきにくい感覚もある。身体が「もう限界を超えています」と悲鳴をあげていることに気づいた時には、身体が疲弊しきった状態になっている。

熱には数字が必要！

小学2年生の頃のある日の朝。いつもよりご飯が食べられなかった。でも、身体は元気だ。「行ってきまーす！」と家を出て、学校に着く。友だちがアスレチックで遊んだりして駆け回っていた。いつもより身体が軽いような、でも階段を登ると足が筋肉痛のように痛い。「きっと、昨日泳ぎ過ぎたせいだ」。授業が始まった。先生の声も聞こえている。でも、姿勢を正して座れない。がんばっても、身体が机に引っついていく。給食の時間。「あれ、食べると何だか気持ちが悪い。でも、給食は残さず食べないといけない」と無理して食べる。給食が終わって、外に遊びに行こうとした時だった。突然、食べた物が戻ってきて、吐いてしまった。先生が慌てて寄ってきて、保健室に連れて行かれた。私は「元気だし、歩ける。遊びたい！　保健室は嫌！」と訴えたけど、先生は聞いてくれなかった。保健室で熱を測ったら、37・8度だった。「よくこんなにしんどいのに、教室にいたね」と言われた。そうして、母が迎えにくるまで、保健室のベッドで横になっていた。

熱だと分かるのが難しい。体温計で測ると、数字が出てきて37度になると「微熱」と言われ、38度を超えると「高熱」と言われる。数字があると分かりやすいけど、身体の内側で起こっていることについては、敏感どころか、鈍感なような気がする。身体の節々の痛さと熱があることとがつながりにくい。嘔吐しても、身体が動けば、元気だと思ってしまう。個別の症状を、一つの「熱」という括りとして認識することが難しかった。ちなみに、今は、ちょっと違和感があると、体温を測ったり、血圧を測ったり、数字で確認している。そうすることで、熱や血圧の変動が原因でしんどくなっているわけではないと確認できて、ちょっと安心する。でも、気になると、何回も測りたくなってしまう。微々の変化が気になってしまう。きっと、せんせいは、「原因を究明せず、しんどいんだったら何回も測らず、とりあえず横になって休みなさい！」と思っているはずだ。数字の変化ではなく、身体を休めるのが何よりも大切だと分かってはいるのだけど。

喉が渇く？

今もまだ分かりにくい感覚がある。水分を摂取するタイミングだ。「飲み物を飲む＝水分を渇望している時」と私の頭の中では成り立ってしまっている。なぜなら、その時くらいしか、死にそうで、飲み物が欲しくて欲しくて仕方ない状態にならないからだ。自分から欲しいと思って水分を摂るのは、激しい運動をした後だ。汗をたくさんかいた後は、水分を摂らないと身体がへたばったままで、動けなくなる。水分を摂ると、ぐぐんと回復した感じがする。日照りが続いた土地に水が注がれるシーンそのものだ。だから、運動をしない時は、喉が渇いたという感覚がやってこなくて、飲むことが思考からすっぽり抜け落ちてしまう。朝起きて、薬を飲むために一口水を飲む。せんせいに「水分摂ったの？」と夜に訊かれて初めて、朝から何も飲んでいないことに気づく。そもそも、喉が渇かないのだ。ご飯を食べる時も、飲み物を飲みたいと思わない。ご飯を食べる時は、食べている途中か、食べ終わった時に、「飲んでおいたほうがいいんだったな」と思い出す時もあるけど、たいていは思い出さない。夕飯に楽しくお酒を飲もうと思ったのに、食卓に持ってきたお酒のふたを開け忘れてしまっている。気づいた時には、もうご飯をほとんど食べ終わっていることが多い。なぜか飲むことを忘れてしまうのだ。

水分を補給しなくても困らないといいのだけど、いろいろ大変なことが起こる。まず、水分補給を忘れると、突然、頭痛に襲われる。特に、何かに没頭している時がそうだ。自分の中ではそれほど時間が経っていないように感じているのに、気づけば6時間も7時間も経っている。その間、一滴も飲まない。それに、トイレに行くのも忘れているというよりは、行きたいと思わない。気づくのはいつも、限界を超えてひどい頭痛が起きた後だ。こうなると、水分をたくさん摂って、頭痛薬を飲んで、寝ないと治らない。頭痛が始まってから「あ、しまった！　水を飲んでなかった！」と気づく。時すでに遅し。こんなことの繰り返しだから、最初の頃は、１時間ごとに、せんせいが電話をかけてきてくれて、「水分摂ってよ！　トイレ行ってよ！」と言われていた。家で一緒に過ごしている時も、やっぱり声をかけられる。最近は、「水分摂ってよ！」から「水分摂ったの？」という訊かれ方に変わっている。自分でも意識しないとと身を引き締め、アラームを設定して、飲む時間を決めているつもりだ。それなのに、アラームが鳴る前に切ってしまう。アラームが鳴っても、まだ続けたい作業があると、ついつい、そちらを優先してしまう。

こんなことを書いていると、せんせいの声が聞こえてきそうだ。「頭痛くなって、そこから一日何もできなくなるのと、こまめに水分補給して、絵を一日続けて描けるのとＡｊｕはどっちがいいの？」

ちなみに、せんせいのところに住み始めた時は、お腹がすく感覚も分かりにくかった。水分と同じで、激しい運動をした後くらいしか、食べたくて仕方ない状態にならなかった。でも、せんせいたちといろいろな食べ物を食べるようになって、それにわが家には食べ物がいろいろあるから、食べたいと感じる回数が増えるばかりだ。

５　身体の知覚

聴覚、視覚、舌感覚、肌感覚、何もかもが敏感なＡｊｕだが、全体としての身体のサイン、感覚の知覚が難しい。それは、日常生活で困る以上に身体の危機を招く大きな課題である。

お腹がすかない・喉が渇かない

Ajuが書いているように、身体は水分を欲しているはずであるが、その感覚がない。同様に、満腹感は自覚されるのに、お腹がすくという空腹感が知覚されない。空腹の感覚がつかめない他の当事者（綾屋ほか 2008:p.23,33）と同じように、お腹がすく・喉が渇くという感覚が分からない。そのため、食事の時刻を定めていた。しかし、何かに没頭すれば、さらに喉の渇きや空腹を知覚すること、排尿の感覚さえも知覚することが難しくなり、定めた時刻は忘れ去られる。タイマーを設定しても、大丈夫と過信して時刻の前に解除してしまう。タイマーが鳴っても、目の前のしたいことを止められないこともある。気づけば倒れそうになったり、気分が悪くなったりしてきた。それが引き金となり、病院へ連れて行ったこともある。Ajuを家に残した出勤や外出時には、定期的に電話をかけ、「喉が渇いていなくても、今すぐ水分を摂ってくれるかな。飴でもなんでもいいから、何か食べてくれるかな。必要ないと思っても、お手洗いに行ってくれるかな」を繰り返す。

また、様々な身体の感覚の知覚について共に分析を行ってきた。例えば、「お腹がすく」という感覚の分析である。なぜAjuはお腹がすくという感覚が分からないのかを①Ajuが考え、②私が考える。次に、なぜ私はお腹がすくという感覚が分かるのかを③私が考え、④Ajuが考える。このように一つの事柄に対して、4つの視点から分析する。結果、お腹がすくという構成要因が候補にあがり、Ajuは「お腹がすく」を「胃がきゅ～ってへこんできて、吐き気がする」と定義する。昼食を12時と決め、空腹の如何にかかわらず食べていたAjuは、現在昼食の時刻を決めていない。12時前後から13時、時には14時という広い時間帯で、感覚を探りながら食事を摂っている。喉が渇くという感覚をはじめ、Ａｊｕにとって知覚が難しい身体のあらゆる感覚について分析・言語化することで、Ａｊｕの時間枠・自由度が広がっている。

奪われる時間

知覚の過敏さ・鈍感さゆえ、Ａｊｕの日常生活は常に過刺激な状態である。疲労感を引きずらず、心身共に安定した状態を保つには最低でも９時間の睡眠に加え、１～２時間程度の昼寝時間を確保しなければならない。当事者の手記を分析した研究においても、８名中２～３名が10時間から12時間の睡眠を要することが報告されている（矢野 2015:p.79）。長時間の睡眠を要する理由は記述されていないが、Ａｊｕと同様に過刺激がもたらす疲労に起因するのではないだろうか。また、Ａｊｕの体調は日々変動するだけでなく、一日の中でも揺れ動く。頻発する頭痛、寒暖差・乾燥・緊張に誘発される蕁麻疹に悩まされる。頻繁な頭痛が水分不足により生じることが分かれば、こまめな水分摂取を心がけるなど、Ａｊｕの行為・行動との因果関係が分かるものに対しては対処・対応が可能である。しかし、因果関係の分からない身体的な症状に対しては、服薬による対処法しか見つかっていない。ただ、ここでも問題がある。Ａｊｕの身体は、薬に対しても非常に敏感に反応する。服薬量は常に慎重に調整するが、服薬が急激な体温低下を招き、35度を切ることも少なくない。「せんせ～、体温が34度５分しかない」と訴えられた初回、どれほど驚いたことだろうか。また、微量な服薬であっても、我慢できない眠気に襲われる。ＡＳＤの人特有の薬に対する過敏性、少量の服薬による副作用についての報告もある（和田ほか 2014:pp.4-5）。睡眠に割かれる時間の多い限られた時間の中で、絵を描きたい・活動したいという欲求は強くなり、それを優先するＡｊｕは水分摂取と同様、服薬を先延ばしにする。その結果、症状の更なる悪化という悪循環を招く。予期できない疲労や服薬による眠気は、Ａｊｕの計画を崩し、それがＡｊｕの感情を大きく乱す。そんな時には「いさぎ悪いな～。とっとと寝て、切り替え、切り替え」といつものフレーズを私から聞かされることになる。しかし、数え切れないほどの分析を行い、実行した経験からか、最近は「潔く寝ます！」と宣言し、寝ている。

表裏の関係

身体全体の気づきに対する鈍感さは、感覚の過敏さから生じると捉えている。多種多様の過剰な刺激は軽重なく身体に知覚されているため、空腹や喉の渇きに関するサインが突出しない、頭痛や蕁麻疹が出始める兆候を感じとれないのである。Ａｊｕの場合、敏感か鈍感かのいずれかではなく、敏感であるがゆえの鈍感である。

舌の感覚や肌の感覚に関する私のトーンは、他の項目とは異なっている。それらが大学生活・日常生活においてさほどＡｊｕを困らせることがなかった・ないと私が感じてきたからである。しかし、最近は、舌や肌の感覚の過敏さを含む感覚の鋭さ、その感覚の鋭さがゆえに生じる身体の知覚に対する鈍さがＡｊｕの生きづらさの最も大きな要因であると捉えている。もし、ＡＳＤの人に特性というものがあるとするならば、それは感覚の過敏さ・身体に対する知覚の鈍感さであるという考えに至っている。

様々なＡｊｕの過敏性・鈍感性に対する根本的な解決は難しいが、次々現れる一つひとつをよく観察し、その対処・対応策を試しながら、制限されてしまうＡｊｕの日常生活の幅を徐々に広げている。

第6章

ことばとその意味

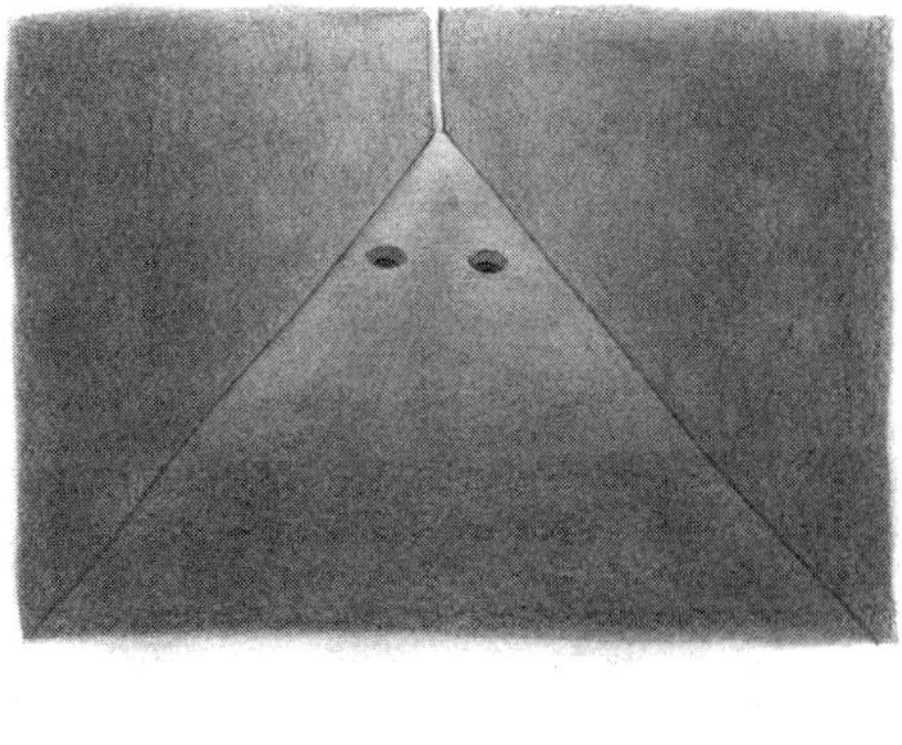

明日何か予定ある？（2021）
ことばを聞くといつも映像が見えてくる。「明日何か予定ある？」と訊かれた時に見える映像。

Ａｊｕと私とは、一応、日本語という共通言語で対話している。が、同じ日本語のことば・言葉を使っているのに捉えている意味がズレていることが多い。本書では、「ことば」は主として音声による言語、「言葉」はそれ以外の言語と、大まかに分別している。見えないことば（ことばの裏側・行間を読む）は、Ａｊｕにとって大敵である。本来のＡｊｕの〝第一言語〟が日本語ではないのだから、苦労に苦労を重ねてきたのも無理はない。しかし、現在、その苦労は興味・関心に変わりつつある。今日もＡｊｕは日本語でことばを紡ぎ、私と母と楽しく対話している。

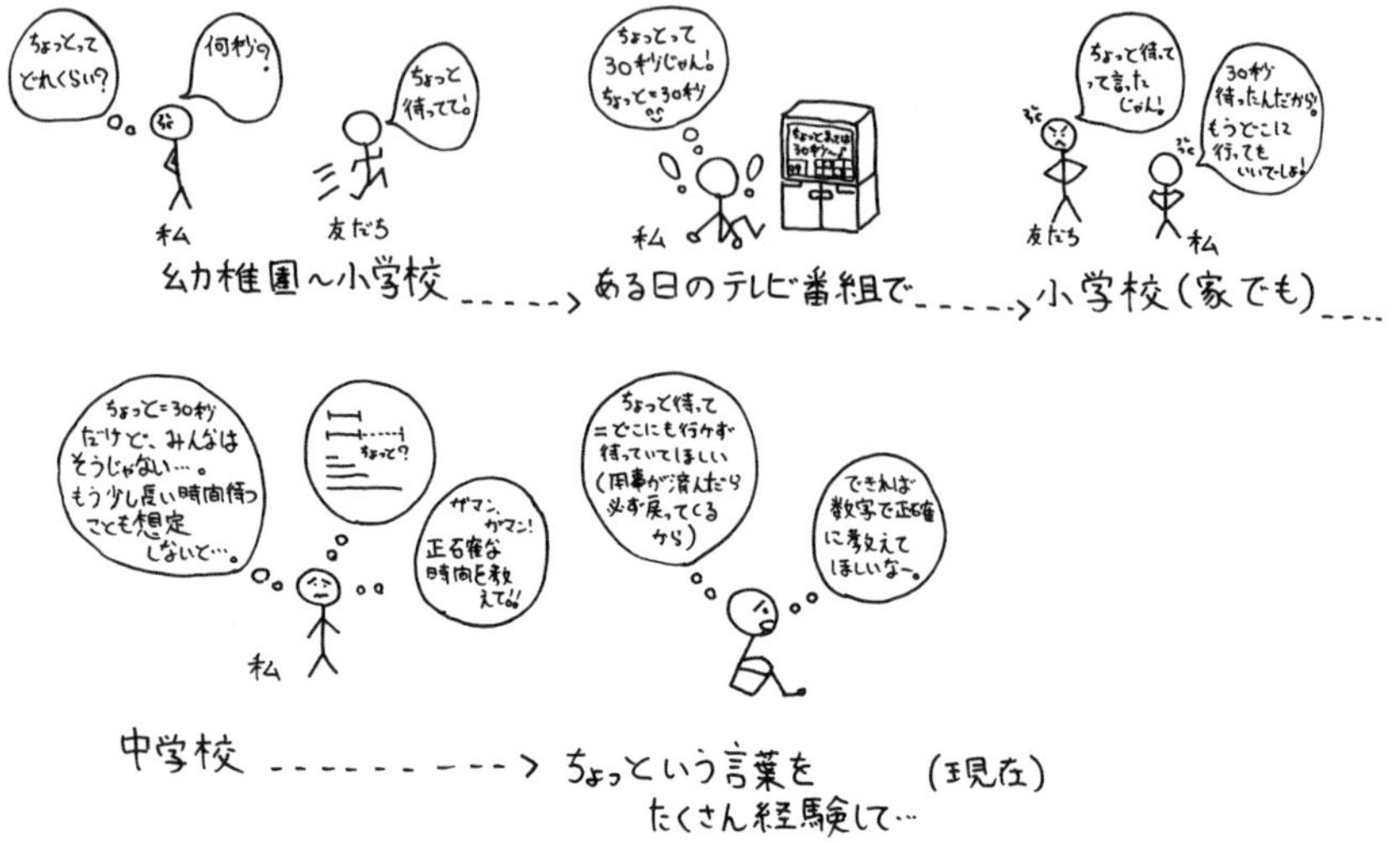

ちょっと待って（2017）

「ちょっと待って」がどれくらいの時間を指すのか分からなくて。

Aju ことばの見え方

「ちょっと」ってどのくらい？

私がことばに見ている視界は狭いのかもしれない。「ちょっと待って」ということばは、難しい。このことばに困るようになったと感じ始めたのは、小学生の時。学校から友だちと一緒に帰るようになった頃からだと思う。帰りの準備や掃除当番で遅くなった時に、友だちから、「ちょっと待ってて」と言われることがある。私は、どれくらい待てばいいのか分からなくて、待てなくなったら一人で家に帰っていた。すると翌日、学校で、その子から「待っててって言ったやん！」と怒られるのだ。私は「待ったよ！」と言い返すのだが、「待ってない！」とさらに言い返される。「待った！」「待ってない！」の言い合いが始まる。そんなことが繰り返されるので、友だちと帰る時には、「ちょっと待ってて」と言われたら、「何時まで？」と訊くようになっていった。それでも、トラブルは起こる。「2時半まで待って」と言われたら、2時半までは待つが、2時31分までは待てない。どうしてもできない。時間を過ぎてしまうと、心がとてもざわついてきて、時間通りに動きたくなってしまう。待つことが嫌いなわけではない。数字とはきちんと並んでいたい気持ちがとても強いのだ。友だちのことよりも、数字と一緒に動かずにはいられない。だから、やっぱりその翌日も友だちに怒られる。「2時半まで待ってて言ったのに！」「だから2時半までは待ったよ！　だけど、2時半を過ぎたから帰った！」「5分くらいしか過ぎてない」「5分も経ってたら、もう走って家に着いてるよ」と。そんなことがよくあり、帰ろうとすると友だちの仲間が、私のランドセルを引っ張って、「まだ！」と言って、待つように言う。一緒に帰るというのはなかなか大変だ。

「ここ」ってどこ？

もう一つ、難しくて困ったことばがある。「ここ」ということばだ。小学生の時の体育の時間での出来事だ。先生から授業の説明を聞いた後、最後に「それでは笛が鳴ったらまたここに集合してください」と言われた。このことばにひどく戸惑った。私は、「ここ」に戻ってこられるか、とても心配になった。広い運動場の中の「ここ」。だから、私は、「ここ」に戻ってこられるように、座っていた場所に運動靴で丸をかいた。笛が鳴って、一目散に「ここ」に座ったのに、一人だけ座っている場所が違う。みんなとの距離が遠い。先生は、「みんな、ここに集まってますよ」と言う。「ここ」に集合と言ったのは先生なのに、どうして「ここ」じゃないんだろう。遠足の時もそうだ。「お弁当を食べたら、ここに集まってください」と言われる。今座って話を聞いている場所は、コンクリートだから、丸はつけられない。だから前に何が見えるのか、横には何が見えるか覚えておく。地球の緯度と経度のように。そして、念のため、近くにあった石ころをその場所に置いておく。

でも、いつも集まる場所は「ここ」じゃない。ずれている。それなのに、どうして「ここ」っていうことばを使うんだろう。運動会のダンスの練習では、目印をつけて、「ここ」と言われた同じ場所の「ここ」に全員が集まるよ。「ここ」って「どこ?」。

ことばで困ってきたことは、ほかにもある。わが家の夕食の準備で、「お箸並べてね～」と言われた時、お箸しか並べられなかった。ここでいう「お箸並べてね～」は、「夕食の準備に必要な物を揃えてね」という意味なのだ。取り皿に、コップ、お茶、鍋敷き、いろいろな物を指している。決して、お箸だけではない。せんせいに、「水着洗っておいてね」と頼まれた時、洗うまではした。でも、せんせいの水着は干さずに、自分のだけを干してしまった。ここでいう「水着を洗っておいてね」は、最後の干すまでをお願いしているということなのだ。私を困らせる難しいことばだ。

ことばに見える視界

こうやって考えていると、私がことばに見えている視界は、とても狭いような気がする。ことばに見える多くの人の視界が120度だとしたら、私の視界は10度くらいなのかもしれない。「ちょっと待って」「ここ」と聞いた時に、多くの人が見えている「ちょっと」「ここ」の範囲は広くて、私の見えている「ちょっと」「ここ」の範囲はとても狭い。この範囲が重ならない時、人との関係がギクシャクしてしまうような気がしている。「ちょっと」「ここ」以外でも、走り去る電車を見た時の視界の違いもそうだ。多くの人は、幅の広い視界で電車を見ているけど、私の場合は、225系5100番台の電車という狭い視界で見えてしまう。飛行機を見てもそうだ。だから、こういう時は、みんなが分かるように「電車」「飛行機」と話すように気をつけている。

このような見え方になっているから、視野が狭い・融通が利かない・揚げ足取りと思われてきた気がする。でも、少しずつ少しずつ、自分以外の人たちの視界を知ることで、私の見える角度は広くなっているように思う。夕飯の準備で、「お箸並べてね」と言われても、もうお箸だけを並べたりはしない。応用だってできるようになってきた。応用というと変だ。気が利くってやつかもしれない。ピンポ～ンとインターホンが鳴って、せんせいに「悪い！」と言われた時。何を謝っているのかと私の視界は思う。でも、少し視界を少し広げてみる。「ピンポ～ン」と「悪い！」はセットだ。「今、私（せんせい）は出られない。『悪い』けど、Ａｊｕ、玄関に行ってくれる？」という意味だ。慌てて玄関まで行く。自分一人でいる時は、視界が狭くなってしまうけど、人といる時は、視界を広くしようと意識している。反対に、私の見えている視界を知ろうとしてくれて、その視界にあったことばを選んでくれている人もいる。「ちょっと」ということばではなくて、具体的に数字で「10分待って」と言ってくれる。「どう思いますか」ではなくて「それを聞いてＡｊｕの気持ちがつらくなった？　それとも嬉しくなった？　その時の気持ちを思い出しながら教えて」と「どう」の内容を分かりやすく伝えてくれるせんせいがいる。抽象的なことばだとイメージが湧かない私に、イメージできるように具体的なことばを話してもらえた時、答えやすくなる。話す内容がイメージできるようになる。どちらかが生きやすい生活よりも、どちらもが生きやすい生活をするのが一番いいと思う。

ことばに限らず、視界を狭めたり、広めたりすることは、どんな人にも必要なような気がする。なぜなら、そうすると、たくさんの人の考えていることや見えている世界はそれぞれ違うということに気づくからだ。

1 あいまいなことばの難しさ

日常にはあいまいなことば・表現が氾濫している。多くの者は自身の発することばがあいまいかどうかを意識することなく、またその言葉の意味が相手と同じかどうか疑問に思うことなく、なんとなく共通認識をもっているという前提のもと、あるいは前提すらなく使用している。数えればきりがないあいまいな言葉と表現がＡｊｕを混乱させ、孤立感を生んできた。

間に合う時刻

大学生の時のこと。電車に乗り遅れ、Ａｊｕにパニックが起きた。前述した「電車遅れる事件」である。この事件以後は、授業に間に合う時刻の電車に乗るよう提案した。しかし、「授業に間に合う時刻」という時刻は、Ａｊｕにとって漠然とし過ぎている。「○時△分」という具体的で、明確に定まった電車の時刻が重要である。遅延や事故などの予期せぬ出来事に対し、Ａｊｕ自身に生じる動揺を回避するために、Ａｊｕは私が間に合うと考えるよりも何本も早い時刻の電車を選択する。ここで、「授業に間に合う時刻」という提案ではなく、「□時◎分の電車でいいんじゃないかな？」という具体的な提案に変えれば、「そうだね」「それより１本早いのにする」など、具体的な思考と計画に結びつく。それは、またＡｊｕの安心感ともなり、現実的な行動へと一歩近づく。

正当な理由

1分でも遅刻すれば、教室には入らない、授業には参加しない。どんなに熱があっても授業を欠席しない。そんなA.juへの「正当な理由による授業への遅刻や欠席」という私のことばも、A.juにとっては不可解である。何を「正当」とするかを、正確に・明確に定めなければならない。体調不良という症状の範疇は個人差が大きく、A.juがそれを自身に納得させることはできない。発熱、腹痛、骨折など、無数の体調不良の内容を共に列挙する。次に、「正当な」発熱の体温を決める。しかし、列挙したそれぞれの内容を明確に定義することはできない。その結果、A.juが自身に許可できる正当な理由は、大学が認める公欠・出席停止事由のみとなる。

そこで、大学が定める正当な理由以外については、どちらが「正しいか」「すべきことか」ではなく、どちらが「より学べるか」という考え方はどうかと提案してみる。正当な理由がある場合に、『遅刻したから欠席する』と『遅刻しても出席する』のどちらが勉強したいA.juにとって大切か」「1回欠席したからという理由で、『残り14回も欠席する』と『残り14回は出席する』のどちらがいいか」などの提案は私がするが、何を選択するかという最終的な判断はA.ju自身が行い、文字・音声にして確認することを重要視してきた。学びたいという欲求が非常に強いA.juにとって、どちらが「より学べるか」という視点は受け入れやすかったようである。遅刻や欠席を自身に許可する範囲は、ゆっくりと広がっていった。ほとんど授業に出席できない状態になってからは、どれだけ遅刻をしても、ほんの少しだけでも出席して学びたいという思いが強くなり、大きな思考の転換となった。

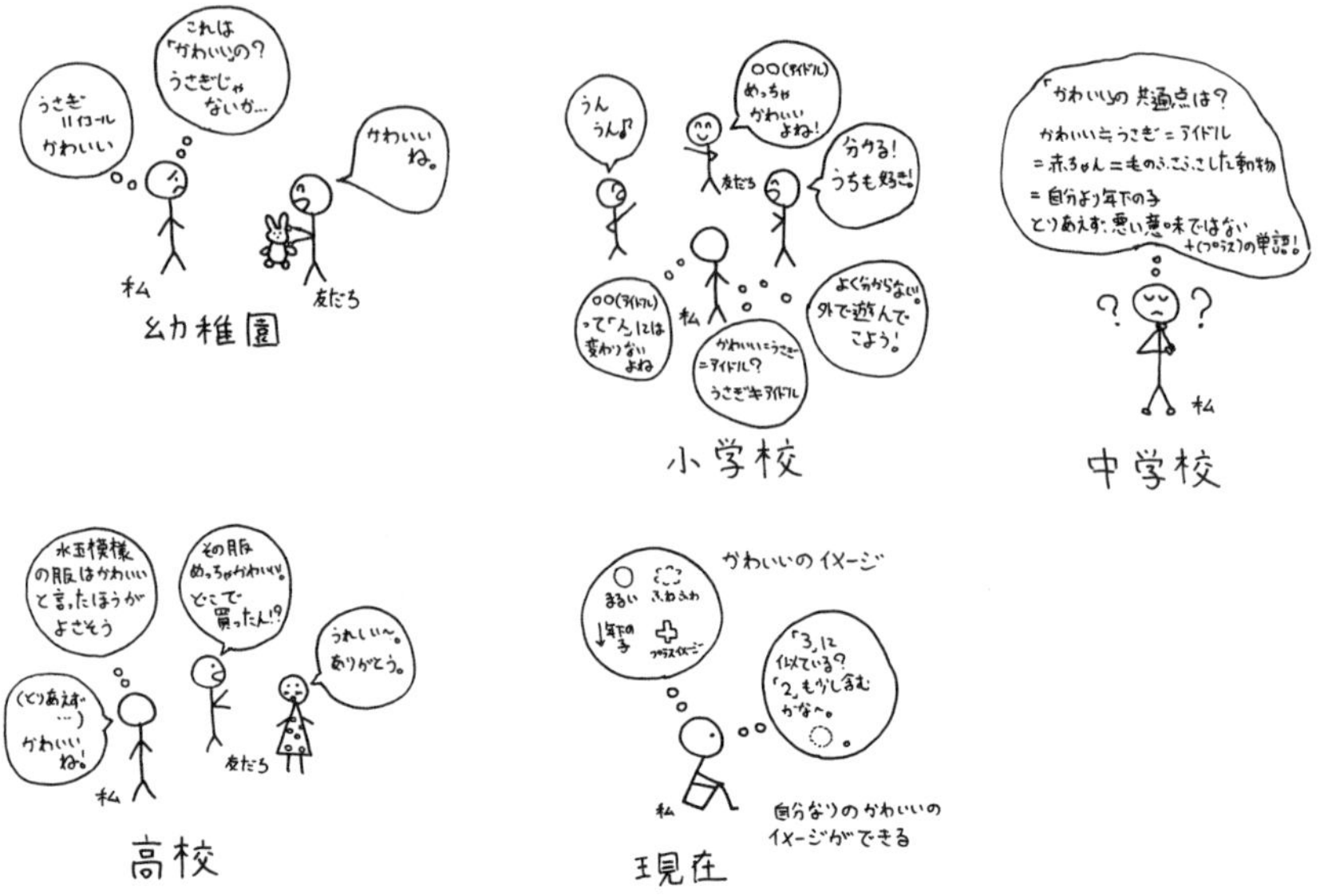

かわいい（2017）

かわいいの意味と使い方を見つけるまで。

しんどい・かわいい・適当

多くの者は、熱が出ている時、重い荷物を運んだ時、激しい運動をした時に、「骨が折れる、つらい、くたびれる」（松村 2006:p.1301）の意味である「しんどい」ということばを用いる。Ａｊｕにとって、熱が出るとは「体が熱い、頭がぼーっとする」である。重い荷物を運べば「腕が痛い」である。運動後は「筋肉が張っている」である。このように、具体的に説明できる状態を「しんどい」と表現する思考はＡｊｕにはない。明確に異なる身体状態を一括りにまとめて、「しんどい」と表現することへの気持ちの悪さもある。それゆえに、具体性に欠くことばを使用する会話では、Ａｊｕの思考は停止し、会話についていけなくなる。同様に、「愛らしい魅力をもっている」（ibid.:p.541）という意味の「かわいい」や「その場を何とかつくろう程度であること」（ibid.:p.1721）という意味の「適当」なども、Ａ juにとっては非常にあいまいで・抽象的である。そのようなことばの理解が難しいAjuとの会話には、より具体的・より詳細なことばが必要となる。

時間配分の苦労

「適当」「加減」の難しいAjuは、会話における力配分・時間配分が難しい。個展などに来場してくれた人たちが次々とAjuに語りかけてくる。誰と・どの程度・どのくらいの時間、会話をすればいいのか見当のつかないAjuは、一人ひとりとの会話に100％以上の力を出し切り対応し、疲労困憊する。その回復に数日間を要することもある。

その対処方法として、一人の人と話す力を10％、25％、50％などと決めてみるのはどうかと考えるが、私はすぐに無理だと気づく。10％なら10人、25％なら4人と人数制限をすることになるからである。予想は的中し、「何人の人と話すのか分からないのに、配分は決められない」とAjuが言う。では、一人の人と会話する時間を区切ってみるのはどうかと考えるが、これも私の中ですぐ却下される。会話には相手がいて、その相手の対応や流れ次第でこちらの決めた時間通りに終わらない。この方法は、時間通りが好きなAjuにとって、大きなストレスとなる。大勢の人と接する場合には、その場に滞在する時間、一人あたりの会話に注ぐ力などを相談し、決めている。滞在時間を決めるという方法は、なかなかうまくいっている。個展などの滞在時間は、1日2時間程度、長くても休憩を入れて5時間と決めている。その結果、数日間の滞在も可能になってきた。私が一緒にいる場合は、「そのくらいで休憩したら」「あと一人と話したら終わりね」と声をかける。私がいない場合でも、それを担ってくれる何人かの強い味方ができつつある。さらに、Ajuも多くの体験を重ねるうちに、自分がこなせる力加減を身につけ始めているようである。

日常生活：時間の幅とことばの意味

「日常生活」ということばもＡ.ｊｕにとってはあいまいである。私とＡ.ｊｕとでは、その捉え方が大きく異なる。Ａ.ｊｕにとっての日常生活は、一日一日という区切りのある・独立した生活であり、その快適さが重要である。「1日＝今日（24時間）」という枠組みがＡ.ｊｕにとっての生活であり、連続体としてつながる日々を生活の単位として捉えることがない。現在、Ａ.ｊｕの日々の生活が修学時や就労移行支援センター通所時に比し順調であることは間違いない。修学場面でＡ.ｊｕを混乱させ、困らせた事象が減少していることも確かである。しかし、身体的過敏性、他者との関係において今も生じる事象、いわゆる一般就労（就労先に出かけ、最低8時間労働が求められる）が難しいという一日限りではない現実やその状況全体を「日常生活」という枠組みとして捉えることも、「困っている」と捉えることもない。言い換えれば、Ａ.ｊｕが「困っている」とは感じていない事象の一つひとつを取り上げ、それらを時間の連続体としての日常生活や就労と具体的に結びつけることなしには、ことばの意味・そのことばに内包される事象が浮かび上がらないのである。

2週間前まで頻繁に強く生じ、Ａ.ｊｕを困らせていた事象がそれ以降生じていない場合、それは「現在」の範疇からはそぎ落とされ、認識されない。その理由は、困っている事象の捉え方そのものではなく、「過去」「最近」「現在」「今」「未来」などの言葉の時間軸・幅が非常に限定されているからである。このことをピアノの連音に置き換えて説明する。ピアノで「ドミソ」と連音で弾く時、Ａ.ｊｕにとっては、「ド」「ミ」「ソ」という音素になり、その一音一音が「今」である。「ド」の余韻の下に「ミ」、「ミ」の余韻の下に「ソ」という感覚をフッサールが述べるメロディーの知覚から考える。

> メロディーの延長が知覚作用の延長の中に単に点の継続としてのみ与えられているからではなく、過去把持的意識の統一それ自身が、経過した諸音をなおも意識の内に《把持》し、そして統一的な時間客観、すなわちメロディー、に関係する意識の統一をさらに産出し続けるからである。（中略）メロディー全体は、それがまだ鳴っている間は、つまりそのメロディーに属し、一つの統握関連の中で思念されている幾つもの音が鳴っている間は、《現在するもの》として現出している。メロディー全体は、最後の音が鳴り終わった時、初めて過去のものとなるのである（Husserl, 1928=1967:pp.52-53）。

フッサールの言を言い換えれば、最後の音が鳴り終わるまでは「現在」であり、「現在」には幅が存在する。ところが、Ａｊｕにとっては、「ド」「ミ」「ソ」の一音一音が、生活場面の一瞬一瞬に相当する「今」であり、フッサールの言う「知覚されているのは今の時点だけ」（ibid.:p.52）ということになる。生活場面の一瞬一瞬が「今」ではあるが「現在」とはならず、一瞬一瞬が余韻としてのつながりをもたない。「現在」という概念がないともいえる。昨日と今日、今日と明日も同様で、一日一日が余韻のようにつながる連続した時間とならない。それがＡｊｕの記憶の断片性、強固性につながっており、生きづらさの一要素となっている。

Ａｊｕは、日常生活では「『困ってる』ということばの使用が難しい」と言う。Ａｊｕの考える困っている状態・状況は、現在進行形の限られた瞬間を指すからである。「ぬかるみから抜け出ることができない状況の真っただ中」を表現する言葉が「困ってる」であり、限定された状態・時間枠が言葉に意味を与える。Ａｊｕ

は「『今』という時間の範疇に数週間という幅はなく、瞬間であり『点』である」と言う。したがって、日常生活において、「『今』は、困ってることはない」と捉えることになる。修学場面では、常に、授業を受ける目的を阻害する事象が生じている「真っただ中」という状態であり、Ａｊｕにとって「困ってる」と認識しやすかったと考えられる。また、「最近」「現在」「今」という時間の幅の定義は個々人のもつ感覚に依拠し、明確な定義や数で限定されず、Ａｊｕは混乱する。

このようなＡｊｕの時間軸・枠と言葉の結びつき、時間の経過に伴う事象に対する意識・認識の希薄化などを踏まえ、それぞれの言葉のもつ意味・そこに内包される事象の範囲を了解・共有するには時間を要するが、Ａｊｕの生きづらさの軽減、それ以前に、Ａｊｕと私と母、それぞれの円滑な日常生活にとって不可欠である。

Ａｊｕ　傷つけて、傷つけられて

行間を読むってなんだ？　行と行の間を読むってこと？　うんうん。行と行の間をね。でも何も書かれていないよ。空気を読むってなんだ？　空気は基本的には吸うものだよ。このようなことばを聞くと、そう考えてしまう。そんな思考だから、小さい時もトンチンカンなことをしていた。

小学校の国語のテストで、文章問題が出た時のこと。設問には、「傍線部のその時の『わたし』の気持ちを書きなさい」と書かれていた。私は自信をもって、「私はこんな文章を書いていません。（『わたし』＝自分のことだと思っていた）」と解答した。先生はこの解答にきっと呆れてしまったのだと思う。でも、私には、文章に出てくる「わたし」と自分のことを指す「わたし」との区別がつかなかった。同じ言葉なのに、「わたし」と「わたし」がどうして違う人だと分かるのだろう。同じ言葉なのに、同じ人を指さないんだ。頭が混乱する。

先生がこんな解答をした人がいますって言ったから、休み時間にみんなが私の答えを見に机を囲んだ。どこか頭が悪いんじゃないかって、自分がバカなんじゃないかって思う瞬間がある。それは、自分がみんなと同じ感覚をもてていないと感じる時だ。当たり前にある感覚がないんじゃないかって思う時だ。

同じ感覚をもてない

高校生になった時。夏の暑い日。昼休みにアイスを食べた。５時間目の授業は英語だった。授業が始まっていきなり、先生に当てられて、「前回の復習をするぞ。アイスが溶けたらどうなる?」と質問された。私は、慌ててノートを見返した。でもノートには「ice」としか書いていない。溶けたらどうなるかは書いてない。写し忘れたわけでもない。自分なりに考えて出てきた答えは、「アイスは溶けたら美味しくないです」だった。先生もクラスも大笑いした。私はとても嫌な気分になった。小学校の頃と同じ感覚がやってきた。これがわざとならいい。ウケ狙いならいい。でも、私なりに考えた結果だった。どうして私は、いつもみんなと同じ感覚がもてないんだろう。当てられて、答えたら笑われる。先生は、「○○（私）の解答がみんなのリフレッシュになる」と言い、みんなが疲れてきたら当てるようになった。人と同じは嫌いだけど、同じ感覚がほしいと思わずにはいられなかった。文化祭の催し物を決める時もそうだった。みんなが文化祭で何をするか黒板に書いていく。私は、なぜ文化祭で何かをしなければいけないのか分からなかったので、黒板に「やらない」と書いた。すると、「は?　意味分からん」「空気読めよ!」とあちこちから野次が飛んできた。「死ね」とまで言われる始末だった。本当の気持ちを書いてはいけなかったのか。「しない」という選択肢があってもいいのではないか。書かなければ、したくないことも本当にしなければいけなくなってしまう。大勢の意見に合わせてしんどくなってしまうのなら、初めからその意見に「No」と言ったほうがいいのではないのかと思ったのだ。クラスで妙な疎外感を味わうのに時間はかからなかった。

行間を、空気を読めなくて

行間が読めない、空気が読めないってこういうことを指すのかもしれない。同じ感覚があれば、人と話していてもスムーズにいくんじゃないか、笑われなくて済むんじゃないか。一つひとつ発したことばのどこがおかしかったのかを考える。それを分析して、次こそは笑われないようにしようとする。でも、脳はどうしても学習してくれない。空気を読むことと自分の意見を隠すことは同じなのだろうか。

実はこの出来事を思い返していると、傷ついたことや理不尽さだけではない、別の出来事も思い返されてくる。私が発したことばで相手を傷つけてしまったことも一緒になって思い出されてくる。ことばに裏側があると分からなかった時、そのことばを直接言ったら人が傷つくということが分からなかった。思ったまま声に出して、相手を傷つけてしまった私がいた。傷ついてきたこと、傷つけてきたこと、この両方を書かないと、自分の中にある行間の読めなさや空気の読めなさが説明できないと思う。そのことについても触れたいと思う。

場を読めなくて

小学校の頃。太っている女の子に向かって、「将来、おすもうさんになるん?」と訊いた。悪気は全くなかったのに、その子は机に伏せて泣きだし、顔を上げてくれなかった。その子にそう訊いたのには理由があった。その頃、水泳を習っていた私は、速くなりたくて、一生懸命に柔軟体操をして、泳いでいた。だから、同じように、その子も、おすもうさんになるために、一生懸命給食を食べたり、掃除の時に、一度に机を3つも運んだりしているのだと思っていた。でも、終わりの会の話し合いで、そうでないと分かった時には、とても驚いて、悪いことを言ってしまったと、とても反省した。

小学校中学年の頃。突然、「バイキン回ってきた〜！」と身体をタッチされた。私は、身体を突然触れられるのが大嫌いだ。鬼ごっこの時は、タッチをされることが分かっているので我慢できる。でも、この時は、鬼ごっこに参加していなかった。それなのにタッチされたから怒ってしまった。タッチしてきた子に、タッチをし返して、こう言った。「参加してないのに触るな！　それにバイキンもタッチするな！」と。終わりの会の時、先生がとても怒った顔で教室に入ってきた。鬼ごっこだと思っていたさっきのタッチは、鬼ごっこではなかったのだ。あるクラスメイトが一人の子をからかった。からかわれていた子が相手にやり返した時に、その子の手が、相手の子の服に触れた。触れられた子（からかった子）は、「バイキンがうつった」と言って、さらにからかった。それが、どんどんエスカレートしていき、バイキンのうつし合いが鬼ごっこのように広がっていったのだ。このことを知った時、なんてことをしてしまったんだと、自分を責めた。知らなかったとはいえ、その子がとても苦しい時間を過ごしていたことに気づかないどころか、タッチをし返したことで、止まることがなかったのだ。自分のところで、タッチをやめればよかったのに。タッチされた時に、怒らなければよかったのに。自分がそんなことをされたら、とても嫌なのに、その子を苦しめていた自分のことが許せなかった。

小学校高学年の頃。クラスに転校生がきた。教室に鰹節のにおいがして、私は、勝手にお好み焼きを想像していた。誰かが朝ご飯に食べてきたのかなと思った。それか、今日の給食がお好み焼きかもしれないと思った。それで、私は、「まだ1時間目やのに、鰹節の匂いがする」と言った。その匂いは、転校生の周りでしていた。

すると、周りにいたクラスの子たちが、「うわ！　なんか臭い」と言い始め、転校生に視線を注ぎ、その子は俯《うつむ》いてしまった。悪い意味はなかったのに、自分が発したことばでこんなことになるなんて、どうすればいいのか分からなくなってしまった。その子にすぐに謝った。ずっと泣いていて、顔を上げてくれなかったけど、休み時間に二人になった時、「私はお母さんしかいなくて、お父さんから逃げている。お金がなくてランドセルももらい物だし、制服も誰かのお下がり。お風呂がないから、入れない時もある」と教えてくれた。そのことばを聞いた時に、また、なんてことを言ってしまったんだと後悔した。「本当にごめん！　ただ誰かがお好み焼きを食べてきたかと思ってた!!　今日の給食がお好み焼きかなとも思ってて。本当にごめん！」と言うと、その子は吹き出すように笑って、許してくれた。それからは仲良くなって、一緒に遊んだり、二人のお小遣いが貯まったら、一緒に銭湯に行ったりした。

傷つく自分と傷つけてしまう自分

悪気もなく発したことばや振る舞いが、人を傷つけてしまう。起こった後だけど、このことばはよくなかったんだ、今の振る舞いはよくなかったんだと反省する。ほかにも、誰かが嫌がらせをしている場面を目撃すると、自分もつらい気持ちになることが多くて、絶対にしないと自分に言い聞かせてきたこともたくさんある。自分が傷つくことを他の人には絶対しないと思うことも多い。

それでも、やっぱり新しい世界を知ると、悪気はないけど、傷つけてしまうことばに新たに気づくことがあった。「はげていますね」ということば。私にとって、「はげている」ということばには、マイナスのイメージが全くなかった。だから、言われた人が傷つくとは思わなかった。はげていると頭の形がかっこよく見える。

髪の毛があると見えない後頭部の出っ張りが見えて、「かっこいいな～」と思う。私は、相手が傷つくとは思いもせず、むしろ同意してもらえると思っていた。「はげていますね」は、多くの男性にとっては、言われたくないことばのようだと分かった。今はそのような言い方はせず、「かっこいい頭ですね」と言っている。それで、「せやろ～、僕の頭かっこいいやろ～」と言ってくれる人もいる。

自分の中で傷つくと思わなかったことばや対応が、相手にとっては傷つく・不快に思うことがある。それはなかなか自分でも気づくことが難しいので、そばにいるせんせいたち（訊きやすい人）に、自分の対応がどうだったか一緒に考えてもらっている。年齢とともに、私も成長してきているつもりだが、年齢とともに言ってはいけないらしいことばも新しく出てくるので、日々学習中だ。傷つく自分と傷つけてしまった自分との両方を経験してきたからこそ、ことばをきちんと選んでいきたい、そう思っている。

2　気の利かない人という誤解

Ａｊｕの言動が、他者からの誤解を招くことがある。他者が意図する隠れた意味を読み取ること、相手の振る舞いから求められている行動に気づくことが難しいＡｊｕ。誤解を生むとともに、Ａｊｕが自身を傷つける要因ともなってきた。

「自己中心性」でいい

ある日、私がＡｊｕに「Ａｊｕの分と一緒に食器を流しに運んでおいてほしい」と言い、慌ただしく出かけた。私のことばには「洗っておいてほしい」という意味も含まれている。戻ってみると、私の食器は流しに置かれたままになっている。Ajuは「ちゃんと最後まで言ってくれないと分からない。食器を運んでほしいと言われたから運んだ。洗うのが嫌なんじゃない。食器を運んで、洗っておいてって言ってくれないと分からない。どうしてみんなは分かるの?」と訊く。言われればその通りである。「なぜ分かるのか」という質問に明確に答えることができない。また、それが水着であっても、食器であっても、他の人のものに対し、頼まれたこと以外のことをしてはいけない、他者の所有物を勝手に触ってはいけないというAjuのモラルも影響している。なんとなく、「分かるだろう」と思っていた私の感覚は捨て去った。その後、具体的に最後まで伝えるように繰り返し、「食器を運んでね=運んで+洗う」が定着した。逆に、洗わなくていい場合には、「運ぶだけで、洗わなくていいよ」と最後まで伝える。

このようなAjuの行動は、「気の利かない人」「思いやりがない人」「自己チュウな人」という他者からの誤解を招くこともある。この誤解について、発達心理学者であるピアジェの「自己中心性」と、いわゆる「自己チュウ」とは明確に区別されている。

「自己中心性」とは、自分勝手とか利己的の意味ではなく、相手の側から(相手の視点に立って)ものごとを捉える能力がまだ育っていないため、発想の中心が常に自分の側におかれるという意味です。いわゆる「自己チュウ」とは違います(滝川 2013:p.148)。

子どもならともかく、青年がこのような行動特徴を示せば、まわりからは「無配慮」「思いやりがない」

「ひとりよがり」「わがまま」「身勝手」「自己チュウ」といった評価を浴びてしまいます。でも、これは我の強いエゴイスティックな人物が他人を無視して自己の利益を追求する行為とはまったく異なることへの理解が必要です（ibid:p.149）。

Ａｊｕが自身の利益を優先して行動することはない。しかし、他者からは誤解され、「気が利かないね」「やっぱり自己チュウなのかな」と自身の肯定感を下げてきた。

空気は吸えばいい

他者が介在する場面で求められる、いわゆる「言外の意味を汲む」「空気を読む」「状況を察知する」言動は無限大ともいえ、そのパターン化・数式化は難しい。その場その場で、私がＡｊｕに対し、他者の発したことば・他者の態度に含まれる意味を説明する。打ち合わせが長引き、相手が時計を何回か見たとする。私が「Ａｊｕ、○○さん、次のご予定があるようだから、そろそろ失礼しようか」と伝える。Ａｊｕは、「なんで分かるの？」と問い返す。相手が何度か時計を見ていたことを説明するが、一つのことに集中すれば視界が狭くなるＡｊｕは、相手が時計を見たことに気づいていない。Ａｊｕは周りが見えないことに対し自分自身驚き、落ち込むこともある。しかし、私たちは、Ａｊｕが気づかなければいけないという方向性をもってはいない。Ａｊｕが気づかなくても、私が気づけばいい。Ａｊｕに「次の打ち合わせがあるので」と丁寧に伝えてくれる相手と付き合っていけばいい。そういう関係を両者で築いていけばいいと思っている。Ａｊｕが気づくことが正しいのでもなく、相手がＡｊｕに伝えることが正しいのでもなく、互いのことを理解し、できることをできる人がするという関係を作ることが大切である。ただし、気づきたいというＡｊｕの気持ちは尊重している。Ａｊｕに問われれば、その時々の場面をその場でＡｊｕに説明するか、後で振り返る。まずＡｊｕが考える。「じゃあ、ああいう時は、○○したらいいんだね～」というＡｊｕの返答を待ち、「そうそう」「うん？ ちょっと違うかな」と楽しみながら次へ向かう。空気は吸えばいい。時々読めばいい。

Aju 数字に囲まれて数字には色のついた景色が見える

「数に色が見えますか？」。数を想像すると色が見えて、視界いっぱいにその数の景色が広がっていく。例えば「1」を想像してみる。赤色で、こちらに迫ってくるような迫力のある映像だ。それは、とても力強く、頼もしい感じがする。「3」を想像する。薄紫色で、それはとても優しく、新しい生命が誕生した柔らかさに似ている。触れると壊れそうなとてもデリケートな数だ。数を想像すると色や形を感じ、旅に出たような気分になる。こんなふうに、数に色が見えたり、文字に色が見えたり、音に色を感じたりして、ある刺激に対して、通常の感覚だけでなく異なる種類の感覚が生じることを「共感覚」と呼ぶそうだ。大学生になって発達障がいと診断されるまでは、この言葉を全く知らなかった。私にとって、数に色の世界が広がっていることは当たり前すぎて、誰かに話そうと思ったことはない。誰もがこのような数の世界を見ていると思っていた。

診断を受けて、当事者が書いた本を読んでいた頃、タイトルに惹かれて手に取った本『ぼくには数字が風景に見える』（講談社、２００７年）にそのことが書かれていた。数学とは違う、彼の中にある数の世界の話に、すぐに引き込まれてしまった。彼のように、膨大な数を記憶できることもなければ、何カ国語も話せるようなこともないけど、数が「見える」ことが珍しいことだと知って驚いた。それに、みんなには、こんなにワクワクする数の世界が見えていないことにもとても驚いた。この本を読んだ時、母ちんにこの話をした。

「私ね、数字に色が見えるんだけど、みんなは見えないみたいなんだけど、母ちんは数に色が見える?」「Ajuには見えるの? 不思議!! 私には見えない。あなたの頭は一体どうなっているの?」「頭はみんなとさほど変わらないよ。強いて言うならば、ちょっと後頭部が出てかっこいいくらい、ほら」「そうね。頭は見た目変わりないけど、中がどうなっているのか知りたい!」「自分でも頭の中は見えないけど、数字には色のついた景色が見えるよ。1は赤色。2は薄紅色。6は紫色。9は黄緑色って」。みんな色が見えないんだったら、一体どうやって数字を思い浮かべているの?

数字の色（2020）
数字に感じる色。（実際にはそれぞれの数字に色がついている）

数は私の一部

「0から9を横に並べると、どう見えますか?」。決して、まっすぐ1列には並ばない。「0」は、とても上のほうで浮遊していて、なかなか正体がつかみにくい。でも直線的な、流星のような動きをする。「1」は赤く、硬く見える。「2」「3」「4」は、「1」と同じ位置に並んでいるけど、「1」より後ろに見える。それぞれに、静かで、柔らかい触感がする。だから「234」と並ぶと、とても柔らかい気分になる。「5」「6」「7」は、「1」と同じくらいの位置にいる。でもそれぞれ、個性が強いので、「567」と並ぶ数字を見ると、相容れない感じがする。「8」は一番手前に見えて、激しく動き始める。とても大きなエネルギーを秘めているようだ。「9」は「1」よりも上にいるけど、別格な世界をもっている。うまく説明できないけど、無限への入り口に来たような感覚になる。だから、「4」が「死」を、「9」が「苦」を連想させるという理由で、駐車場にその数がなかったりすると、ちょっとがっかりした気分になる。なぜなら、「4」は自分に似た性格でホッとするし、「9」はとても憧れるような数字だから。

数は、身体の一部のようだ。想像すると、たくさんの感情があふれ出てきて、心がとても豊かになっていく。単に、計算したり、数値化したりするような冷たくて無機質なものでは決してない。もちろん、数の規則性に惹かれてもいるけどね。

数字と遊ぶ

「数」が大好きだ。歩いていて、目に入るものは「数」だ。特に一人でいると、頭の中は「数」で満たされていく。形を見れば、その形がいくつも連続して現れる。乗り物を見ると、その形が展開されていく。

例えば、街を歩いていて赤信号に引っかかり、立ち止まった時。下にある黄色い点字ブロックに目が移る。そこには四角いタイルが横に10個ほど並んでいる。その四角いタイルの一つを見ると、縦・横に6つずつ丸が規則正しく並んでいる。正方形だ。正方形の一辺を固定して1回転させると、直径が正方形の一辺の2倍の長さの円柱になる。その円柱を地球のような一つの惑星だと考える。その惑星が太陽のような恒星の周りを公転する時、どのような軌跡を描くのか想像してみる。難しいけど、想像はどんどん膨らんでいく。考えているうちに信号はもう青だ。渡らなきゃ。

次は、目の前を通り過ぎてゆくトラックだ。走り去る後ろ姿を見届けつつ、頭の中では、トラックの荷台や運転席が一枚一枚丁寧にパタパタと展開されていく様子を眺めている。立体のはずのトラックが、展開されて、ぺらぺらの紙のように薄くなっていく。風で飛んでいきそうだ。

一番のお気に入りはナンバープレートだ。この4つの数字を見ると、とても楽しみになる。例えば、「96－31」というナンバープレートを見ると、10になると分かる。左から順に「＋」「－」「×」「÷」を組み合わせて「10」になるか・ならないかを楽しむ。9－6＝3、3×3＝9、9＋1＝10というふうに計算する。「＋」「－」「×」「÷」は、どの順番で使ってもいいけど、左から右へという順序は決まっている。どんどんやってくる車を見ては、「10にできる・できない」と頭の中でつぶやく（5章参照）。別の楽しみ方もある。この文章を書いている今日は、9月15日だ。さっきの「96－31」のナンバープレートを9631年と考えて、その年の9月15日が何曜日になるか数字の景色を見る。月曜日だ。

カレンダーの景色

自閉症や発達障がいの人の中には、このように曜日が分かる人がいるそうだ。ひょっとすると、記憶力のいい人は、思い出に残っている出来事と日付が結びついていて、頭の中にカレンダーが見えているのかもしれない。もしくは、カレンダーが好きで、1月と10月、2月と3月と11月、4月と7月、9月と12月が、テトリスのように同じ形をしているから、それぞれの曜日が同じということを知っていて、パターン化することを楽しんでいるのかもしれない。

私の場合は自分でもよく分からない。小さい頃からカレンダーが好きだったけど、曜日が分かることはなか

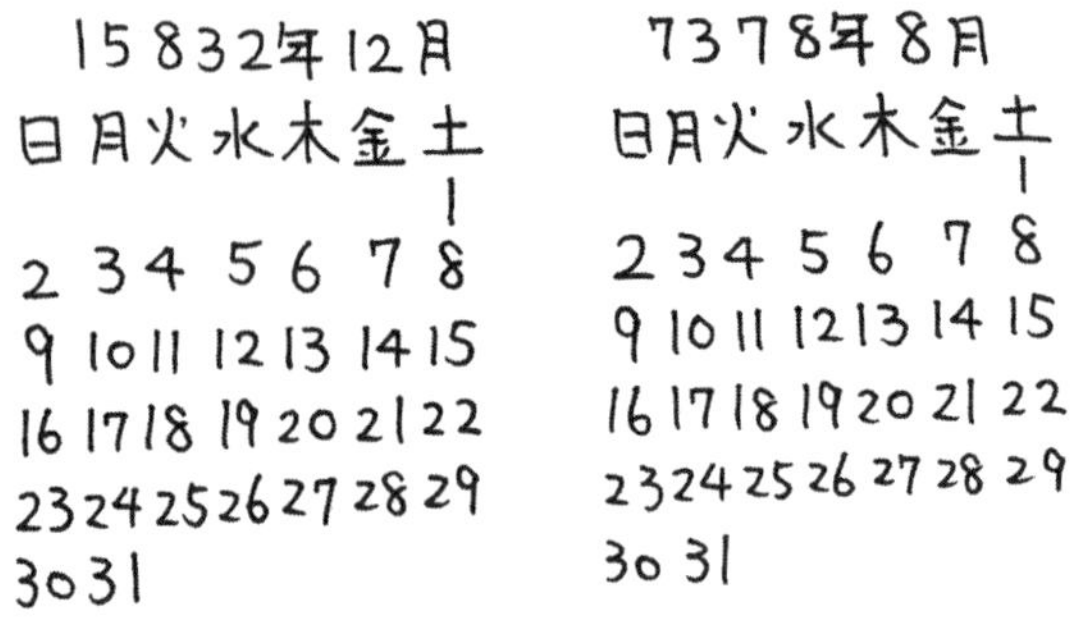

未来カレンダー（2020）

った。それなのに、1年ほど前に突然、強烈にカレンダーに惹かれてしまった。夜、布団の中で、カレンダーのことばかり考えていた。21時に床に就いたはずなのに、気づけば朝の3時になっている。起きても考えているのは、カレンダーについてだった。そんな日が何日か続いた。寝ているのか、起きているのか分からない。とても興奮している。私は何かに没頭するとそこから抜け出すことが難しい。考え続けた数日後、きれいな形が現れてきた。カレンダーの景色が一度だけ4と7の黄色い世界で覆われたと思ったら、今度は赤い半球が2つ現れた。その半球は、わずかにずれて球を作るように重なっている。その周りを7つの粒が回っている。その形は1900年と2000年のカレンダーの暦を表していた。1年経った今は、どこまでも続く暦が分かる。突然4と7の黄色い世界と聞いて驚いたかもしれない。数字に色が見えるから4と7は私の中では黄色く見える。だから、数字でいっぱいのカレンダーにも色が見える。少し疑問に思った人がいるかもしれない。「見える」ってどういうこと？と。私は、話を聞いたり、思い出したり、考えたりする時には、何かいつも映像が見えている。頭で考えていることがいつも映像になる。だから、カレンダーについて考える時も、頭の中で数字にある形や色を見て考えている。暦・カレンダーに見ている景色は複雑だけど、規則的に見える。

一人の時の友だち

うまく説明できた自信もないけど、これを書くと変な人に思われるのがとても怖い。見えた形を公式にする方法も分からない。この世界を書くことには勇気がいる。科学的な根拠もないし、突っ込まれると答えられない。でも、とてもきれいな世界だ。私は、一人で歩いているとそんなことを考えているので、一人の時間を退屈だと思ったことがない。数について考えていると、周りがよく見えていないので、出かける時は、できるだけ道路の端を歩くようにしている。今は、めったに起こらないけど、昔は、何かによくぶつかった。危ないから端を歩いていると、電柱にぶつかった。自転車に乗っていると、薬局の前に立っているケロちゃん（カエルみたいなオブジェ）に激突した。だから、自転車の前かごはよくへこんでいた。今、注意していることは、魅了される、そびえ立つビルを見上げすぎて、前を見ることを忘れないようにすることだ。

一人の時は、数が大切な友だちだけど、人間の友だちといる時は、数のことは考えないようにしている。なぜなら、友だちといる時は、友だちと過ごす違った楽しみがあるからだ。久しぶりに、一緒に過ごした時間を思い出したり、最近の話をしたり。ちょっとドキドキするけど、一緒に歩くのがとても嬉しかったりする。

ことばは数・形・映像

何の法則もなく、並べたことばたち。

「本」

「約束」

「明日は晴れ」

「人に伝えたい」
「どうすればいいのか分からない」
「当たり障りない」

「本」と聞けば、1冊の本の形が見えて、パラパラとページがめくられる映像が見える。「約束」は、どうだろう。スライムのように柔らかいものと柔らかいものが、ひっついて、ビキッと固まる映像が見える。「明日は晴れ」と聞くと、どう見えるだろうか。太陽を想像するだろうか。私は、遠くのほうが明るく見えてくる。

「人に伝えたい」と聞くと、どうだろう。近くにあった黄色い輪郭のはっきりしない丸い形が、コマ送りに見えながら遠くへ向かっていく。

「どうすればいいのか分からない」と聞くと、どのような映像が見えるだろうか。小さな小さな紅色の丸2つが、すみっこのほうで、小さく小さく動いている。

「当たり障りない」と聞くと、輪郭の見えない形が、ゆっくり右斜め前へ行き、ぶつからない程度で向きを変え、左斜め前へ進むという動作を繰り返す。

心の中の第一言語

ことばを聞くと、こんなふうに、様々な景色が見える。だから、私はこれを「心の中の第一言語」と呼んでいる。本当は日本で生まれて育ったから、日本語が第一言語なはずなのに。「多くの人は映像が見えていないと思うよ」と母ちんが言っていた。ことばをことばとして理解しているらしい。とても不思議だ。ことばを聞いて、何も見えないで、一体どうやって理解するのかな。

私が「心の中の第一言語」と呼ぶのには、理由がある。誰にも通用しない、自分だけが解釈できる言語（数と形、映像）を、日本語という言語の世界で使われることばへ翻訳しないといけないからだ。私の場合、ことばのある世界で最初に出会ったのが、たまたま日本語だった。だから、私にとって、日本語は、「第二言語」だ。今は、多くの人が外国語を学んでいる。きっと第一言語をベースにして、第二言語を学んでいるはずだ。その時に、「今のことばはどういう意味だったかな？」「こんな速いスピード聞き取れない！」「この表現は日本語にはない表現で、外国語特有のことばだな」と思うことがあるんじゃないかな。私には、日本語でそのようなことが起きてしまう。ことばを聞いた瞬間に、数や形、映像が浮かび、それを日本語ということばに置き換えようとしている。だから、会話のスピードが速いと、追いつけない。頭の中は突然真っ白な画面になる。フリーズというやつだ。この状態になると、紙に図を書いて整理しないと、復元できない。

変換が追いつかない

ディスカッションは、複数の人の意見を聞いて、自分の意見を言わなければならない。これはとても緊張する。一人ではなく、複数人だから、頭は大混乱。ことばを重ねられると、変換が追いつかず、誰が何を言ったのか分からなくなる。そうしているうちに、自分の考えを話す番になる。話す時は、相手の意見を、自分の中の言語（数と形、映像）に要約して、自分の考えていることと似ているのか、違っているのか、吟味する必要がある。それをまとめて、日本語に訳さなければならない。話すとなると、さらに時間がかかる。私の見ている数や形、映像をどう説明すればいいのかいつも分からない。私の言語には、名詞もなければ、形容詞もない。助詞もなければ助動詞もない。話し始めが一番難しい。話し始めても、簡単な説明と「賛成」「反対」ということばにしかできない。考えてない人と思われているのが分かるから、とてもつらい。ディスカッションの時間は、たいてい、これらの緊張に覆われて、蕁麻疹がよく出る。でも、文章だと、こうやってゆっくり時間をかけて、考えを話すことができるので、心が話しきった気持ちになってホッとする。恥ずかしいけど、30年以上も生きているのに、まだことばに緊張している。

寄り添ってくれる数・形・映像

ことばを聞いた時に、形になるものとそうでないものがある。形容詞のような単語を聞いたり、相手の感情を想像したり、自分の感情を考えたりする時は、数の世界が広がってくる。例えば、展望台に登って、景色を見ている時に訪れる感情。見ているその瞬間はその世界に引き込まれているけど、この嬉しい気持ちを表現するならば、「898」だ。開かれた紺色の世界の中に、さらに続く世界が見える。現実離れした世界観に浸ることができる。この気持ちを、その時に声に出して説明しようとすると、「嬉しい」という、そっけないことばしか出てこない。「なぜこんなに感情を削ぎ取られるのだろうか」と悲しい気持ちになる。つい最近、初めて東山魁夷《かいい》の作品を鑑賞した時もそうだった。壮大な数の世界が広がる感覚に襲われて、驚いた。なのに、家に帰って、声に出して、せんせいに話す時には、「とーーってもよかったよ、感動した！」で終わってしまう。本当は、もっと私の中の世界を説明したいのに。

「しんどい」という気持ちを表現するならば、「4444」となる。この「しんどい」は、私自身の中の最大級のつらさや苦しさだ。黄色い世界が、どこまでもどこまでも細長く続いていて、抜け出せない。見えるのに、触ろうとしても触れない。想像すると、苦しくて、しんどかった思い出が、次々に出てくるので、とてもつらい。母ちんの妹が亡くなった時も、母ちんの気持ちをベッドで考えていた。そうすると、薄紫色と黄色でできた、遠くからやってくる海の水が、地下の洞窟にポタポタ落ちていく。その水が、長い時間をかけて、澄んだ水になっていこうとする。「３４３４」と数が混ざりながら、景色が見えてきた。私が母ちんに見た「悲しみ」だ。

数も形も映像も、私の一番近くにあって、寄り添ってくれるとても豊かな世界だ。うまく説明できないから、ことばには歯がゆさを味わうことが多いけど、私のことばに耳を傾けてくれる人が、一人、また一人と増えてきて、ことばを知りたい、ことばにしたい気持ちが強くなる一方だ。

3　数とことば：第一言語と第二言語

世界中の人たちの多くは、母語を第一言語として暮らしており、自分たちは第一言語で思考していると思っている。第一言語が日本語である者同士の会話は、日本語で進み、互いの感情が伝えられると思っている。そのような前提がＡ.ｊｕを苦しめてきた。また、会話のルールに無頓着な他者の存在がＡ.ｊｕを苦しめてもきた。

数・形・映像

Ａ.ｊｕがことばの咀嚼、発話に時間を要するのには、Ａ.ｊｕのうちにある言語が大きく関係している。Ａ.ｊ

uが当事者研究（永山ほか 2014:p.130）に詳述しているように、A.juの内的世界の言語は「数」「形」「映像」である。感情をはじめとして、思いも考えも「数」「形」「映像」として湧き起こり、それに適した日本語を見つけようとしている間に、音声による会話はどんどん先を行ってしまうか、答えを促されて何も言えなくなる。A.juは、このようなことばのあり様を第一言語と第二言語の関係で示し（ibid.:p.130）、「第一言語である日本語を、第二言語である英語の単語や文章に訳そうとする時の思考に似ている」と説明する。A.juの場合、第一言語である「数」「形」「映像」を第二言語である「日本語」に置き換えるために、思考を巡らし、適した日本語を必死で探しているのである。障がいというよりは、音声として表出されるまでに要する時間の問題である。グランディンも、言語療法を受ける前の幼い頃には、頭の中にことばはひとつもなく、絵だけで考えていたという。また、現在も絵をことばで語るが、主要な言語は絵であるという（Grandin 2008=2010:p.140）。

先に述べた「しんどい」ということばをA.juが発することはなかったが、最近は時折使う。それは、A.juの内的世界にある言語と私の発する「しんどい」を擦り合わせたことによる。私が「しんどい」と発する様々な状況、例えば、一日中立って仕事をした後、負荷をかけて泳いだ後、なんとなくやる気が起きず体がだるいなどを説明する。A.juも私から「しんどい」が発せられる状況を観察している。「しんどい」と発する私の状況とA.juのうちに浮かび上がる「4444」という状況の類似に気づく。結果、A.juの「4444」と私の「しんどい」が結びつき、A.juの「4444」という状況を私に伝えるために「しんどい」が使われるようになる。

ハゲはかっこいい

Ａｊｕが他者を傷つけてきたと自身を責める言動にもこの第一言語の異なりが影響している。Ａｊｕも書いている「はげている」ということば。多くの人は、「髪の毛が薄い（はげている）」をなんとなく使ってはいけないと認識し、その使用を避ける。しかし、Ａｊｕのうちでは、「はげている」頭に対し「かっこいい」様々な映像が浮かんでいる。ただ、それがＡｊｕの第二言語に置き換えられると、「はげてますね」となる。言われた本人が意に介さなくとも、「はげている」を言ってはいけないことばと認識している周囲は、怪訝な目でＡｊｕを見る。Ａｊｕの中にある映像をゆっくり、詳しく聞いてみると、「頭の形が整っている」「顔の輪郭と合っている」「頭皮がきれい」「磨き上げられている」など、様々な理由がある。しかし、これらの理由を引き出すのにも時間を要し、Ａｊｕの思いを第二言語にのせることができない。また、私に説明するこれらの理由さえも、Ａｊｕにとっては日本語という第二言語であり、Ａｊｕの第一言語で表現されてはおらず、本当の意味でのＡｊｕの感情は表現され得ない。Ａｊｕの「数」「形」「映像」という言語が表出されることはない。私との対話においても、私の主言語である日本語に合わせ、Ａｊｕが私に歩み寄っている。Ａｊｕの主言語である「数」「形」「映像」を用いて、Ａｊｕの言語で対話してみたいと強く思うが不可能である。だからこそ、ＡｊｕがＡｊｕの第二言語である日本語を少しでも使いやすいよう、日本語でのコミュニケーションに失望しないよう、どれほどの時間がかかろうと、Ａｊｕの第一言語を日本語に置き換える作業は丁寧にしたいと思っている。

太っているは傷つく？

Ajuは、ことばに対する他者の反応にも苦労する。多くの者は、「適さないことば」を会話の相手や周囲の反応を手がかりに身につけていく。複数人が集う場面で、Aju、あるいは誰かが、太っている人に対し「太っているね」と言うとする。「太っている」と言われた相手やその周囲の者は様々な反応を示す。しかし、その周囲の反応はAjuの目には入らない。聴覚の過敏さから、会話、特に複数の相手との会話において、発話者の声を聞き取り、聞き分け、日本語を探すことに精いっぱいであることに加え、他者の顔を見ることのできないAjuにとって、一つひとつのことばに対する周囲の反応を観察することは難しい。ゆえに、太っている人に対して「太っている」とは言わないほうがいいということが認識できずにきた。「はげている」と同様に、Ajuには「太っている」にも悪い意味はない。他者を傷つけたくないと強く思っている。小学生の時に問題視されたため、太っている人に「太っている」は使わなくなったAjuだが、同様の事象は繰り返し起きる。「その場に適したことば」と言われる「その場」を、多くの者はなんとなく理解している。しかし、Ajuにとっては、「その場」は非常にあいまいで、抽象的である。同じように見える状況、すなわち「場」であっても、一つひとつが全く異なる「場」と感じられるAjuにとって、無限大に存在する「その場」に「適したことば」も無限大に存在する。

豊かさを増す第二言語

他者との会話、特に初対面の人との会話では、その途中でAjuが私に「〇〇って言ってもいいの？」と耳打ちすることがある。帰宅してから、あれでよかったのかとAjuが私に確認することもある。汎用を求めず、一場面ずつ丁寧に取り込み、積み重ねている。ただ、相手をよほど傷つけない限り、過剰に反応する必要はないと考えている。Ａｊｕは、やっとの思いで探したことばを駆使し、伝えても、理解されず、時には支離滅裂という指摘をされてきた。その繰り返しが、ことばや他者との会話に対するＡｊｕの興味を消失させてきた。何かを伝えたいという欲求をあきらめに変えてきた。Ａｊｕの気持ちは内へ押し込められ、会話を避けてきた。結果として、Ａｊｕと会話する他者も広がらなかった。そんなＡｊｕが、今、ことばに興味を示し、他者との会話を楽しみたいと願っている。第一言語と第二言語の壁が消失することはないが、Ａｊｕの第二言語は着実に豊かになり続け、Ａｊｕの第一言語を知りたいという仲間が確実に増えている。そんな環境で、ゆっくりと互いの言語を知ろうとしながら、とりあえずはＡｊｕが私たちに合わせている日本語で会話を楽しめたらいいと思っている。

第7章

思考と感情

虹色の世界（2011）
せんせいと過ごす中で見えてきた世界をクリスマスカードに書いてプレゼントした。

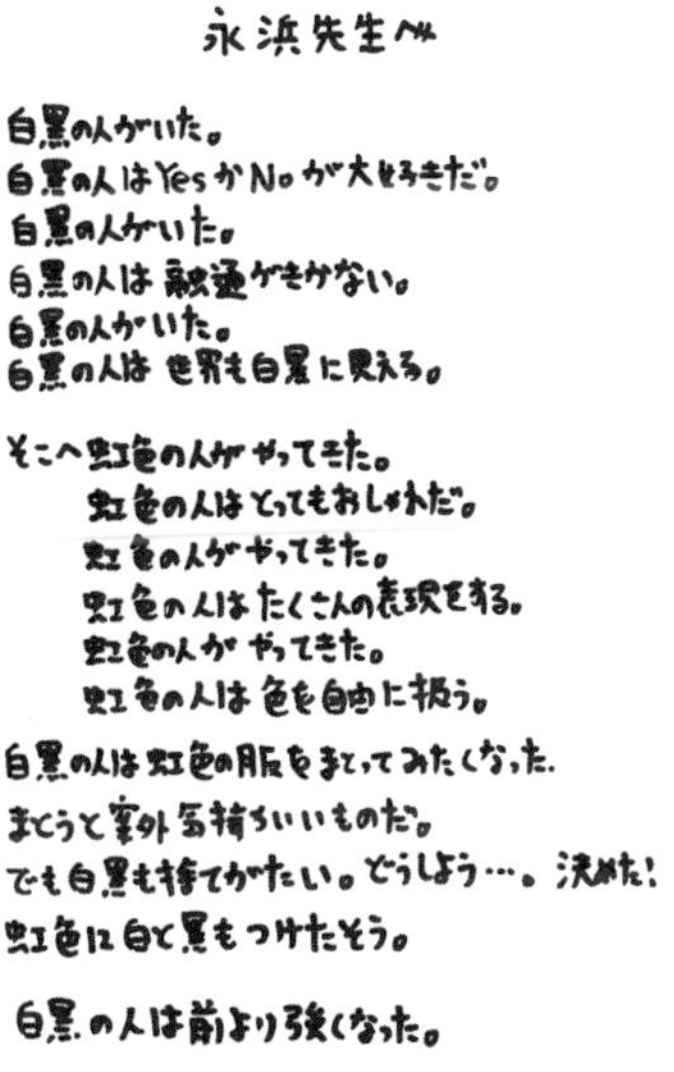
永浜先生へ

白黒の人がいた。
白黒の人はYesかNoが大好きだ。
白黒の人がいた。
白黒の人は融通がきかない。
白黒の人がいた。
白黒の人は世界も白黒に見える。

そこへ虹色の人がやってきた。
虹色の人はとってもおしゃれだ。
虹色の人がやってきた。
虹色の人はたくさんの表現をする。
虹色の人がやってきた。
虹色の人は色を自由に扱う。
白黒の人は虹色の服をまとってみたくなった.
まとうと案外気持ちいいものだ。
でも白黒も捨てがたい。どうしよう…。決めた!
虹色に白と黒もつけたそう。

白黒の人は前より強くなった。

私とＡｊｕとの思考には大きな隔たりがある。違って当たり前。それでいい。ただ、Ａｊｕの思考のあり様がＡｊｕを困らせてもきた。私も一緒に困った。Ａｊｕの急転直下する感情とＡｊｕ自身が・私がうまく付き合えるまでに長い時間を要した。今は、それらをほんの少し面白いと思える私たちがいる。

Aju　分かっていることが大事

突然の音

電話ってどうして難しいんだろう。まず、電話が鳴る音に驚かされてしまう。鳴っていいよって言ってないのに、勝手に鳴る。電話の向こう側の人は、用事があって電話をかけていることくらい分かっているんだけど。でも、突然の音には心が乱される。犬がいつ吠えるのか分からなくて、ビクビクしているのと同じ感覚になる。それに、誰からかかってきたのかも分からない。特に、固定電話だと、誰に用があるのかも分からない。もし、私ではなく他の人に用があれば、電話を代わるのか、それとも要件を聞いて伝えるのか。伝えるんだったらメモを取らないといけない。電話の声を聞きながらメモを取るなんて、神業に近い。忘れないように頭の中でイメージを働かせて、伝言内容を忘れないように、最大限集中する。電話を切って、急いで紙に書かないと。あれ？　要点は何だったたっけな？　電話に出るまでは分からないことだらけだ。だから、どんな内容があるのか、どんな会話になるのか、できる限り想像してみる。でも、想像すればするほど、限りなくたくさんのパターンが浮かび上がる。樹形図にして書けば、枝分かれがたくさんできる。この図を想像しているだけで頭の中が疲れきってしまう。一日分の仕事をした疲労度だ。

電話ことば

それに、電話で話す時には、「電話ことば」と言えるほど、決まり文句のようなものがある。顔が見えないのに笑顔で好印象に話さないといけない。「かしこまりました」「少々お待ちください」など、普段使わないことばが使われるけど、そんな簡単にいつもと違うことばなんて出てこない。だから、フリーズして、話すことばを失う。きっと、相手は要件が伝わっているのか心配になっていると思う。こんなことが続けば、きっと信用が失われてしまう。電話ことばに慣れようと、工夫したこともある。日常の中で、電話ことばの練習をしてみた。親しい人なのに、「いいよ」ではなく、「かしこまりました」と言ってみる。「10分待ってて」ではなく、「少々お待ちください」と言ってみる。でも、相手が「……（何が起きた⁉）」という表情になっているのを見て、日常の会話ではこれは変なんだと気づく。電話ことばは、電話以外の会話には向かない。それでも私が時々妙な話し方をするのは、この成果が出ているからだろう。

姿を変えた電話

働く場所を探す時は、できる限り電話に出なきゃいけない・かけなきゃいけない仕事を選ばなかった。なのに、姿を変えた電話に苦戦することもあった。駅舎清掃のアルバイトをしていた時のこと。この仕事は、一人で、時間通りに移動し、駅のホームの決められた場所を順に清掃していく。連絡には、トランシーバーを使う。連絡がきているのは分かるけど、イヤホンに聞こえる音は周囲の音と同化してしまって、内容が聞き取れない。「もう一度お願いします」と言うが、やっぱり聞き取れない。メモをしようと思うけど、ざわついた場所では、聞いたはずのことばは逃げていく。急いで別の場所の清掃に向かうようにとの連絡だったのに、行けなかった。終業時、近くにいたクルーさん（アルバイトの人）が代わりに行ってくれたことを伝えられた。毎回訊き返す自分がとても嫌で、周囲の音を遮るように片方に耳栓をして試したことがある。そうすると、今度は、お客さんの尋ねる声が聞こえず、立ち止まることができない。怒ったお客さんに制服をつかまれて、「人が訊いとるやろ！」と怒鳴られたこともある。

電話応対の代わりに

電話応対から外してもらうようにお願いした仕事もある。水泳のインストラクターをしていた時だった。インストラクターも受付の仕事をする。必然的に、電話にも出なければならない。心の準備はしている。だけど、いざ電話が鳴ると、私の心と体はビクッと飛び上がるほど驚いてしまう。驚く私に周りのスタッフが驚いて、笑いながら、代わりに取ってくれる。「なぜか分からないのですが、電話にすごくびっくりして、出られないんです。電話以外のことはできるので、お願いします」と伝えたけど、「何でも練習！練習！」と言われ、あまり真に受けてもらえなかった。でも、度重なる私のあまりの飛び上がりようを見たスタッフの人たちが、「電話の音にこんなにびっくりする人初めて見たわ～。音でそんなに飛び跳ねる⁉　ほんまにあかんねんな～。おもろい！」と言い、フォローに入ってくれるようになった。そんな中でも大事にしていたことはある。電話に出られないから、ほかに何ができるのかを考えることだ。電話が難しいんだったら、その分は水泳で頑張ろう！と。どうすればたくさんの人が来てくれるのか、どう指導すれば泳げるようになるのか考える。いつも代わりに電話を取ってくれるスタッフの人が、ガラス越しにプールをのぞいて、頑張れとジェスチャーしてくれた時は、何だか嬉しかった。

専門電話

最近、自慢ではないが、電話に出られる時がある。それは今しているアルバイトでのことだ。主な仕事の内容は、病院の食事の検品で、朝・昼・夜と食事内容に間違いがないかチェックした後、決まった時間に各病棟に食事を運ぶ。入院患者さんは、検査や診察があると、食事の時間がずれる。診察などが終わった後に食べる時に、病棟から「これから、〇〇棟の△△さんの食事の準備をお願いします」と調理室に電話がかかってくる。これが「専門電話」だ。この電話は、遅れて食事を摂る患者さんの食事準備をするようにという指示だけに使われる。それ以外の用件でこの電話が鳴ることはない。このことを知った時に、「もしかしたらこれならできるかもしれない！」そう思った。電話に出る時は、自分の名前を名乗る。これはできる。次に、電話の向こう側から、病棟と患者さんの名前が伝えられる。そして、「分かりました」と言って、電話を切れば、完了だ！電話ができた！　その後は、指示のあった患者さんの名前を探して、食事の準備をする。名前を忘れないか心配だが、このような患者さんの名前は、電話のすぐ横の紙にリストアップされているので照らし合わせながら確認することができる。

多くの人にとって「電話を取る」ことは、何でもないことかもしれない。でも、同じ特性をもった人の中には、電話が難しい人がいるかもしれない。特定の内容に関する電話しかかかってこない。用件が短い。予め情報が分かっている。こういう「専門電話」があると、少しずつ電話ができるようになるんじゃないかなと考える時がある。

今、アルバイト中に「専門電話」が鳴ったら、真っ先に取りに行くのは私だ。

Aju　変わらないことが大事
「初めて」の繰り返し

予定変更がとても苦手だ。予定変更とは、自分の想像していなかったことが起こることだ。自分の想像していた通りなら、イライラしたり、心が乱れたりすることはない。

予定を立てる時に、失敗してしまうことが多い。それは、自分以外の人の事情によって、私の計画に変更が起きるということを忘れてしまうからだ。忘れるのは仕方のないことと言われるけど、その回数が極端に多い。私にとってこの「忘れる」ことが大問題なのだ。以前体験した予定変更を忘れてしまっていて、また同じように予定変更が起こっても「初めて」そのことを経験している感覚になってしまうからだ。自分でも本当に不思議で、免疫がつかず、新鮮なイライラ感情が湧いてくる。「前と同じことなのに」と思うことができない。過去の出来事が積み重ねられずにいるようだ。どうして過去の出来事として記憶されないのだろうか。自分のことともなるとよく覚えている。振り返ると苦しくなるほど嫌なことまで鮮明に思い出すのに、他者のことになると何もかも洗い流されて、綺麗さっぱり忘れてしまう。

突然の予定変更!!

今、母ちんと日常を過ごす時間が長い。だから、母ちんが大変に思っていること、しんどいと思っていることは大体想像がつく。でも、想像がつくことと、それを私の頭の中に「忘れずに」インプットし、行動できることとは、あまりにもかけ離れている。母ちんは、もう84歳。両足の人工関節の手術もした。大腿骨の骨折もして、足の脚長差が４㎝もある。だから、歩くのにとても時間がかかる。隣の部屋に移動するのさえ一苦労だ。私がほんの数秒で行けるところさえ、「よいしょ、よいしょ」と私の４倍くらいの時間がかかる。そんな母ちんの姿を見ながら長く一緒に暮らしているのに、今日初めて聞いたように母ちんの「ついで」に「ギョッ」と驚いてしまう。「ついで」という突然の予定変更に、「そんなこと聞いていない、私の予定に入っていない」とイライラしてしまうのだ。母ちんの前を通るとたいてい、「ついで」の頼まれごとがある。どこか、違う部屋に行こうとすると、「ついでに○○を取ってきてくれるかしら」「ついでに電気をつけてちょうだい」「ついでにこれも一緒にお願い」。母ちんにとっての「ついで」が私にとっては「ついで」ではなく、予定の一つとして追加される感覚になる。数字で言うと、1から2へと数が増えてしまう。「ついで」というのは、1から1.1くらいに増えることなのだろうけど、自分の用事と相手の用事に差がないと思ってしまう私には、1から2へと増えてしまうことになる。ほかの人が0.1増えたと思う感覚でも、私には1増えた感覚だから、「ついで」の存在を忘れて母ちんの前を通って頼まれごとをお願いされた時、私はいつものイライラする感情が湧き上がってくる。「予定が増えた！」「ついでがあるなんて聞いてない！」もしくは「母ちんに頼まれる前に行動できなかった！」、これらが自分への苛立ちとなる。いつものことなのに、定着せず、「突然の頼まれごと」と感じてしまう自分をどうすればいいのだろうと今も悩んでいる。私のムスッとした顔を見る母ちんもきっと嫌な気持ちになっている。

他の人の予定が優先？

今も、突然の頼まれごとに耐性はついていないけど、大きな成長もある。それは、自分の予定がいつでも最優先されるものではないということが分かり、人に合わせた変更を自分から考えられるようになったことだ。自分の世界ばかり見てしまう私は、これまで、時期や出来事・場所によって、自分以外の人の予定が優先されることを考えられずにいた。このことに気づいた出来事がある。「せんせい父（せんせいのお父さん）」の闘病中のことだ。せんせい父の体調が悪くなってからは、いつ何が起こるのか予想もつかない毎日だった。突然、体調が悪くなったり、入院が長引いたり、予定を立ててもその通りにならないことばかりだった。

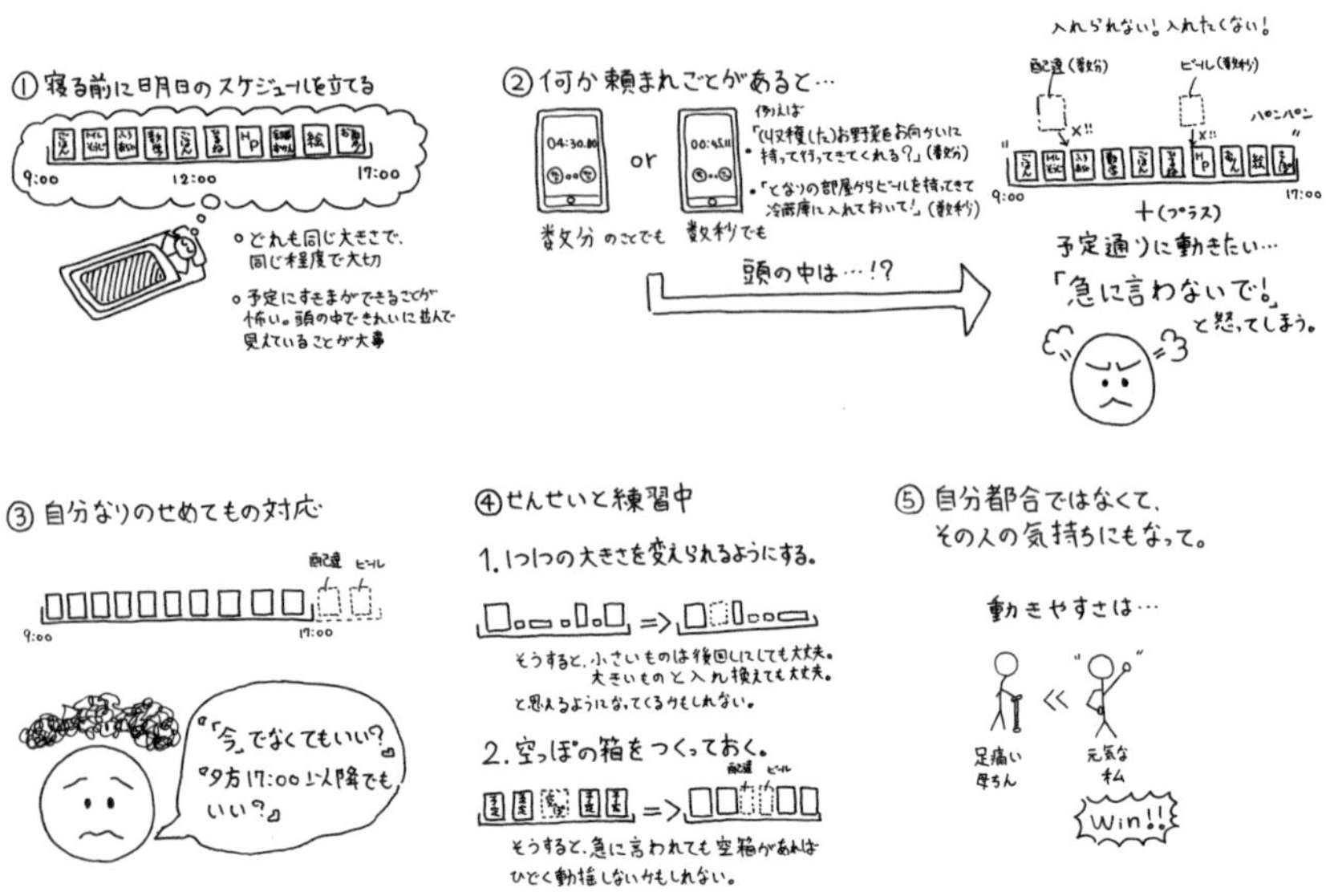

予定変更が難しい理由

せんせいにとって重大なこと、反対に些細なことが、私にとっては、どれも同じ程度に感じられる。一つひとつの物事を状況に応じて、適切な大きさに変えることが難しい。「なんでこれだけのことでそんなにイライラするの」と言われることが多いけど、なかなか難しい。それに加えて「突然」言われることを心が受け止めきれないで、感情が沈められない時もある。

ある日、せんせい父のお見舞いに行った後に、せんせいと買い物に行く約束をしていた。でも、私たちが帰るのを寂しそうにするせんせい父を見て、せんせいがもう少しいたいと言った。いつもなら「いいよ」と言えたのに、その時は楽しみにしていた買い物がなくなってしまうことと、今度買い物がいつになるのかが気になって、間髪入れずに「いつ行くの？」と訊いてしまった。家に着いてから言われたことば。「Ａｊｕ、今は、父のことが誰よりも、何よりも、最優先。Ａｊｕが最優先ではない。私自身のことも全て後回し。父が最優先。父の病状が変われば、予定は変わる。全ては父中心の予定になる」。このことばを聞いた時、ひどく混乱した。「父中心？　どうして？　私は私なのに、どうして？」このことをせんせいには訊かなかった。私は、自分ではない誰かが中心になって、その周りを自分が回ることを想像できずにいた。でも、自分のことを振り返って気がついた。私と暮らし始めてからずっと、せんせいたちは、私を中心にして生活してきてくれていたのではないか。私の周りには「せんせいたち」がいた。私がパニックにならないように、事前に説明してくれていたのではないか。よほどのことがない限り、私の予定を崩さないでいてくれたのではないか。自分が中心になっていることに気がついた。当たり前と言われるかもしれないけど、私の周りには人がいることに気がついた。周りの人が浮き上がって見えてきた。

想定内の予定変更

この新しい見え方は、予定の立て方にも変化をもたらした。いつも自分の世界しか見えていなかった時の予定の立て方と違い、周りの人のことも考えられるようになった頃から、計画を細かく立てないようになっていった。母ちんやせんせいに何かあった時、きっとまとまった時間が必要になる。それは30分かもしれないし、1時間かもしれない、もしかすると何カ月も続くかもしれない。その時のために、自分の細かな計画を立てることは、母ちんやせんせいのためにも、自分のためにもよくない。一番したいことだけはできるような計画を立て、一日を過ごせればいいいと、今はそう思って過ごすことが多い。実際、大きな出来事に遭遇した時にも、今の私は大きく乱れることはない。きっと私の中で、単なる予定変更ではなく、受け入れ態勢が整っている中での、「想定内の予定変更」に変わったのだと思う。周りが見えるようになると、世界が少し違って見えた。

1　不規則性への混乱を回避するには

日々の生活は、不規則の連続である。毎朝起きて、大学に行く・出勤する、昼ご飯を食べる、帰宅して夕食を食べる、お風呂に入って寝る。大まかな規則性はあったとしても、その間に生じる様々なことは、その時々に決まる。しかし、Ajuにとって、どんなささいな出来事も、自身の計画にない内容は全て不規則な大事件となる。

異なる授業スタイル

高等学校までとは異なり、大学では授業ごとに教室が変わる。同じ授業であっても毎回、新たに席を見つけなければならない。それ自体がAjuのストレスとなり、教室へ入ることを難しくした。この教室ではこの位置（例えば、A教室＝a席）という定まった「自分の場所」がAjuには重要である。小学生時代の席替えは、多くの場合、各自の机と椅子ごと移動するため、使い慣れたAjuの机と椅子は変わらない。完全ではないが、ある一定の同一性が保たれる席替えは楽だったとAjuは言う。一方、大学では「自分の場所」が定まらない上、両隣と前後に座る受講生も授業ごとに異なる。両隣や前後が異なる環境になんとか気持ちを落ち着かせたとしても、遅刻してきた受講生が突然横に座るという不規則性に混乱する。

授業内で指示される突然のグループ編成、指名、討議などの予期せぬ事態にドキドキし、過度な緊張を伴いながら授業を受ける。規則的な順序での指名に対しては気持ちの整理と準備ができるが、ランダムな指名はどうすることもできない。極度な緊張感は授業外に持ち越され、再現され、授業自体に対する不安が様々な身体症状として現れる。

この不規則性への対処として、Ａｊｕ自身もいくつかの工夫を試みてきた。他の学生よりも先に教室に入り、毎時間同じ席を確保する。教室後方の席から見える多くの受講生の動き、ひそひそ話す声などにイライラしないよう、最前列を確保する。外の風景が気にならないよう、窓際の席は選択しない。２つ並ぶ席では、横の席に誰も座らないよう自身の荷物を置く。心身の症状が強く出始めてからは、他の学生より先に教室に行けなくなり、必然的にこれらの工夫もできなくなった。それはまた、Ａｊｕにさらなる緊張をもたらした。Ａｊｕ自身の工夫を基にして、馬場さんがＡｊｕの好むイラストを使った「指定席」というプレートを各教室の最もドアに近い最前列の机に置いた。ドアに最も近い場所は、いつでも入退室しやすく安心感をもたらす。実際、入退室を繰り返しながら90分出席できた授業もあり、Ａｊｕの自信へとつながった。

不規則事象、このやっかいなもの

大学生活特有の不規則性は、当然、卒業と同時に消失したが、日常生活で生じる不規則な出来事は膨大であり、Ａｊｕの混乱を招き続けている。近くに住む知人から「今から行きます」と連絡があれば、知人が到着するまでトイレに行くこともできない。「トイレに行っている間に来たらどうしよう。まだ来ない？　あと何分で来る？」と不安に占領され、何もできずにただ待つことになる。「まだ大丈夫だよ」と促しても、「大丈夫？　本当に大丈夫？　まだ来ない？」と緊張の糸が張りつめ、蕁麻疹が出始める。イライラ感が募る。突然の郵便や宅配便も同様である。Ａｊｕの予定にはない出来事に驚き、心が乱れる。グランディンも、日常の様々なささいな刺激（電話や郵便）に対するストレスにより神経発作を起こすと述べている（Grandin et.al. 1986=1994:p.96）。いつ割れるか分からない風船にも恐怖心を抱いていたという（Grandin et.al. 2013＝2014：p.102）。グランディン同様、Ａｊｕも突然鳴り響く電話の音、やかんの音、他者のくしゃみ、突然視界に入ってくる小さな虫にも、その都度「心臓が止まるくらい」驚き、疲労し、時に混乱する。ＡＳＤの当事者も、電話について左記のように説明する。

電話がかかってくると、まず突然の呼び出し音に驚いてビクッとする。そして受話器を取ったとたん、他人の意識が突然、自分の感覚・時間・空間に割り込んでくることにあわてる。なにしろ不意の出来事なので対処しにくいし、他のことに深く集中していたり、うつ状態がひどかったりというこちらの都合におかまいなくかかってくるのだから、実に恐い（泉 2003:p.20）。

Ａｊｕは、「電話は、突然鳴るという予測不可能な事態である上に、予測不可能な相手の発言という二重の予測不可能性を含む大変なことだよ」と言う。

宅配業者による配達は、同一業者の「午前配達」に決め、不規則性を緩めているが、荷物を受け取るまで緊張が続く。訪問客に対する緊張感は軽減されつつあるが、今も疲労困憊している。電話は最小限の音量で設定し、やかんは音の出ないものを使用している。コーヒーメーカーを使用する前には「ガー（ミルの音）、なるよ」、くしゃみをする前には「くしゃみするよ」と声をかける。共に生活する私や母は様々な制約を余儀なくされるが、時間の経過とともに習慣化されている。

予測・認識の定着の難しさ：忘却の彼方へ

何度も繰り返される不規則な同一の事象に対し、Ａｊｕがその都度、まるで初めてのことのように驚き、動揺し、時にパニックに陥る理由の一つとして、時間の隔たりを越えた予測の難しさがある。先に述べた、ことばの時間軸にも関連している。

Ａｊｕを困らせていたことが、１カ月間生じなければ、再度生じるかもしれないと予測することはＡｊｕには難しい。もう消失したと楽天的に捉えていることもあるが、そのようなことが生じていた事実を忘れてしまったかのように記憶にとどまらないこともある。時間の流れとともに、困っている事象が緩やかに減少する場合も同様である。過去・ほんの少し前には大変苦労した事象が、緩やかに、少し苦労している事象に軽減された場合、それは、「大変苦労した」から「少し苦労している」へと連続した時間の流れの中での変化であるが、Ａｊｕには切り離されて考えられる。少し苦労している現状にだけ目が向き、再び大変苦労するかもしれないとイメージすることが難しい。「非常に困った過去」から「あまり困らなくなった今」という流れの中での位置づけではなく、「あまり困っていない今」にだけ目が向く。過去からの積み重ねとして「今」があるというより、「今」という瞬間が独立して存在し、その瞬間生じている事象のみを注視する。村上は、発達障がいを疑う徴候の一つとして、体調に関する過去との比較による認識の乏しさをあげ、その理由を「その時その時の『今』がバラバラに独立しており、『今が全て』」（村上 2015:p.13）であるためと説明する。

日々、繰り返し生じる日常のささいなことについても同様である。毎日のようにくる宅配や郵便物も記憶にはとどまらず、「明日もくる」ことが当たり前にはならない。他者からの依頼も同じである。Ａｊｕの計画にはない、頼まれごとが必ずあるという認識の定着が難しい。一日の完結とともに、様々な事象も完結・消失するため定着しないという言い方もできるが、予測として記憶にとどめることが難しいというほうが適している。この予測の難しさゆえ、日々繰り返される配達、来客、予定にない依頼など、その一つひとつに対し、まるで初めて体験するかのごとく動揺することになる。

Aju みじん切りのスケジュール

時刻との一体感

明日起きた時に何をするか分かっていることがとても大事だ。だから、夜布団に入ると、明日のことを考える。明日のリハーサルだ。物心ついた時から今まで変わらないまま。

分刻みで過ごすことはとても心地がいい。少しの先のことが分かると安心するからだ。それに、一日の中にあるたくさんの出来事の始まる瞬間が予定していた「時刻」とキチッと合わさる瞬間がたまらない。予定していた時刻と自分とが一緒になる、重なる感覚はなんとも言えない。「時刻」との一瞬の一体感は、自分が確かにそこにいることを確認できる。時間通り順番に一つずつクリアしていく感覚は、パズルのピースがはまっていく感じにも似ている。一日を過ごし終わった時、見事に完成されたパズルを見てホッとする。もちろん、毎日がうまくいくわけではない。パズルが完成しなかった時は、埋められなかったピースの形にばかり目が行き、グチャグチャにしてしまいたい気持ちになる。いや、頭の中ではグチャグチャにしてしまっている。「今日一日は最悪だった。こんなことになるのならば、何もしなければよかった」と心の中は大嵐だ。表には、怒りやパニックとして現れる。「今日はなかったことにしよう。今日は、明日に持ち越し。明日は、今日のやり直し」、そんなふうにしか気持ちを切り替えることができなかった。

分刻みのスケジュール

一日の予定が分かっていることが大切な上、さらに私は細かく行動の計画を立てないと気が済まなかった。一日のスケジュールは、分単位だ。そうしないと身体が動かなくなってしまうような気がする。だから、一日のスケジュールを立てる時に、多くの人が、「起床→学校→習い事→ご飯→就寝」と5項目で終えるところを私は、「7時起床→7時03分トイレ→7時05分新聞を取りに行く→……」と朝の1時間だけで15項目もできてしまう。一日が終わるまでには、100項目を越える内容になる。みんなと同じ一日なのに、私の一日の難易度は、星5つのレベルだ。

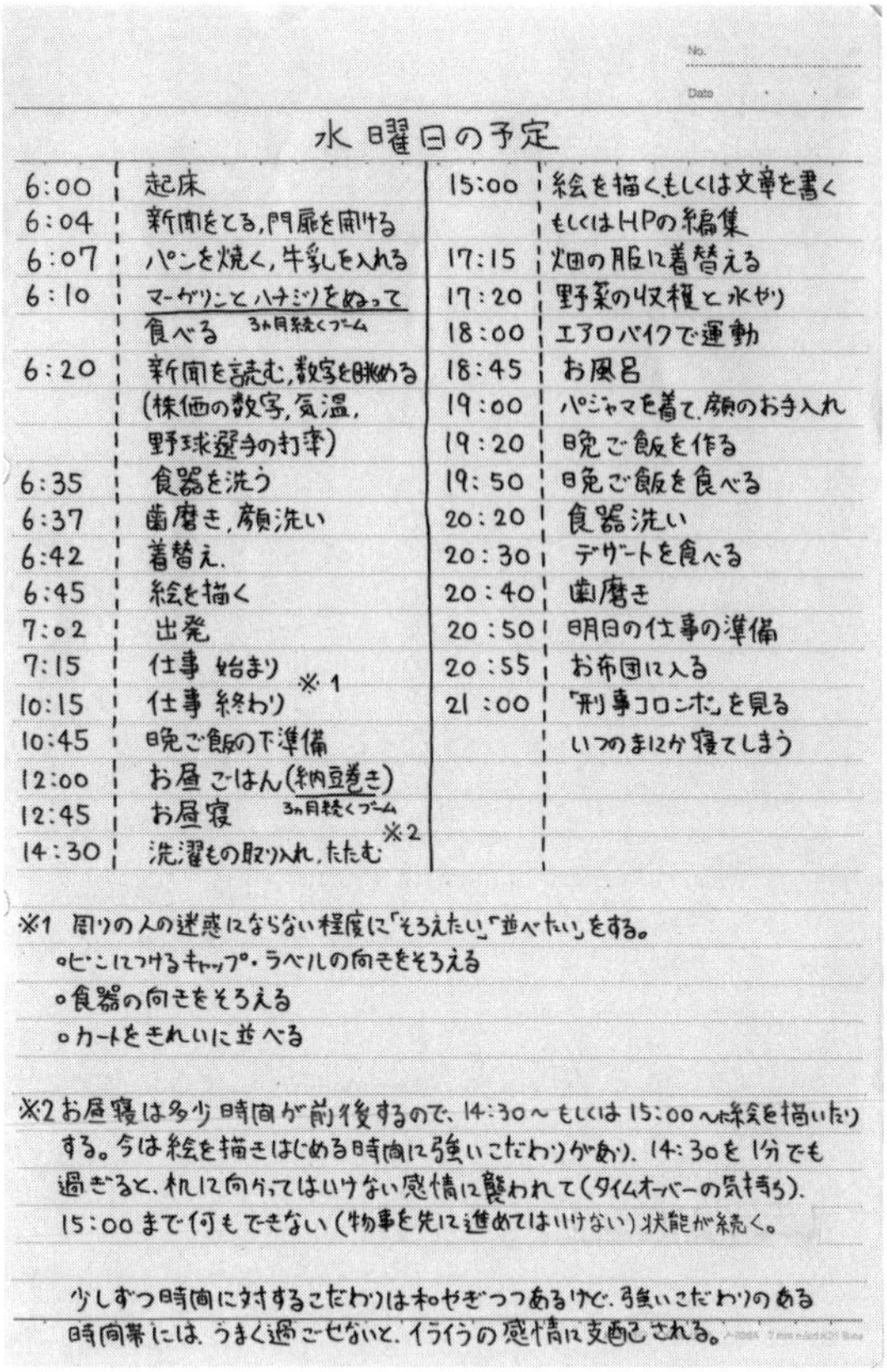

水曜日の予定

6:00	起床	15:00	絵を描くもしくは文章を書く
6:04	新聞をとる，門扉を開ける		もしくはHPの編集
6:07	パンを焼く，牛乳を入れる	17:15	畑の服に着替える
6:10	マーガリンとハチミツをぬって	17:20	野菜の収穫と水やり
	食べる　3ヵ月続くブーム	18:00	エアロバイクで運動
6:20	新聞を読む，数字を眺める	18:45	お風呂
	（株価の数字，気温，	19:00	パジャマを着て，顔のお手入れ
	野球選手の打率）	19:20	晩ご飯を作る
6:35	食器を洗う	19:50	晩ご飯を食べる
6:37	歯磨き，顔洗い	20:20	食器洗い
6:42	着替え．	20:30	デザートを食べる
6:45	絵を描く	20:40	歯磨き
7:02	出発	20:50	明日の仕事の準備
7:15	仕事 始まり　※1	20:55	お布団に入る
10:15	仕事 終わり	21:00	「刑事コロンボ」を見る
10:45	晩ご飯の下準備		いつのまにか寝てしまう
12:00	お昼ごはん（納豆巻き）		
12:45	お昼寝　3ヵ月続くブーム		
14:30	洗濯もの取り入れ，たたむ　※2		

※1 周りの人の迷惑にならない程度に「そろえたい」「並べたい」をする。
- ビンにつけるキャップ・ラベルの向きをそろえる
- 食器の向きをそろえる
- カートをきれいに並べる

※2 お昼寝は多少時間が前後するので，14:30～もしくは15:00～に絵を描いたりする。今は絵を描きはじめる時間に強いこだわりがあり，14:30を1分でも過ぎると，机に向かってはいけない感情に襲われて（タイムオーバーの気持ち），15:00まで何もできない（物事を先に進めてはいけない）状態が続く。

少しずつ時間に対するこだわりは和やぎつつあるけど，強いこだわりのある時間帯には，うまく過ごせないと，イライラの感情に支配される。

水曜日のスケジュール
今はとても緩くなってきたタイムスケジュールだけど、時間へのこだわりは強く残っている。

このスケジュールがないとうまく過ごせない自分。それなのに、なんだか身動きがとれないで縛られた気持ちになる自分。両方の自分といつもせめぎ合ってきた。それがないとうまくいかないのに、それに苦しめられる。解決策はなかった。

もし、計画を立てなかったら、どうなるのか？　計画がないと「何もしてはいけない（いつもしていることをしてはいけない）」と変換されてしまい、一日中、何もできない生き物になってしまうか、いつもと違うことをしてしまう、そんな私だった。もうこれは変わらないもの・変えられないものだと思っていた。

疲れるのか……

それなのに今は、時間にとても緩くなっている。分刻みのスケジュールはなくなってしまった。どうして、こうなってしまったのか。

思い当たるのは、やっぱり大学生の時だ。教室に入れなくなって、どんどん、自分の思うようには出席できなくなっていった。体調不良が多くなって、毎日のリズムが安定しなかった。電車が遅れるとパニックになった。いろんなことが一気に重なり、これまで続いていた自分のスケジュールとはかけ離れた世界にやってきてしまった。到底この世界を受け入れられるはずがない。今までできていたことができなくなっていく自分に、苛立ちしか感じなかった。計画を立てても立てても、その通りにいかない。これまでできていたのに、どうしてできないのか。この時、自分一人なら、私は壊れてしまっていただろう。スケジュールに殺されてしまっていただろう。自分ではもうどうしようもなくなっていた。

そんな時、私の周りにいるひとのかけてくれる声は、とても温かいものだった。これまで、自分の立てた計画で崩れてしまった時は「そんなん知らんやん。自分のせいやん。細か過ぎなだけやろ」と言われてばかりで、周りのひとが一緒に考えてくれるものだと思わなかった。計画通りにいかなくてイライラしている私に母ちんは「あなたね、疲れているのよ」と言う。「疲れている?」、そんなこと考えたこともなかった。「毎日、動いていたら疲れるのか……」。一日一日は新しいものだから、昨日のことなんて考えない。だから身体の疲労を考えたことなんてなかった。「疲れているのは、立派な理由だよ」と母ちんは言う。それに「怠けている」と「疲れている」とが同じ意味でないことも初めて知った。「疲れているからできないことがあった」は、あっていいことらしい。自分のスケジュールくんに訊いてみると、「怠けてないんだったら、仕方ないんじゃない⁉」と返事をくれた。

手に入れた「≒」

予定が崩れて、受けるはずの授業が受けられなくなって、イライラしている私に、せんせいはこう言ってくれる。「（授業の科目ではない）他の科目の勉強をしたら？」と。予定が崩れて、何もできなくなっている私に、何もやらないではなく、するはずだったことと近いことをすればいいと教えてくれる。私のスケジュールくんは、「何もしないって決めたんだ！」と思っている。頑固だから変えることは難しい。でも、こんなことを何回もしていくうちに「≒（ニヤリーイコール）な科目だったら、してもいいかな」と思ってくれる。馬場さんは、「大学には勉強しに来たんやろ？　何か勉強したら？　もったいないやん！」と言って、予定通りにいかなくて帰ろうとする私を、引き止めてくれる。私の心は、「そうだ、大学には勉強するためにきたのに、どうして勉強しないんだ」「でも予定通りにできなかったのに、大学にいるなんて許せない」と揺れ動く。どちらを選べばいいのか分からないこの両方の気持ちに何十回も悩んできた。1時間くらい考える。どちらかには必ず嘘をついてしまう。どちらかを選んでも、やっぱり今しているほうが正しいのか分からなくて、落ち着かない気持ちは変わらなかった。

でも、こんなことを何十回もしていると、だんだん大学での勉強のほうが気になってきた。どんな勉強をしているんだろう？　知りたいな。家にいてもいいけど、大学にいたらよかったな。私のスケジュールくんは「帰るのもいいけど、大学にいたほうが勉強できるよ」と思い始めた。計画が崩れても、悩む時間も少なくなり、帰らないで大学にいるようになった。その後もスムーズにいったわけではない。何百回も葛藤し、スケジュールくんとけんかした。大学にいられるようになって、本来の科目ではない勉強ができるようになって、授業の科目を勉強してもいいかなと、少しずつ少しずつ、たくさんの時間をかけて変化してきた。自分一人では変えることができなかった、変えようと思ったこともなかった融通のきかない私のスケジュールくん。周りのひとと一緒だったから、今も嫌いにならないで、相談しながら、共存できていると思う。

2　計画とルールの呪縛

不規則な出来事に動揺するAjuは、日々綿密な計画を立てる。計画は単に実行すればいいのではなく、Ajuの作ったルールに従わなければならない。行動しやすくするために立てたはずの計画は、ルールの遵守というルールにより縛られ、Aju自身をがんじがらめにする。

崩れる日々

大学での最も強固な計画とルールは、出席と遅刻に関するものであった。授業には「全回数出席しなければならない」「遅刻してはいけない」というルールがAjuを縛る。遅刻をしないために、堺の自宅から大学までのルートや出発・到着時間を詳細に計画する。計画には「一つの計画が崩れた場合には、全ての計画を崩さなければならない」というルールが存在し、さらなる制限が加わる。計画していた「○時△分発」の電車に乗れなかった場合、「その後の予定は全てキャンセルする・予定を全部崩す」というルールが実行される。「決めた時間に大学に到着してはいけない」「研究室に着いても、着用しているコートを脱いではいけない」「授業に出席してはいけない」「夕食を食べてはいけない」というように、計画していた全ての内容を崩さなければならない。「○○しない」ではなく、「○○してはいけない」と、意志というよりは自分への命令として、その遵守が課される。電車の乗り遅れが授業への遅刻に影響しなくとも、「決めた時刻の電車に乗る」という計画が遵守できなかった時点で、「授業に出席してはいけない」と欠席が選択される。修学意欲が高く、欠席を許さないＡｊｕであるが、授業への出席よりも計画の実行とそれに伴うルールの遵守が優先される。その結果、「授業を休んではいけない」というルールは別のルールによって妨げられる。解決できない葛藤が即座に身体症状を引き起こし、結局、授業に出席できないという悪循環が生じる。優先順位をつけられないのではなく、計画の実行とルールの遵守以外を選択できない、選択せざるを得ないというほうが正しい。

「思考のずらし」：連鎖の分断・緩和

緻密な計画とルールの遵守については、ルールの連鎖の分断やルールの緩和・変更を模索してきた。まず、何のために電車に乗るのかという「目的の明確化」を行う。「決めた時刻の電車に乗ることが真の目的ではなく、授業への出席が、真の・本来の目的である」と確認を繰り返し、「真の・本来の目的」を見失わないようにする。次に、①決めた時刻の電車に乗る、②授業に出席する、③夕食を食べる、④……、など、計画していた全ての行動を文字で列挙する。何が目的であるかをAjuが選択し、「真の・本来の目的の確認＝最優先順位の決定」を図る。「授業に出席する」ということが目的として確認できれば、決めた時刻の電車に乗ることや決めた時刻に大学に到着することが目的でないことが見え始め、目的以外の行動が目的化されず、各行為の連鎖が分断できるようになる。Ajuが私の説明を完全に納得・了解するわけではないが、縛られていた思考がほんの少し緩み、「思考のずらし」が可能となる。その結果として、落ち着くという経験を繰り返すうちに、Aju自身が目的の明確化を心がけるようになっている。

目的化される行動

Ajuの日常では、立てた計画の内容それ自体が目的となる。何らかの目的のために立てられた行動がその目的達成のために実行されるのではなく、計画内容を計画通りに実行すること自体が目的となる。

日常生活における週単位計画の一例をあげる。自発的に決めた上下階の掃除と2箇所のトイレ清掃がAjuの担当である。個人差はあるが、多くの者はトイレの汚れ具合を見て掃除をする。その間隔は一定ではない。しかし、Ajuは、汚れているという漠然とした感覚に依ることは難しく、また週単位の計画に組み込まなければ心地悪い。結果、Ajuは「1階のトイレは木曜日、2階のトイレは金曜日。どっちも午前中」とトイレ掃除の曜日を決めている。何かの都合で実行できなかった場合、翌日への変更は許されず、イライラしながら、翌週の木曜日、金曜日まで持ち越す。その間、汚れていると感じたとしても、「汚れている」が掃除の理由にはならない。Ajuは「計画とその遵守は、法律より厳しいルール」だと言う。その間の母による適当な清掃は許容できる。「母ちゃんが、掃除をやってもやらなくても自分には関係ない。どっちにしても、自分は木曜日と金曜日にするから」が理由である。一方で、「やってもらったら、倍返ししなきゃって思うから気が重い時もある」と負担を感じ、揺れ動く。

Ａｊｕにとっては「決めた曜日」にすることが、掃除の目的であり、重要である。結果、トイレの掃除は何か別の目的（卒業や授業を受けるというような）を妨げるものではないため、イライラの感情は残るが、Ａｊｕの計画とルールの遵守が変えられることはない。

また、100％の力を出し切り計画が達成された場合でさえ、一時的に得られる満足感はすぐに消失し、さらに強い達成感を求めるという悪循環を招く。より力を要するハードルの高い計画を立て、達成できないことが増えていき、その葛藤に苦しむ。Ａｊｕはその状態を「自分を追い込むのが得意」と表現する。

計画の乱れは感情の乱れへ

計画が達成できない原因は、Ａｊｕ自身によるものと他者や環境などの外力によるものとがある。

Ａｊｕ自身によるものの顕著な例は、起床時刻の遅れである。計画の１つ目に設定した起床時刻に起きられなければ、「すでに、一日が終わってしまったような絶望感」に襲われる。「計画が狂うと後のことをずらすことができない。それが一日の始まりで起こると一番大事な出だしをしくじった感じで、とても大きな重し（おもり）としてやってきて、気持ちがグチャグチャになる」と言う。計画が崩れた時点で、残りの計画を全てキャンセルするというルールが適用され、布団の中で過ごすことになる。Ａｊｕと同様、寝坊により取り乱し、自身を追い詰め、「プログラミング」された次の時間までにできなければパニックに陥ると、ＡＳＤの当事者は語る（東田 2015:pp.76－77）。

他者や環境など、外力によるものとして最も多いのは周囲の人からの予定外の頼まれごとである。特に、起床後、自身の立てた計画を実施する前の依頼に対する感情のコントロールが非常に困難であり、これらが引き金となりパニック状態に陥ることもある。

ある朝、外出間際の母が起床間もないA.juに、2階にある母の寝室の2つの窓を開けてほしいと依頼した。A.juは戸惑いの表情を見せ、「明日ではだめ?」と尋ねた。A.juのルールでは「窓の開放は、2階の掃除をする金曜日」だからである。A.juの返事を受けて母が自分で開けた窓は、帰宅した時には閉じられていた。「部屋が冷えてしまうから」とA.juは母を気遣った。その様子を見て、別のお願いができると感じた母は、裏庭のブロッコリーの収穫と書籍10冊程度の2階への移動を頼んだ。依頼と同時にA.juは大混乱し、イライラ、不機嫌になった。直後、A.juは「時間にすれば、2、3分であることは分かっている。でも、自分にとっては、その一つひとつは巨大なピースであり、入れ込む余地がない。気持ちが大きな山と谷のように揺れる」と初めて不安な気持ちを母に説明した。A.juはしぶしぶブロッコリーを数分で収穫し、母が持って上がろうとする本も「心配だから、自分が安心したいから」と運んだ。この行動は母の身体を気遣っての振る舞いであるとともに、「しなかった」ことによってA.ju自身にさらに起こるであろう不安定の回避策でもある。

それまでもイライラの感情は物に向けられ、部屋の散乱を招いてきた。独り言を言いながら長時間落ち着かず、周囲の人の不快感や心配を引き起こすことにA.juも気づき始めており、その場で気持ちを説明するという対処の方法を試みたことは大きな変化である。さらにその夜、A.juは私に電話をかけ、自身の態度や感情を分析し、解決法を相談した。私は「日々の計画の内容の中に空き箱、空っぽの箱を3つ用意し、その中に突然の依頼を入れるようにする。そうすることで気持ちに余裕が出るんじゃない? 箱の色は大好きな青にすればいいんじゃないかな」と提案した。図形を用いた思考の整理がＡｊｕには理解しやすい。また、青色には特別な思いがある。Ａｊｕは、「心がふにゃふにゃになった。緊張がなくなった」とその気持ちを表現した。

欠かせないスケジュール確認

私と母とＡｊｕとは、Ａｊｕの起床後、まず互いの計画を確認し合う。その上で、Ａｊｕの１つ目の計画が完了するのを待ち、依頼や予定の変更を伝える。１つ目の計画が終了していれば、起床直後には許容できない依頼に対しても感情の乱れは小さくなる。

私とＡｊｕとは、計画やルールの設定とその遵守をやめるという方向性をもたないと確認し合っている。Ａｊｕにとって必須のこの行為の否定は、Ａｊｕの存在そのものの否定ともなりかねない。Ａｊｕの依って立つ基盤を侵さず、「最小限、何かしないよりはしたほうがいい」と声をかけ、思考が積み重なるのを待つようにしている。また、時刻から時刻という時間の区切りによるＡｊｕの計画の立て方を優先している。計画の内容を軸にして計画を立てた場合、それぞれの内容に要する時間の見極めは難しい。一つの内容が終了できない・終了するまで止められないというリスクが高まる。「それがある程度終わってからでいいよ」と言う私に対し、「ある程度はだめ。ある程度は全部のことだから、時間決めて。落ち着かないから」とＡｊｕは答える。計画の各内容に要する幅をもたせた時間の計算をし、時刻設定を共に行っている。現在も、Ａｊｕは時刻に沿った計画と様々なルールを遵守しながら生活しているが、目的の明確化による優先順位の選択を行うことで、ルールに縛られ、身動きがとれなくなるという状況はゆっくりとではあるが減少している。

A・ju 白と黒の間の色

二分化した思考

私の思考は白・黒でできている。「Yes」か「No」、「する」か「しない」、「好き」か「嫌い」、「頑張る」か「頑張らない」というように、両端にある言葉が分かりやすく、そして好きだった。私の言語は、言葉というよりも、数であり映像である。だから数学の計算のように、明解な答えに安心し、両端にある言葉は、数学の＋・－の記号と重ね合わせることで理解しようとしてきた。物心ついた頃からこういうふうに考えてきたので、間にある言葉は、理解することが難しかったとも言えるし、自分の中でイメージできず、捨えず流れて行ってしまったのかもしれない。私の考えている世界はシンプルに二分化されているのでとても分かりやすい。二分化した極端な思考はこの世界を分かりやすく見せてくれたけど、人との衝突も起こった。友だちとけんかをしても、100％悪くないと思ったら謝れないし、自分が少し（30％）悪いと言われたら、少し悪いんだったら全部（100％）悪いほうがいいと思って全部自分が悪かったですと謝ることのほうがすっきりした。生きやすかったし、生きにくかった。今でも間にある言葉に出会うと、身体がむずがゆく、引っ掻いてしまいたくなる。

「遅刻」なんてできない

「遅刻」：

授業・仕事の開始時刻に決められた場所にいなくて、途中から始める中途半端な時間のことだ。遅刻をするぐらいなら休みたいと思ってしまう。遅れて行くことなんて、絶対に許されない。

「適当」：
全力でするでもなく、全くしないでもないこの言葉。チカラ加減がどちらでもないなんて許されない。何かするのであれば100％のチカラでする。100％のチカラでしないなら、それは何もしない０％と同じことだ。

大学生になるまで、これらの思考を変えようとも、変えたいとも思わなかった。なぜなら、私にとって、この思考はとても心地よく、分かりやすいからだ。この思考に苦しめられているなんて思いもしなかった。この世界が、私の日常だった。だけど、間にある言葉に近寄って行かないと私はうまく過ごせなくなっていた。授業前になると腹痛に襲われ、授業の始まりに所定の場所にいることができなかった。「遅刻」だ。「遅刻」するくらいなら休みたい、休まなきゃだめだ。そうやって、落としてきた単位の数は多い。勉強するのなら、全力投球で、とことんしたい。何かに手を抜くなんて許せない。成績で「秀」を取りたい。せめて「優」くらいは取っておきたい。そのためには、授業を休むことなんてことは、もってのほかだ。でも、教室に入れなくなっていく。それは、卒業できないということでもある。

「可」を取る練習!?

こんな自分の心を打ち明けることができたのは、せんせいだけだ。なぜか私の気持ちをよく分かってくれる。そもそも、こんなことを先生に相談していいのかすら分からなかった。他の人の世界をのぞいたことがないから、「みんなそんなもんよ」と片づけられてしまうかもしれない。不安だった。だけどせんせいは、今の私の精一杯をさらに追い詰めるようなことばを言わなかった。教室に入れないことも「怠けている」とは言わなかった。この白黒の思考の切り抜け方も「気持ちのもちよう」とは言わなかった。それどころか、言われたことは、『可』を取る練習をしたら？」だった。とんでもない提案だ。無理だと思ったけど、何かを変えないと授業に出席できないし、その先にある卒業もない。

「それぐらいのことなら！」と、せんせいのゼミ生がアドバイスをくれる。「どの授業も5回は休んでいいんだぞ。でも、早めに使うと、後がしんどいからな」「レポートは前日にするくらいでいいぞ。中身は問うな。そうすれば可が取れる！　楽勝だろ⁉」そんなこと考えたことがなかった。さすがにレポートの書き方は許せない。でも、予め休んでいい日があると考えるだけで、心にゆとりができた。「行かなきゃ」と追いつめてきた自分を解放してあげることができた。授業に入れなくて、休んだ日も「予め休んでいい日」に変わることで、自分を責める回数はその分だけ減った。休んでもいい日ができた時、意外にもその時間は心地よかった。大学の授業も、高校と一緒で、先生のペースで進む。でも、授業を休んだ時は、自分のペースで学習できた。だから余った時間は自由に使えた。そういう日々を過ごしていたら、どんな世界が見えたと思う？

灰色の景色

間にある言葉に近寄ってみたことで、自分の中に余白が見えたんだ。いつも100％以上の力で頑張ってきた自分。力の抜き方すら分からない自分。いつ破裂してもおかしくない状態だった自分。そんなことに気づけたのは、80％のチカラ加減が分かったからだ。0でも100でもない間の数字は、私にそんな世界を見せてくれた。自分が頑張りすぎていたことが分かったんだ。特に好きでもないことも好きになるように頑張っていたんだと気がついた。両端にある言葉に引き付けられすぎると、自分をよく見つめられていないこともあるのかもしれない。何でもとことん一生懸命にすると、知らないうちに自分の力以上の力で頑張っている。またそれを続けたいと思ってしまう。でも、それは私にとって、本当に好きなもの、楽しいことを見えなくさせていた。母ちんから聞いたことばがある。「好きなことは勝手に続いているものなのよ」。余白ができて、私は好きなことを見つけることができたのかもしれない。どんなに忙しくても、数分でもいいから絵を描いていたい今の自分がいる。

「遅刻」も「適当」も、今でも好きな言葉ではない。でも、「0・100」思考の私に、「80」の世界を教えてくれた。「白黒」の世界に「灰色」の景色を見せてくれた。住んでみれば案外過ごしやすい街だ。もちろん、端にある2色は大好きなままだ。

3　白・黒の世界／完璧さの追求

Ajuは、「中庸」の難しい世界に生きている。思考は、いつも「白か黒」「0か100」である。別の角度から見れば、あらゆることに完璧さを追求する姿でもある。このような思考は、Ajuにとって必要である反面、修学場面ではAju自身を追い込んできた。日常生活でも、Ajuをがんじがらめにする。

白か黒か・0か100か

テストは「100点」でなければ「0点」と同じ、成績は「秀」、せめて「優」でなければ「不可」と同じという思考がAjuを支配する。Ajuは全科目に100%以上の力を費やし学ぶ。研究室に来る上級生からアドバイスされる「ほどほどに」「適当に」「とりあえず単位取れればいいやん」という思考は存在しない。そういう考え方に賛同できないだけでなく、「ほどほどに」「適当に」という感覚、力の入れ方・抜き方が分からない。「このくらい勉強しておけば、単位は取れるかなっていう感じはないの?」という私の問いに、Ajuは『『このくらい』ってどのくらいなのか分からない。みんなは、『このくらい』がどうやって分かるの?」と問い返す。Ajuの「このくらい」は、Aju自身がやれるだけのことはやった・不安にならないくらい勉強した・決めた回数教科書を読んだなど、自身が納得でき、安心感を得られる状態を指す。その結果、自身の使える時間の全てを予習や復習に費やすことになる。それでも、全てのテストで100点を取り、全ての科目で最高評価を得ることは容易ではない。最高評価以外の成績に対する家族の反応への恐怖心、自身のイライラ感、もっと勉強すればよかったとの後悔の念にさいなまれ、気持ちが不安定となる。この繰り返しは、学校という場で課せられる学習・授業自体の楽しみを奪い、Ajuは次第に学校という場が嫌いになっていく。

順序と配分

ここでも、やはり目的の明確化が役に立つ。最も大切な目的を「大学の卒業」と設定する。卒業に必要な事項を整理し、「卒業←必要な単位の取得←心身の安定維持←各学期の履修単位軽減」という順序を確認する。次に、履修しているどの科目においても、「なるべく」よい成績を取るための方法を考える。Ajuの学習方法は得意・不得意に関係なく、1科目を「完全に」学習した後、次の科目へ移るという手順である。これでは時間が不足し、不得意な科目を重点的に学習できない。そこで、最も得意な履修科目から最も苦手な履修科目へと順に並べる。全科目に使える時間を「100」とする。得意・不得意を考慮して、個々の科目に必要な割合を算出する。この割合を基準に学習に充てる総時間を各科目へ配分する。各科目に要する時間が分からない中、適切な時間を配分することは難しく、配分する時間には余裕をもたせる。学習に限らず、一つのことに没頭すると切り替えが難しい・したくてもできないＡｊｕにとって、時間配分通りに行うことも容易ではないが、どの科目にどの程度の時間を配分するか・どのように循環させるかなど、具体的・視覚的なスケジュール設計によって、１科目だけに偏るということは回避できる。

完璧さの追求

学習の場面での「白・黒」の思考による行動は、日常生活では二者択一ではなく、「完璧さを追求する」結果としての「中庸の難しさ」となる。Ａｊｕは「完璧じゃなきゃだめなんだよ。気持ち悪いんだよ。やっぱり白黒なんだよねえ」と言う。

ある日、汚れが気になる鍋の一つを磨き上げたＡｊｕは、その輝きに魅了される。全ての調理器具を最初に磨いた鍋同様に磨きたい欲求・磨かないと気持ち悪いそわそわ感が生じる。すぐに１日に１個の鍋を磨くという計画が立てられる。一つずつ磨きあがっていく鍋の輝きはＡｊｕに満足感をもたらすが、同じように仕上がらない・予定より時間がかかる場合、感情が大きく乱れる。磨きたいは単に磨きたいではなく、Ａｊｕが自身で納得する「完璧」に磨きたい欲求である。また、輝きのある鍋と汚れている鍋との不統一に対する違和感はＡｊｕを落ち着かなくさせるため、一つだけ磨くということは許されない。「完璧さの追求」の結果、全てを磨くか、全てを汚れたままにしておくかという選択が生じる。

料理の場面では、キュウリを同じ厚さにスライスするという「形状に対する完璧さ」を求めると同時に、ト

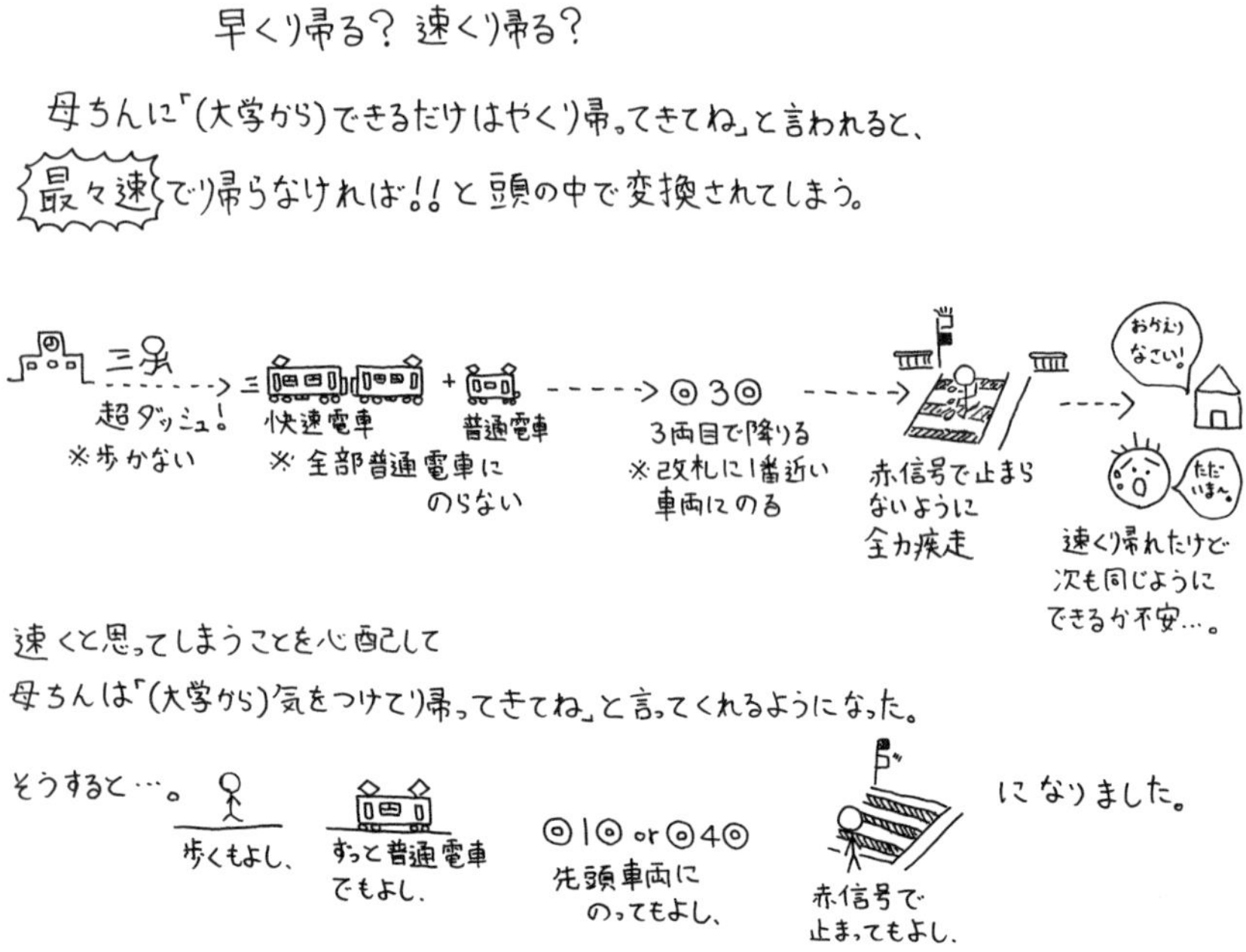
早く帰る？ 速く帰る？
母ちんに「(大学から)できるだけはやく帰ってきてね」と言われると、
最々速で帰らなければ!!と頭の中で変換されてしまう。
超ダッシュ!
※歩かない
快速電車
※全部普通電車にのらない
普通電車
3両目で降りる
※改札に1番近い車両にのる
赤信号で止まらないように全力疾走
おかえりなさい!
ただいま〜
速く帰れたけど次も同じようにできるか不安…。
速くと思ってしまうことを心配して
母ちんは「(大学から)気をつけて帰ってきてね」と言ってくれるようになった。
そうすると…。
歩くもよし、
ずっと普通電車でもよし、
1 or 4
先頭車両にのってもよし、
赤信号で止まってもよし、
になりました。

最々速
母ちんから言われる「できるだけはやく帰ってきてね」という言葉の持つイメージ。

ン・トン・トンという規則正しくリズミカルに切るという「音に対する完璧さの追求」がある。同じ厚さ・同じテンポで切れた場合には非常に心地よく、気分が高揚するが、そうでない場合にはイライラ感を表出し、不機嫌になる。

安心させたいのに……

中でも、「時間に対する完璧さの追求」がAjuを縛る。帰宅の遅いAjuを心配した母から、「早く帰ってきてね」というメールを受けとったAju。すぐさまAjuの思考は、心配している母を安心させることを目的とした「Y：目的＝X：心配している母を安心させる」という式を立てる。しかし、その気持ちはすぐに「最速」で帰ることにシフトする。「最速」が目的に設定され「Y：目的＝Z：最速」となる。Ajuは、いくつもの帰路パターンを考え、最速順に並べ、「最速＝快速電車＋普通電車＋3両目に乗る＋改札を出てから1つ目の信号まで猛ダッシュ＋残りの距離を家まで猛ダッシュ」がそのトップとなる。このパターンでの帰宅に成功した時には身震いするような達成感に満たされる。一方、成功しなかった時にはイライラ感が募る。Ａｊｕにとっては、完璧なプロセス・計画による達成から得られる心地よさが重要であり、一つ低い順位のプロセスによる達成は気持ち悪く、さらに低い順位のプロセスでは感情の乱れが抑えられない時もある。Ａｊｕは、「一日の計画が全て終了し、何にも縛られる（自身で縛る）ことがない状態でホッとしている時に、完璧なプロセスで帰らないといけないのはイライラする」と言い、自身が自身を縛っていることを自覚している。Ａｊｕのこのような行動は、表面的には目的を見失った・目的が変化したように見えるが、全ての行為に完璧さを追求するあまり生じている。

数式の活用（1）

Ａｊｕが特性とうまく付き合うためには、目的の明確化、ことば・言葉の具体化と真の理解が欠かせない。さらに、これらを数式化できる場合、Ａｊｕの理解はさらに進む。本来の目的「Ｙ：目的＝Ｘ：心配している人を安心させる」が、目の前の目的「Ｙ：目的＝Ｚ：最速」により隠れてしまい、Ａｊｕの思考が「Ｙ：目的＝Ｘ：心配している人を安心させる＝Ｚ：最速」となっていることを紙に書いて説明する。一対一の関係を基本とするＡｊｕの思考は「Ｙ＝Ｘ＝Ｚ」に対する気持ちの悪さと違和感を覚えると同時に、「Ｘ＝Ｚ」が成り立たないことに気づく。「Ｙ＝Ｘ＝Ｚ」から「Ｘ＝Ｚ」が切り離され、「Ｙ：目的＝Ｘ：心配している人を安心させる」となる。結果「目的は、心配している人を安心させる」が浮かび上がり、Ａｊｕに受け入れられる。

Ａｊｕのイライラ感や感情の乱れは心配している人をさらに心配させること、それは心配している人を安心させるという目的から外れていくことも説明する。この長いプロセスを経て、「最速に対する完璧さの追求」は少しずつ緩み、Ａｊｕは「目的＝Ａｊｕの感情が乱れない・最速を自身で競わないように帰宅し、母を安心させる」に妥協する。納得までいかないことも多く、妥協にも時間を要する。理解はしても妥協できない場合もあるが、目的の明確化や数式化・公式化・図式化が、Ａｊｕの理解と感情の安定を促す。Ａｊｕは、帰宅前や21時を過ぎた時点で自身の居場所をメールで知らせるという方法で対処している。母と私とは「早く帰ってね」を「今どこにいるの？」に変え、Ａｊｕの感情の乱れを回避している。

Aju 料理は一対一対応 一つの食材・一つの料理

レパートリーは少ないが、料理をするのは嫌いじゃない。新鮮なハマチや鯛を三枚下ろしにして、刺身にする。鯖一匹からシメサバを作る。キャベツの野菜炒めも得意だ。豚肉、玉ねぎを入れて、最後には卵をふんわりかけて、まろやかな味に仕上げる。えびアボカドサラダは、せんせいも母ちんも喜んで食べてくれる。だけど、応用が苦手らしい。それがレパートリーの増えない一要因でもあるようだ。

せんせいは、料理のレパートリーがとても多い。一つの食材からいろいろな料理を作る。そして、驚くことに、野菜室にある野菜が、まんべんなく、きれいになくなっていく。私は、一つの食材から一つの料理しか作れない。だから、おいしい物に出会うと、作ってみたいな～と思い、せんせいにこう訊く。「これって、どうやって作ったの？　めちゃおいしい！」。そしたら、「これは昨日残った○○と、野菜室に残ってた△△を合わせただけやで」とか、「昨日はブロッコリーを茹でたけど、今日は炒めたよ」と教えてくれる。その時に私は、こんな組み合わせがあったのか！　ブロッコリーは茹でられる専門ではないのか！　同じ材料からこんな物ができるなんてと大仰天。「そんなことで⁇」って思う人が大半かもしれない。でも私にとっては大発見で、こんな発想をどこで身につけたんだろう、すごいな〜と感心してしまう。きっと料理人さんは豊かな発想をもっている人が多いんじゃないかな。

料理は樹形図

野菜には、蒸したり、炒めたり、茹でたり、炊いたりと、共通して使える調理法があるらしい。つまり一つの野菜に４パターンの調理方法があって、さらに冷蔵庫に残っている他の食材と組み合わせると、何パターンもの料理になっていく。樹形図を想像すると、だんだん枝分かれが増えていくのが分かる。味付けも、和風、中華、洋風など、何パターンもあって、これを組み合わせると、さらに料理の数が増える。それに、野菜の切り方を変えるだけでも、舌触りが異なるから、違う料理に感じる。そんなふうにせんせいに説明されると、料理って数字の組み合わせの数だけあるかもしれないと思って、ワクワクしてくる。私もできるかもしれない。無限に料理を作れそうな気になってくる。だけど、そう思うことと、いざ自分が作ることとは、全く違う。言うは易し、行うは難し。

メニューが先？　材料が先？

いざ、作ろうとスーパーに行くが、私は、刺身を食べるために、新鮮な魚を買う。自分でシメサバを作るために、鯖を買う。ニラもやし焼きそばが食べたくて、ニラともやしを買う。白菜の蒸し煮を作ろうと思って、白菜を買う。私の場合は、材料があってメニューが決まるのではなく、メニューがあって材料が決まるらしい。だから、刺身用に買った魚を一匹買ってきても、刺身で余った部分を煮付けや塩焼きにする発想が思い浮かばない。ニラもやし焼きそばを作るけど、そばを抜いたニラともやしだけの炒め物ができるという発想がない。もやしだけを使って、もやしのナムルを作れるということも思い浮かばない。白菜の蒸し煮をして、余った白菜を浅漬けにしようと思い浮かんだこともない。お味噌汁に入れてもいいというアイデアも思い浮かばない。だから、冷蔵庫にある物を上手に使うことがとても難しくて、次に同じ物を作るまで、食材が残ったままになって腐らせてしまう。どうすればいいのか分からない。

「応用」「汎用」って何？

こういうことを応用や汎用がないと言うらしいけど、せんせいに何度説明してもらっても、その意味をよく理解することができない。食べることには困っていないからいいかなと思ってしまう。でも残ってしまった野菜は上手に使いきりたいと思う。だから、今も食卓に出てくる料理を見ては、「どういう心境でこの料理が思いついたの？」と訊く。作り方以上に、冷蔵庫を見てどういう気持ちになって、その野菜を選んだのか、どうしてその切り方にしたのか、どうして炒めたのか、どうして味付けがそうなったのか、一つひとつ訊いている。私の思考回路にない考え方にやっぱり大仰天。そういうふうに考えるのか～、すごいな～と思うのだ。こうやって訊いたことが、次回自分が作る時に、記憶のどこかに残ってくれているといいなと思っている。でも何度このやり取りを繰り返しているのだろう。

同じ物を繰り返し食べても飽きない舌があるので、レパートリーもなかなか増えない。でもおいしい物に出会うと、やっぱり挑戦してみたくなる。レパートリーが1つ増えるのはいつになるのか分からないけど、ゆ〜っくり増えていけばいいのかな。

4　応用と汎用と

大学の生活では、他の事柄があまりにも強く表面化し、ほとんど見られなかった応用・汎用の難しさが、Ajuの日常生活を大きく左右する。

白菜＝鍋

Ajuには、一つの野菜に対する複数の調理法はない。一つの野菜と一つの調理法が一対一の関係にある。具体的には、ブロッコリーは湯がく（ブロッコリー＝茹でる）、白菜は鍋に入れる（白菜＝鍋）という関係になっている。経験不足によって他の調理法が思いつかないことも一つの理由である。しかし、それよりも、Ajuにとっては、「＝」で結ばれる一対一の関係式が思考の基本であり、理解しやすく、Ajuを落ち着かせる。さらに、その関係を美しいと感じており、思考が固定化されている。これらの理由から、初めて食べた時の・初めて料理した時の調理法がその食材と「＝」で結ばれ、等式関係が形を変えること、すなわち汎用が難しい。しかし、一対一以外の関係を拒絶するわけではない。白菜に鍋以外の調理法があることを知ったAjuは「白菜と豚肉の蒸し煮」を習い、作る。その繰り返しにより広がる調理と料理の幅・異なる味をAjuは喜ぶ。

「白菜を蒸す」という新たな調理法を習得したA.juだが、それが「ブロッコリーを蒸す」へは広がらない。すなわち、応用が難しい。白菜とブロッコリーは全く別の食材として認識されているA.juにとって、ブロッコリーを蒸すという調理法は、白菜とは異なる新たな食材に対する新たな調理法として習得される必要がある。一つひとつ共に調理し、食べて初めて、新たな野菜と調理法の組み合わせを習得する。A.juは『=』が気持ちいいし、それ以外のことは思いつかない。どうしてそういうふうに考えられるのかが分からない。みんながどうしてそう考えられるのかを教えてほしい」と言う。

運ぶ≠落とす

料理以外の多くの事象においても応用・汎用が難しい。先に述べたように、「食器を流しに運んでおいてほしい」に「洗っておいてほしい」が含まれることを理解したA.juだが、入浴前の「お風呂の水を落としてほしい」に「洗ってほしい」という意味があることには広がらない。A.juは「(食器を)『運ぶ』と(水を)『落とす』は全然違うことなのに、どうして、この2つがつながるの?」と問う。「応用」「汎用」という概念自体が分からないとも言う。白菜をお鍋にする・蒸す・漬物にするは、白菜の汎用である。6章でA.juが書いていた、玄関のチャイムと私の「ごめん、悪い」ということばで、A.juが荷物を取りに行くという行為は、食器やお風呂で学んだ行為の応用である。しかし、A.juにとっては、荷物を取りに行くというこの行為は生じる回数の多さゆえの定着、あいまいなことばの解釈・視野の広がりであると言う。A.ju曰く、それは気が利くようになったということであり、A.ju自身は誇らしげである。A.juからは「これはできるけど、これを活用して他のことはできないよ。それを汎用って言うんでしょ。それはできないよ」と変に自信満々に宣言される。ことばの意味や概念の共通理解は日課ともいえる行為であるが、それでも埋まらないことばもある。「応用」「汎用」がその一つである。

数式の活用（2）

では、料理の幅を実際にどう広げているのか。

「数」で思考を整理しやすいAjuは食材と調理法の関係の数式を作り、調理法を増やす工夫をしている。

Y＝3＋X

Z＝9／W

Ajuにとって、数には色や動き、性格がある。ブロッコリーのもこもこした部分は「3」である。茎を入れたブロッコリー全体を表す時は異なる。「＋」は、「茹でる」「炒める」「蒸す」など、食材に対する様々な調理法である。「＋」は「×」でもいいが、ブロッコリーに調理法を加えるという意味で、「＋」がしっくりくると言う。ブロッコリー「3」に調理法「X」を加え「＋」、生のブロッコリーが形を変え、「Y」となる。調理されたブロッコリーを使う料理、例えばブロッコリーの炒め物は、「茹でた」ブロッコリーを「炒める」という2つの調理法となり、さらに他の食材や調味料が加わるため、別の公式が存在する。

Z＝9／Wは、食材の切り方を表す式である。分子の「9」はキャベツ、分母の「W」は切り方・切る回数である。「Z」は切られた食材である。分母が大きくなる（切る回数が多くなる）ほど、粗切り、千切り、みじん切りと、食材は細かくなっていく。食材と調理法との関係の数式化はAjuにとって大きな収穫であるが、自ら新しい調理法を取り入れるに至っていない。その理由は、「失敗への怖さ」「すでに試しておいしいと分かっているものへの安心感」であると言う。新しい調理法は、私や母と共に作った後、Ajuが一人で作るというプロセスで獲得され、料理の幅は格段に広がり続けている。

積み重ねる

私と母は、応用・汎用の力をつけることをAjuに求めない。それはAjuを追い込む。それよりも応用・汎用が難しいという事実をそのまま受け止め、類似した事柄・行為に見えても、Ajuにとっては全く異なる事柄・行為であることをまず認識する。その上で、一つひとつを具体的に丁寧に説明し、実際に共に試み、できることの幅を広げるほうが現実的であり、習慣化されやすい。応用・汎用の力の拡大ではなく、積み重ねによる幅の広がりという視点が重要である。ただし、応用・汎用を増やしたいと思うAjuの気持ちは何よりも尊重している。関連する事象が生じた時には、今起きている事象が過去のどの事象と類似しているのか、どの事象の応用・汎用が今回の事象にあたるのかなどを説明している。Ajuが納得できるものもあれば、全く結びつかないものもある。ただ、以前のように、結びつけられないことでAjuが自身を責めることはもうない。自身を責める代わりに「へぇ〜、せんせいはそんなことできて偉いね」と私を褒めてくれる。

A-ju 見えないものは「ない」

数夜干しの洗濯物

一人暮らしを始めると、とんでもない自分を発見することがある。大学生定番の起床時間であるお昼前に起きて、洗濯機を回す。２階に駆け上がって、ドアをガラッと開けて、洗濯物を干す。出発前のノルマは終了！これから大学だ。時間通りに出発して、気分がいい。授業が終わって、帰宅途中、夕食の食料を買いにスーパーに寄る。そして、帰宅。夕食を作って、テレビを見ながらご飯を食べる。ゆっくりお風呂に入った後、すぐに布団に入る。外から雨の音が聞こえる。「明日には止んでくれるといいな～」と思いながら眠りにつく。朝、起きてみるとまだ雨が降っている。このお天気じゃ洗濯物が干せない。次の日、起きてみると晴れだ。洗濯日和だ。朝から洗濯機をフル回転。２階に上がって、ドアをガラッと開ける。

「……」

「洗濯物が干されている……」

「誰が干したの……？」

「私……？」

「えーーーー！！？？」

一昨日干した洗濯物は、昨日の雨に打たれた後、夜風で乾いてしまったらしい。すごい。しかし、自然のエネルギーに感心してしまっている場合ではない。

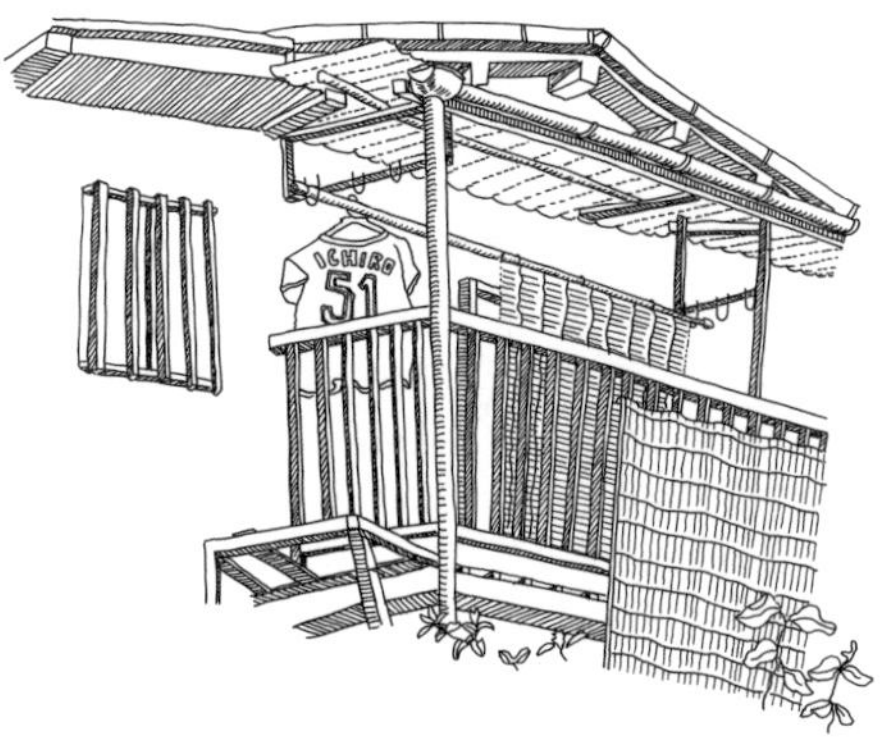

干されたままのイチローＴシャツ

窓が閉まって、視界からＴシャツが消えると、干していたことをすっかり忘れてしまう。１週間ほど干されっぱなしになっていたイチローＴシャツ。

一人暮らしを始めてから、とんでもない自分を発見してしまった。見えない物は「ない」ことになってしまうのだ。洗濯物を干す以外、2階を使わないので、2階への意識、と言うよりも2階という存在そのものが、頭の中からすっかりなくなってしまうのだ。頭の中に、2階のことが「ない」のだから、思い出すということができない。目の前に映る、1階の部屋だけが私の世界になってしまう。

陶器の落とし穴

さらに驚いてしまった出来事もある。冷蔵庫には保存食を入れている。梅干しや明太子、こんぶの佃煮など、ご飯のお供と呼ばれるものたちだ。これらを保存するために、いつも深い蓋つきの陶器の入れ物に保存していた。スーパーで買い物をする時には、冷蔵庫の中を想像する。見えてくる映像は、陶器の柄ばかり。その中身は見えてこないし、何が入っているのかと考えることもない。冷蔵庫の棚にちくわがあって、ヨーグルトがあって、赤い陶器があって、また赤い陶器がある。「よしっ、明太子と梅干し買おう！」と即決する。家に帰って、おいしく明太子を食べる。数日後、何気なく開けた陶器の入れ物の中に、なんと明太子がある！　この前買った明太子じゃない。その前だ！　買い物をする時、あんなに冷蔵庫の中身が見えるのに、すでにあった明太子は陶器の入れ物によって隠されて見えない。ここでも、見えなくなった物は、「ない」ことになってしまう。おやつを食べる時にも起こる。建物の絵が描かれた缶にクッキーを保存してしまうと、クッキーの存在は見えなくなり、「ない」ことになってしまう。頭に浮かぶのは、缶に描かれたその建物の窓の数と、クラシックな車だ。このままでは、クッキーは永久保存されてしまう。

片づけともの探し

そんなことだから、ものを探すのもとてもヘタだ。そもそも、片づけがとても苦手だ。小さい頃から、学校のお道具箱が汚くて、抜き打ち検査の時は、決まって注意を受けた。家に帰っても、開閉式の学習机を開けると、ポケモンの指人形やシール、仮面ライダーのおもちゃ、ブロックが、雪崩のように転がり落ちてくる。

今でも、片づけられなかったものが積み重ねられている。ものが積み重ねられるのにも理由がある。短時間の間に思考が次々と変わっていくからだ。机で宇宙の図鑑を眺めていると、オーロラについてのページに惹かれる。本棚から光と色のサイエンスというニュートンの本を広げ始める。と、その中に規則正しい、稲妻の写真がドンと載っている。もしかして、フラクタル図形？と思うと、次に幾何学の本を引っ張り出す。でも分からないことが多いから、ネットで調べようと思って、床や机に散らかった本をそのままに、パソコンに向かう。なになに、マンデルブロという数学者が考えたことのなのか。ここはひとつフラクタル図形を描いてみたい、と机に向かう。これが1時間もしない間に散らかってしまう過程だ。そこですぐに片づければいいのに、まだ考えの途中だし、手に届く範囲に本があったら便利だから、今は片づけ時ではないと思ってしまう。でも、翌朝にはまた新しい思考がやってきて、新しい場所に今日の思考に使う本が積み重なっていく。そして、いざ必要な物を探そうとした時に、大事な書類は本に隠され、見つけてもらえずにいる。そして、私は見つけられずに一人でパニックに陥る。片づけようと思った時には、何から片づければいいのか分からなくなってしまう。元の位置に戻すという思考よりも、新しい家に引っ越してきて、新たに本棚の整理を一からし始めないといけない気持ちになってしまっている。片づけることがいつの間にか「完璧に片づけ直す」に置き換えられてしまう。きれいな部屋で心地よく過ごすことは好きなのに、片づける時には膨大なエネルギーが必要な気がする。

だからどこかのタイミングで、一緒に片づけを手伝ってもらいながら、「だいたい」片づけばいいんだよと言ってもらえると、とても楽な気持ちになる。

小さな工夫

一人暮らしをして、こんな自分を発見するなんて、思いもしなかった。今は、せんせい、母ちんと暮らしているので、知恵を出してもらいながら、とんでもない自分に出会わないように工夫をしている。洗濯物は、干す時間、取り入れる時間、たたむ時間をパターン化している。冷蔵庫の保存食は、透明で中身の見える容器に移している。大好きな数字と結びつけたり、「見える化」に努めたりしている。一つひとつ、自分の得意な方法で工夫していきたいと思っている。だけど、昨日また洗濯物が一夜干しされてしまった。ドアを開けて、また思った。自然のエネルギーは素晴らしい。感心している場合ではない。

繰り返しているうちに回数が減っていきますように……。

5　思考の停止・ワープ

Ａｊｕの日常生活では、もの忘れのように見える行動が頻発する。洗った洗濯物を干し忘れる、乾いた洗濯物を取り入れ忘れる、洗濯物を片づけ忘れる、火にかけたヤカンを消し忘れる、はがきをポストに入れ忘れるなど、数えだしたらきりがない。ものを置いた場所もほとんど記憶に残らない。何度ICカードを購入しただろうか。同じ病院の診察券が何枚あるだろうか。そのため、幼少期から不注意・注意散漫だと叱責されてきた。

「みんなができていることがどうしてできないんだろう。私がバカだからだ」と自身を責め続けてきた。いつもうっかりしていて、注意が欠けているように見えてしまうが、Ａｊｕとよく話し、分析していくと、不注意ではなく、思考の完結・停止であることが分かる。

消える洗濯物

Ａｊｕの思考の完結・停止には、２通りある。一つは時間の隔たりによるものである。もう一つは短時間・瞬間の注意・意識の移動によるものである。

まずは、時間の隔たりによるもの。日常で最もよく起こる洗濯を例にしてみよう。洗濯という行為は、大きく分けて４つの行為からなる。①洗濯機で洗濯物を洗う、②洗い終えた洗濯物を干す、③洗濯物を取り入れる、④所定の場所に片づける、の４つである。①〜④の行為には時間の隔たりがある。多くの者は洗濯の４つの行為を一連の流れとして捉え、自然に意識にとどまる。Ａｊｕの場合、洗濯に含まれる４つの行為はそれぞれが独立しており、つながりをもたない。一つの行為に必要な行動も独立している。①の洗濯機で洗濯物を洗う行為は洗濯機が止まるまでであるが、洗濯機の蓋を閉めスタートさせるという行動が終了・完結した時点でＡｊｕの思考も完結・停止し、洗濯機が回っていること自体が消えてなくなる。当然の結果として、②の洗濯物を干す行為にたどり着けない。同様に、②の洗濯物を干すという行為が終了・完結した時点で思考が完結・停止し、洗濯物を干したということは記憶にとどまらない。特に、洗濯物を干し終わった後、ベランダの扉を閉め、洗濯物が視界から消える場合、完結・停止に拍車がかかる。干した洗濯物が次に洗濯物を干すまで気づかれない頻度も高い。

洗濯を含めて、時間の隔たりがありながらも一連の流れとして完結する行為は、必要なそれぞれの行為とさらに細かい行動に分けて考えることで対処しようとしている。洗濯機をスタートさせてから数十分の間、Ａｊｕは「洗濯機が回っている。終わったら干さなきゃ。覚えていなきゃ」と洗濯機が回っていることに支配され、他のことが何もできなくなると言う。さらに、洗濯機のスタートボタンを押してから洗濯物を所定の場所に片づけるまでの数時間は、緊張し続け、落ち着かない。洗濯物の乾く時間は一定でないため、30分置きに洗濯物の乾き具合を確認しに行かなければならない。一日中、思考が「洗濯」に支配されてしまう回避策として、一連の行為をそれぞれの独立した行為として分断させる努力をしてきた。

洗濯に支配されないために

あらゆることへの対処・対応は、Ａｊｕ自身が模索し、工夫してきたことを基本にする。一つのことに支配される思考から解かれるための工夫である「行為の分断」を基本に、洗濯機が止まるまで他のことを何もせず、洗濯機に集中するという自身の対処法に疲れ切ってしまうＡｊｕと共に、効率のよい時間の使い方を考えてきた。新聞を読む、朝食を食べるという具体例をあげ、それぞれに要する時間を計算し、洗濯機が回っている間に同時並行できることを探す。洗濯の各行為を忘れない工夫も模索してきた。洗濯機の終了のブザーが聞こえるように洗濯場とリビングの扉を少し開けておく。洗濯物を干してから取り入れるまでの時間は、夏なら3時間、冬の天気がいい日なら5時間と決める。予定の時刻に乾いていなくても、取り入れて家の中に干すことにする。このように時間を区切ることはＡｊｕの計画の立て方にフィットする。今は、洗濯機に思考が支配されることはなく、洗濯物を干すまでの行為はつながりを見せることも多いが、例えば、新聞を読むことに没頭した場合には、洗濯機が回っていることは抜け落ち、放置される。洗濯物が乾いていなければ、取り入れ忘れて湿ってしまったら、家の中でもう一度乾かせばいいという具体的な代替策の提示、忘れることに対して叱責されない環境は、Ａｊｕに心のゆとりをもたらしている。しかし、洗濯物の取り入れやＡｊｕ担当の役割を忘れた時、特に、Ａｊｕがすることになっていた行為を他者から声をかけられて気づくことは、Ａｊｕの行為に対する完璧で美しい達成感と心地よさを損ない、イライラ感と失敗感を生んでいる。

もの探し：ドタバタするわけは……

連続しない事柄に対するＡｊｕの思考の停止は、思考のワープともいえる。

外出前、Ａｊｕは必ず１階と２階自室を数往復して何かを探す。出かける間際、手袋がないことに気づく。慌てて、鍵を持ったまま手袋を探し始める。「手袋、手袋……」と、Ａｊｕの意識は手袋だけに集中する。２階自室へ駆けあがり、手袋を探し始めた瞬間、意識は完全に手袋に移動し、鍵への思考が停止する。手袋を見つけ、玄関に駆け下り、鍵がないことに気づく。すぐさま２階に駆け戻り鍵を探すが見つからない。鍵を探しに２階へ行くこの時に、手袋を１階に置いていくように言わなければ、今度は手袋と交換に鍵を持ってくる。同じことが上着やかばん、その他の持ち物で生じ、外出時は大混乱である。「一瞬先や未来のもの・こと」への瞬間的な注意・意識の移動によって、「今（目の前）のもの・こと」への思考の停止が生じた結果である。

この思考の停止は、部屋が散らかっていくプロセスに一部当てはまる。読書の途中、一瞬でも別のもの・ことや行動に注意や意識が移動すると、今読んでいる（その時点で読んで「いた」になる）本に対する思考が停止する。洗濯物を片づけに2階へ上がるが、パソコンに意識が移動した時点で洗濯物に対する思考は停止し、ベッドに置かれたまま忘れられる。このようにして次第に部屋がものであふれていく。

対処・対応の最少化：一つひとつを積み上げて

このタイプの思考の停止に対しては、その都度声をかけながら、一つの行動を終了・完結させてから次の行動に移すよう繰り返し促している。鍵を置いて（鍵に対する行動の「終了」）、手袋を取りに行く。本を片づけた後（読書の「終了」）、次の行動を始める。洗濯物を所定の場所に片づけて（片づけの「終了」）、パソコンに触れる。同時に、これらがAjuの心地よいと感じることにつながる具体的な結果、例えば、もの探しが原因となる電車の乗り遅れを回避できる、部屋が散らからないなどを示し、先の見通しを繰り返し確認する。現在も、外出時のバタバタした状態は続いているが、もの探しを見越した時間設定や持ち物の順序をルール化するとともに、一つの行動の終了・完結を強く意識し、実行しようとしている。

本節の「消える洗濯物」とここで述べた思考の停止は異なるため、本来、反対の対処・対応をするほうが楽である。洗濯では、行為・行動の分断によって思考を完結・停止させず、一連の流れとしてつながりをもたせるというやり方が望ましい。一方、手袋や部屋の散らかりでは、一つの行動を終了・完結させることにより思考のワープ・停止を回避するというやり方が望ましい。しかし、Ajuには、その状況によって正反対の対処をすることは難しく、混乱する。対処・対応のパターンを最小限にとどめることはきわめて重要である。もの忘れに対しては全て、「行為・行動の終了・完結」に統一している。対処・対応のパターンの最少化・統一化は、Aju自身が対処できる幅を広げていく。

第Ⅲ部

私たちは、私たちであっていい

共に歩む中、私とAjuには様々な疑問が生じてきた。自閉症スペクトラムとは何なんだろうか、障がいとは何なんだろうか。私たちはこれからどう歩むのか。私たちがこれまで大切にしてきた生活、対処・対応の軸、現時点での私たちの考え方、これからの私たちについて、話してみたい。

第8章

生きづらい日々から

Ａｊｕが診断を受けた後、消えてなくなりそうなＡｊｕに「Ａｊｕらしく生きようね」と言った。「Ａｊｕらしさを探そうね」と言った。「輪郭をもとうね」と言った。それから今日まで、私たちが大切にしてきた生活の核がある。それは、これからも変わらない私たちの核である。

落ちていく電車（2011）
診断を受けた時期に描いた心の中。

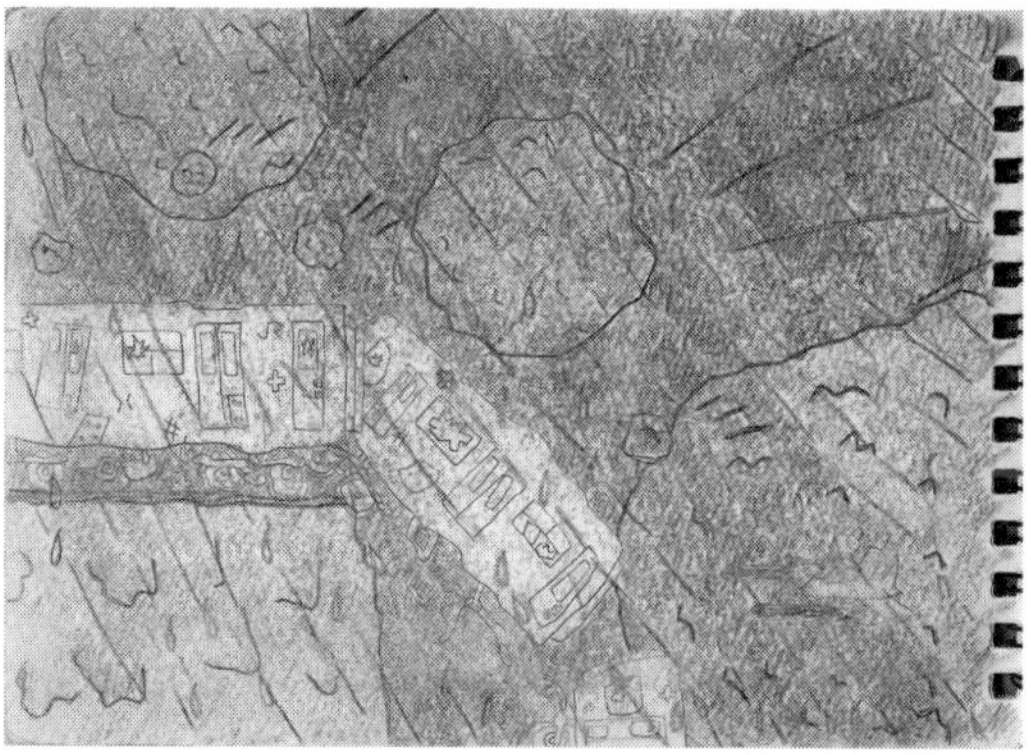

Aju　一緒に探してもらった、心との付き合い方

大沸騰する心

気持ちをコントロールするって、とても難しいことだ。大沸騰している心を冷ましたり、ボコッと凹んだ心を膨らませないといけなかったりするのは、本当に難しい。当たり前だけど、ずっと同じテンションの感情でいられることはない。でも、人と一緒にいるためにも、自分のためにも、揺れ動く気持ちと上手に付き合っていかないといけない。すごく難しいことだけど、ちょっとずつできるようになっている。こんなことを書いていると「偉そうにそんなことを～」と言う声が聞こえてくる。私一人の力で気持ちをコントロールできるようになったなんてことはない。私のことを知っているひとは、うなずいているはずだ。

私にとってのターニングポイントは、やっぱり、これまた自分を見つめ直す時間でもあった大学時代だ。そこで一緒に歩幅を合わせて歩いてくれたひとたちと見つけてきた自分の気持ちとのつき合い方は、新しい自分と出会う瞬間でもあり、今では、私の一部になって活躍し始めている。

ひとの温かさに落ち着く心

私は、怒りの気持ちが収まりにくかったり、パニックになるとどう感情を抑えればいいのか分からなくなったりする。周りも見えなくなって、自分のこともよく分からなくなる。叫んだりうろたえたりする。大変な時期は、このスパイラルに陥った。電車が予定通りに来なくて、心が乱れる。決めていた電車に乗れない。それ以上に「時間」に乗り遅れた感覚に襲われて、私はどうすればいいのか分からなくなってしまう。本当ならここにいない自分がここにいる。時間に置いていかれたと思う心は、その時点で死んでしまう。涙目になってせ

んせいに電話する。とりあえず大学に行くように言われる。行けない日もあったけど、大学にたどり着けたら、まず事務室に行く。そこで差し出されるのは、温かいお茶と、「はい、どうぞ。とりあえず、よく来た」という温かいことば。温かい飲み物と温かいひとが、私の中で起こっているぐるぐる思考から私を救い出してくれる。温かい飲み物は、寒い季節だけに飲む物ではないんだ。身体を温める物理的な物ではないんだ。こういう時には、心も温めてくれるんだ。温かいことばがけと温かい飲み物でホッとする。ひとの温かさを感じる。そうすると、心がゆっくりと鎮まってくる。思考がゆっくりとゆっくりと緩やかになる。そして、ぐるぐるした場所から抜け出していく。そんな気分だった。

せんせいとの振り返り

だいたいパニックになった後は、落ち着いてからせんせいと振り返ることが多かった。「パニックは悪いことでも何でもない。ただずっとそのままだったらＡｊｕがしんどいままだよね。次にそうならないために、何ができるのか考えよう」と言ってくれる。自分でも思い出すのがつらい時もあるけど、振り返ってみる。出来事を声に出すことはつらすぎて話せないことが多くて、ノートに書く日もある。整理しようとしても、その出来事ばかりを思い返してしまって、心がかき乱される。気がおかしくなってしまいそうだ。そんな時は、振り返りをしないほうがいい。書かないほうがいい。「つらかった」「しんどかった」「迷惑かけた」の一言くらい書く。でも、次の日、ノートに、「電車が遅れたら、自動販売機で温かい飲み物を買って飲む」と書く。この1行でオッケーだ。ノートに書くことは、改善点だけではない。私のノートのほとんどは、苦しい気持ちや怒りの感情で、ぐしゃぐしゃになっていて、人に見られたくないページばかりだ。でも、そうやって本当の気持ちを吐き出せる場所があることは、心を窒息死させないために必要なことだ。声に出すのがつらい時、音声にならない時は文字や絵に託してみる。今の自分を助けるために必要なことだ。

同じことでパニックが起こった日。「温かい飲み物を買ったんだから、一歩前進！　ほかに方法がないかまた考えよう」、そう言ってくれるせんせいの一言は、パニックになったという事実だけを見て、変わっていないと感じて自分を責める私に、小さな一歩を歩んでいることを教えてくれる。前より、自分を責めないで済んだ。

一人になることも大切

人と一緒に対処法を考えることも大事だけど、一人になって落ち着く時間もまた大切だ。イライラした感情をそのまま人にぶつけてしまったりすると、お互いにいい気持ちがしない。そういう時は、自分の部屋にこもる。そうして、ノートにイライラすることを書いたり、スマートフォンにメモしたり、一人でブツブツ呟いたり、音楽を聴いてリラックスしたりする。そうやって一呼吸を入れてから、人に会うと、一人になってよかったと思うことがある。お散歩に行く時もある。外に出ると、解放された気分になる。空気も違うし、見えるものも変わっていく。歩いている途中で、通り過ぎる車のナンバープレートの数字を頭の中にいっぱいに取り込んで、落ち着くこともある。そうやって、違う空気を心に送り込むことも大事なんだと、最近気づき始めた。たくさんの感情とうまくつき合えなかった時期が続いたけど、その数だけ、うまく付き合える方法を一緒に探してもらってきた。

「分け分け」する

「自分のことは自分で解決する。人には頼らない」。そう考えてきた私の思考に、「しんどいことは、みんなで分け分けせな」と言ってくれる、馬場さん。

「しんどいことだけちゃうで。嬉しかったことも一緒に分け分けせな〜」と、「年上の人に話していいのは、困ったことだけ」という私の概念を崩してくれる、せんせい。

「決断に迷った時は、要は、君が思っとることをすればいいんだ」と、自分の気持ちを優先するべきだと教えてくれた、木立先生。母ちんも、同じことを言う。

どのひとも、私が話そうとするまで待ってくれるひとたちだ。決して、先に私の気持ちを代弁しない。ことばになるまで時間がかかっても待ってくれる。それは、ひとに対する安心と信頼へとつながっていった。

大学で過ごしていた時とは違い、今はせんせいと母ちんを除いて、そんなひとたちともすぐに会えるわけではない。だけど、私の心の中にはいつだって、そのひとたちが「いる」。パニックになることは、ほとんどなくなった。それでも、気持ちに波がある時や一人で決めきれない時は、相談してきたひとたちのことを思い出して、「一人会議」を始める。一人で考えているように見えるけど、頭の中では閣僚級のひとたちとの会議の始まりだ。そして、そのひとたちと相談して出てきた答えが次の一歩だ。もし出てきた答えが違っていたら？その時は、第2回作戦会議を始めるまでだ。そうやって、自分の心を励まして、一歩、一歩、前に進んでいく。

一緒に歩いてきてくれたひとたちと見つけてきたことを、この本を読んでくれている人たちと「分け分け」できる日が来るなんて、夢にも思わなかった。

1　とことん対話する

Ａｊｕをめぐる特性とそれに起因する事象への具体的な対処・対応は前述した。ここでは、Ａｊｕとの歩みにおいて重要視していることを述べる。まず、何よりも大切にしているのは対話である。

感情の乱れ、その行方は……

過剰な刺激による疲労、不規則性に対する混乱、時刻に沿った計画とその遵守、中庸の難しさ、完璧さの追求、応用・汎用の難しさ、思考の停止、いずれもそれ自体が問題ではない。もちろん、これらＡｊｕの特性がＡｊｕを生きづらくさせている要因ではあるが、そのような思考やそれに基づく行動を備えたＡｊｕがＡｊｕというひとであり、その思考や行動の変容を求めることはＡｊｕというひとの否定を意味する。Ａｊｕに別人物になるよう求めるに等しい。

そのようにＡｊｕという「ひと」がみえた時、表面的に現れ出る行動を問題として捉えるより、それぞれの特性がもたらす結果として捉え、その本質を見極めることが重要となる。Ａｊｕの場合、全ての特性に通底し、Ａｊｕ自身を困らせるものは「感情の乱れ」である。これまでみてきたように、Ａｊｕの外部に事象として表出されているその時にＡｊｕの内部で生じている様々な混乱は、最終的には感情の乱れに収斂されていく。感情の乱れはＡｊｕの自己肯定感を下げるだけでなく、さらなる混乱を招く。パニックや自傷行動を誘引する。感情の乱れ、イライラ・もやもやした気持ちは常にＡｊｕ自身に向けられる。Ａｊｕが自身を叱責し続け、

「ダメ人間」「アホな奴」「生きてても仕方ない人間」とレッテルを貼る。この感情の乱れは他者との関係にも影響を及ぼす。結果として、修学や就労を含む日常生活の妨げとなる。軽度な発達障がいのある子の最終的な問題は、「落ち着きのなさなどの初期からある行動面の問題でもなければ、学習障害などの認知能力の問題でもない。本当に問題となり、彼らの最終状況を決めるのは、情緒面の問題である」との指摘もある（宮本 2000:p.267）。Ａｊｕのこの感情の乱れをどう捉え、どう向き合っていくか。Ａｊｕが快適に安定した生活を送る上での鍵となる。

聴く・語る

私たちの歩みにおいて、何よりも大切で不可欠な軸は様々な形を含む対話である。どんな時にもＡｊｕの話を必ず聴く。時間がない時には、今は難しいと伝え、必ず後からゆっくりと聴く。母も同様である。それは、形の定まらない自身の内にある感情や思考を私や母と共に引き出すＡｊｕの姿勢につながっている。また、物理的な意味ではなく、私や母がいつもそばにいるという安心感をもたらしている。しかし、聴くということは、時に私の苦痛となり、また語る側のＡｊｕにとっては、つらさの再現ともなる。

鷲田が築いた臨床哲学では、「聴く」ことが重要視される（鷲田 1999）。しかし、『「聴く」ことの力』（鷲田 1999）のうちには「聴く」という哲学の実践はなく、「聴く」ことの力は、聴くことによってではなく、語られることによって示されるとも評される（田中 2003:pp.22－23）。話す人のことばに歪みがあるという判断基準は聴く人にあるとし、対話の暴力性、話す人と聴く人の間で食いちがいつつなお対話が成立しているという認識の必要性も言及されている（ibid.:pp.23－24）。また、対話の暴力を回避するには、「話す人聴く人という２

極に回収されえない仕方で、話す人と聴く人の間のずれを認めなくてはならず」（ibid.:p.35）とされる。

私とA・juとの関係は、教員と学生という非対称の関係からスタートした。非対称の関係は、対話の暴力を引き起こす大きな要因であるといえる。しかし、私とA・juとは、二分、あるいは田中の言う2極ではない、互いが丁寧に応答する対話を重視してきた。関係が深まるとともに、私が聴き・A・juが語るというように二分されることはなくなった。

ズレを埋める対話

私とA・juとは、多くのことばや認識、行為・行動がズレている。ただし、ズレているという認識を共有し、生活の基本としている。そのズレを埋めるものが対話であり、A・juとの生活には欠かすことができない。聴く側と語る側に二分されない対話はお互いの異なる主観をぶつけ合う場であり、どちらのものでもない〝間の主観〟が生まれてきた。その新たな主観を両者の主観として共有し、二人の関係の軸としてきたからこそ、関係が継続してきたといえる。さらに、お互いのズレを認め合った対話は暴力の回避だけにとどまらない。「真の意味で〈相互的な関係〉をもった対話・コミュニケーションは、自分とは異質なものに囲まれ、自分とは異質な世界に住み、自分とは異質なことを考えている他者とのあいだ、それでいながらなお、どれだけ〈相互〉に意思の疎通ができるのか、というところに初めて成立する」（浜渦 2002:p.83）と言及されるように、ズレを認めた上での対話だからこそ、相互の意思疎通ができるのである。私とA・ju、A・juと他者、その相互に意思疎通があるかどうか、どれだけ相互の意思疎通が可能となるかどうか、その深さがA・juの生きづらさ軽減のための対処・対応に影響する。

では、異質を認め合った上での相互の意思の疎通はどのように可能となるのだろうか。やはり、相手を尊重した丁寧な対話でしか成し得ない。対話の繰り返しにより、互いの聴く姿勢、語る姿勢、ことばの使い方、トーンやテンポ、思考の異なりなど、あらゆる異質を当たり前のものとする認め合いが深くなり、二者の環境の調整を可能にする。別の言い方をすれば、互いに対する「みかた」を変えなくても、互いが尊重し合う対話を繰り返す中で、互いに対する「みえかた」が変わってくる。その時初めて、真の対話が成立する。

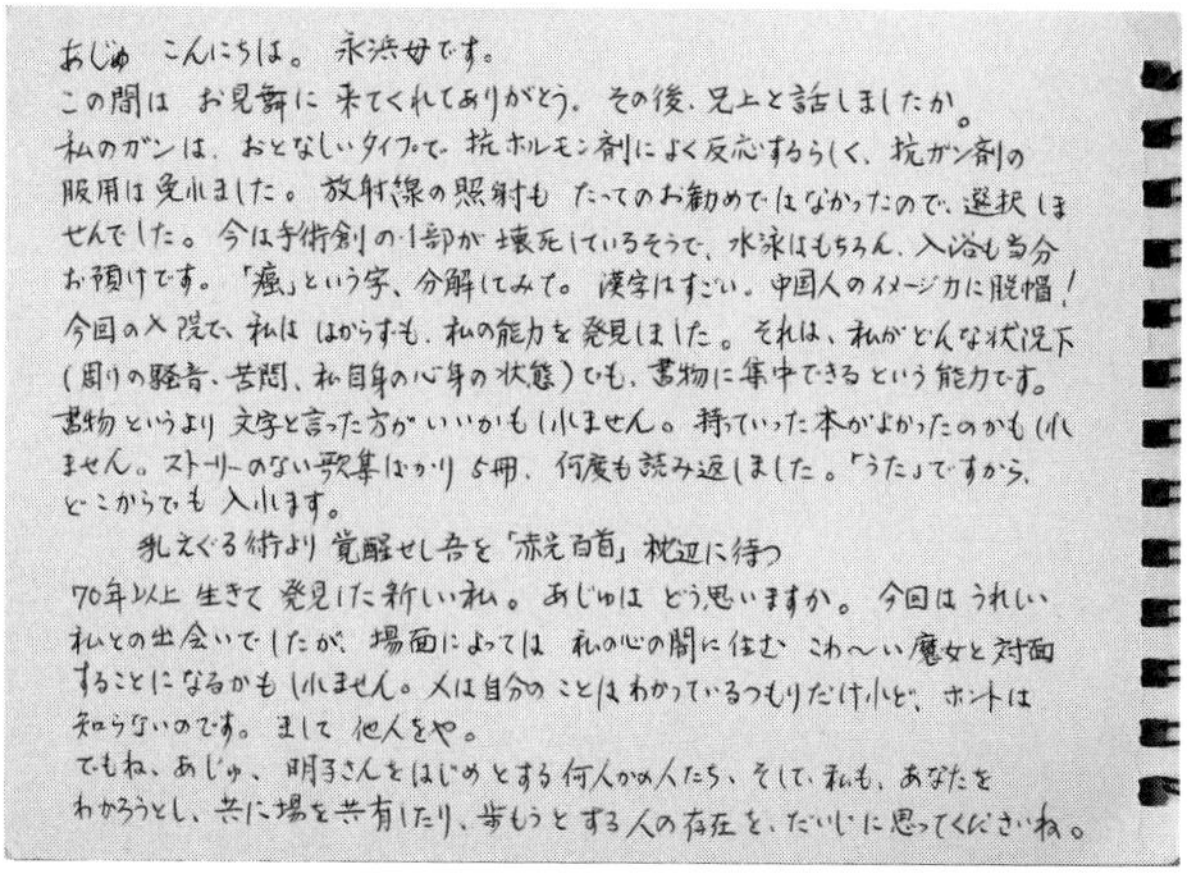

あじゅ　こんにちは。　永浜母です。
この間は　お見舞に来てくれてありがとう。その後、兄上と話しましたか。
私のガンは、おとなしいタイプで、抗ホルモン剤によく反応するらしく、抗ガン剤の服用は免れました。放射線の照射も　たってのお勧めではなかったので、選択しませんでした。今は手術創の一部が壊死しているそうで、水泳はもちろん、入浴も当分お預けです。「癌」という字、分解してみて。漢字はすごい。中国人のイメージ力に脱帽！
今回の入院で、私は　はからずも、私の能力を発見しました。それは、私がどんな状況下（周りの騒音、苦悶、私自身の心身の状態）でも、書物に集中できるという能力です。
書物というより　文字と言った方がいいかもしれません。持っていった本がよかったのかもしれません。ストーリーのない歌集ばかり５冊、何度も読み返しました。「うた」ですから、どこからでも　入れます。
乳えぐる術より　覚醒せし吾を「赤光百首」枕辺に待つ
70年以上生きて　発見した新しい私。あじゅは　どう思いますか。今回は　うれしい私との出会いでしたが、場面によっては　私の心の闇に住む　こわ～い魔女と対面することになるかもしれません。人は自分のことはわかっているつもりだけれど、ホントは知らないのです。まして　他人をや。
でもね、あじゅ、明子さんをはじめとする何人かの人たち、そして、私も、あなたをわかろうとし、共に場を共有したり、歩もうとする人の存在を、だいじに思ってくださいね。

交換日記：母ちんからの手紙（2011）
交換日記に参加した母ちんのやさしさ。

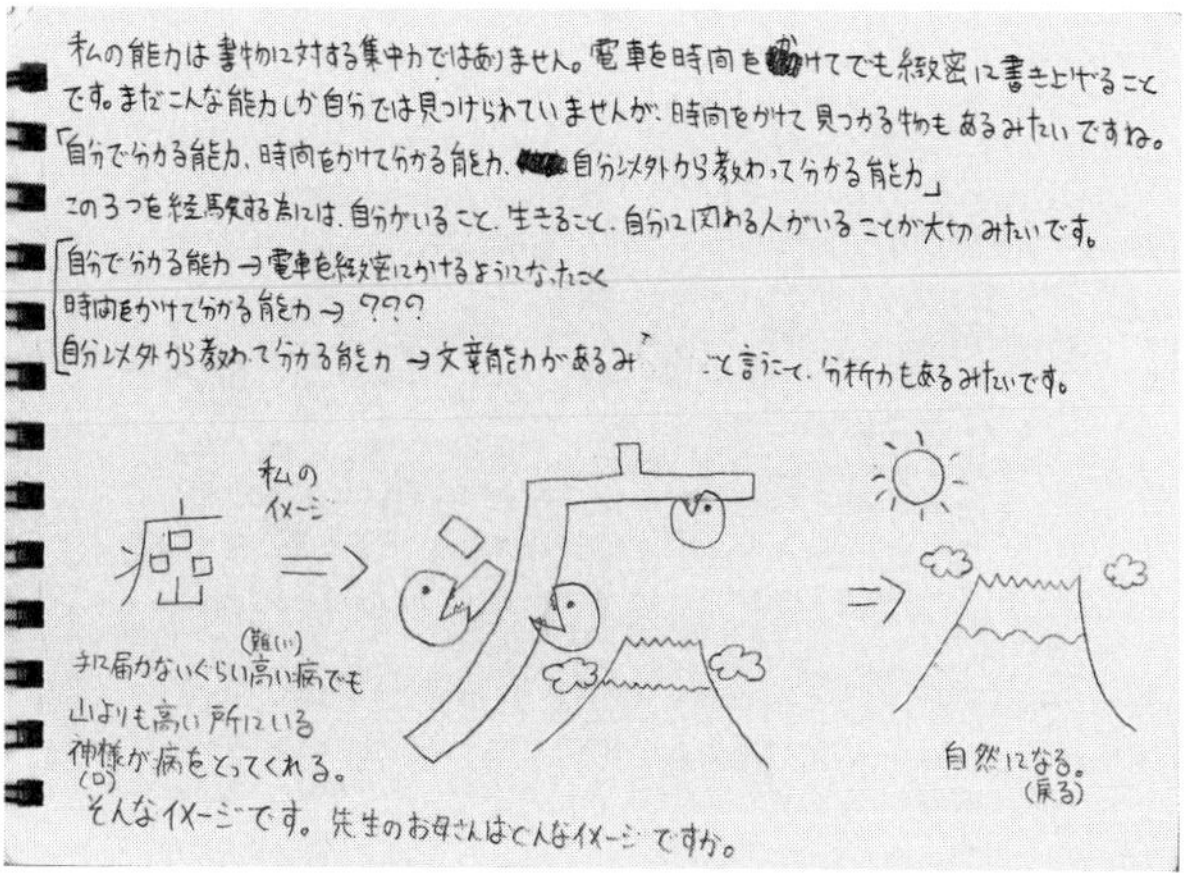

私の能力は書物に対する集中力ではありません。電車を時間をかけてでも緻密に書き上げることです。まだこんな能力しか自分では見つけられていませんが、時間をかけて見つかる物もあるみたいですね。

「自分で分かる能力、時間をかけて分かる能力、自分以外から教わって分かる能力」

この３つを経験する為には、自分がいること、生きること、自分に関わる人がいることが大切みたいです。

自分で分かる能力 → 電車を緻密にかけるようになったこと
時間をかけて分かる能力 → ？？？

自分以外から教わって分かる能力 → 文章能力があるみたいって言われて、分析力もあるみたいです。


そんなイメージです。先生のお母さんはどんなイメージですか。

交換日記：母ちんへのお返事（2011）
癌のことが書かれていて、元気づけられるような返事がしたくて。

Aju 不自由なことばの記憶

近くにないことば

ことばを使いこなすって難しいことだ。ことばを使うと、心が放って行かれてしまう。口は頭ととても近いのに声に出せない。足は頭よりうんと遠いのに、自由に動かせる。不思議だった。声に出して話すことばは、本当に私なの？

きっと、あの時、私は悪いことをしたんだと思う。だから、怒られるんだ。

「ごめんなさい」ということばだけは、忘れないように握りしめておく。怒られている間は、その時の映像が何回も何回も頭の中で繰り返される。

「反省しているの？」と訊かれる。私は、映し出される映像に大きな「×（バツ）」をつける。これで気持ちを伝えているつもりだけど、届かない。映像は見えるのに、ことばにならない。

「何が悪かったと思ってるの？」と訊かれる。ことばで説明しようと、見ている映像を壊さないように喉元まで引き上げるけど、それはボロボロと奥底へ落ちていく。喉元にくる頃には小さなかけらが、1つか2つ残るだけだ。それは「ごめんなさい」「もうしません」「○月△日、□曜日、▽時◇分に怒られた」ということばに変えられるだけだった。

ただ、あの時は何度も何度も、よくなかった行動の映像を見ているしかなかった。反省の気持ちがうまく伝わらなくて、どうすれば許されるのか分からなくて、時間が過ぎるのを待つしかなかった。決して、分かっていないわけではない。

だからお願い。

「都合のいい口」と言って、怒らないで。
「つんぼ」と言って、耳を引っ張らないで。
「おし」と言って、口にガムテープを貼らないで。
あまりのことばとの遠さに、伝えたい気持ちは閉じていく。

両端にあることば

年齢が上がっても、知っていることばの数はやっぱり少なかった。私が使うことばは、両端にあることばだった。「はい」「いいえ」。「楽しい」「楽しくない」。「嬉しい」「嬉しくない」。「怒っている」「怒っていない」。「面白い」「面白くない」。正反対のことばがあれば、「とりあえず」の気持ちを伝えられた。すぐに答えられなくて、嫌なことばを浴びせられることをしのぐために、両端のことばは必要だった。

私にとってことばは、本当の気持ちを伝えられる手段ではなかった。本当の気持ちを置いていく、空っぽの郵便物のようだ。だから、ことばを大切に使ったことがなかったかもしれない。その時をうまく過ごせればそれでよかった。「ことば足らず」と言われて、辞書を頭に擦りつけられても、もうどうでもよかった。時間が過ぎるのをただ待った。こんなに苦しいのに、ことばは出てこない。

空っぽの気持ちには、空っぽのことばでしのげばいいんじゃないか

両端にある言葉
やっぱりいつも0か100。

な。ことばに気持ちは乗せなくていいんじゃないかな。何のためにことばってあるんだろう。

ことばに諦めがつかない

それなのに、せんせいは、どうして閉まりかけの扉に優しくノックをしてくれるの？　気持ちなんて届かないのに。閉ざしたいと思っているのに、その優しい音が耳から離れない。

どうして、馬場さんは、話すまでどんなに時間がかかっても待ってくれるの？　私のことを話すのが下手だと思わないの？　時間がもったいないと思わないの？　そして、私はどうして見えている映像に負けないよう必死にことばを探すの？

どうして、母ちんは私の声を待ってくれるの？　ことばの一つひとつを丁寧に使う母ちんがいるから、私が荒く吐き出したことばに「本当にそうなの？」って訊き返してくれるから、荒いことばを砕いて、それよりは自分の気持ちに近いことばを探してしまう。

そうやって優しく待ってくれるから、ことばに諦めがつかないじゃないか。空っぽの郵便物だったのに、捨てればいいだけのものだったのに、何だろうってのぞいてくれるから、ことばに諦めがつかないじゃないか。これって気持ちを伝えたいっていうことなの？

2　「共に」ある

感情の乱れとそれをコントロールできないことに対して、Ａｊｕが一番困っていることをＡｊｕ自身が念頭に置くように促している。その上で、Ａｊｕは独りではない、私や母、Ａｊｕを大切に思うひとたちが「共に」あることを忘れないように伝えてきた。それが、Ａｊｕの安心感、自信へとつながる。

引き出す：「困る」ということは

ＡＳＤの人の中には、自分が何に困っているか、今自分が困っているという状況自体を認識できていない人も多い。ＡＳＤの当事者の一人も、「ＡＳＤ者の多くは生まれてからずっと『感覚過敏』の状態であり、その世界を当たり前のものと思っているので『気になる』という表現をあまりとらない」（片岡 2015:p.57）と述べている。Ａｊｕも、自身の過敏な世界を他者に説明することも共有することもなく、他者もみな、その過敏さを我慢し、対処していると信じていた。この自己判断は、結果として、Ａｊｕ自身に対する叱責を生み、自尊心や自己肯定感の低さにつながってきた。そのような状態からの脱却には、Ａｊｕが自身の特性をよく知り、困っている、つらいということを認識し、それを周囲へ発信することが必要となる。しかし、自分だけが特別でないと感じてきたＡｊｕにとって、何を・どこまで困っていると言っていいかという判断は容易ではない。だからこそ、どんな些細なことでも、言ってもいいかどうかを考えず、私に伝えるように念を押してきた。Ａｊｕの内面で生じている現象、生活において何がＡｊｕを困らせているのかを共有し、それに対処・対応するためには、困っていると言ってもいいという許可をＡｊｕが自身に与えることから始まる。次に、周囲の人がＡｊｕの現状を肯定し、共有して初めて、Ａｊｕと周囲の人とが共通の認識をもち、共に解決しようとする姿勢が生まれる。Ａｊｕ自身が納得し、自身のことば・思考として定着させるには、一方向からの提案であってはならず、双方向性の対話から、「共に」導き出すことを大切にしてきた。

肯定と励ましと

一方、「傾聴と共有」については、「よい」「ダメ」などの端的な助言が有効であり、「いっしょに考えてみよう」などの提案、受動的な指示、「私はあなたのことがわかる」といった共感は、混乱を深める（古荘2016:p.89）とする考え方もある。暮らしの中で次々と困った状況が到来し、目の前の困った状況に新たな困惑が加わる状況において、その場を切り抜けること、混乱を持続させないことを優先させるという理由からである。だが、このようなあり方を助言と言うのだろうか。私とA.juとは、このような対処・対応のプロセスはとらない。どのような状況においても、A.ju自身が納得し、選択することを重要視している。理由の伴わない「よい」「ダメ」に対し、当事者が納得できるとは思えない。少なくとも、A.juは納得できず、私に対する不信感を募らせるであろう。褒めるにしろ、禁止するにしろ、行動に対する「端的な」（「単なる」と言い換えることもできる）ことばでは、ことばと行動との関連は生まれない。「なぜ」よいのか、「なぜ」ダメなのか、行動に対することばとそのことばのもつ意味が理解・納得できて初めて、ことばと行動とに関連が生まれる。ことばが・ことばのもつ意味がA.juのものとなる。生きづらさを軽減しようと様々な工夫をしてきた現在のA.juそのままを肯定し、励まし、さらなる軽減への工夫を共に模索する姿勢は不可欠である。また、それがA.juの安心感、自己肯定感を支えることは言うまでもない。

感情のシェア

A.juにとって、感情を抑える、緻密な計画をやめるなどの対処・対応は現実的ではなく、根本的な生きづらさの軽減には結びつかない。何か問題が生じた時のイライラ感、絶望感、何もかも投げ出したくなる激情への対処・対応が最も重要である。

例えば、立てた計画に躓いた時のイライラする感情が生きづらさを招くことを共に分析・共有してきた。綿密な計画の緩和が目的ではなく、心地よく生活するための計画の立て方であるという考え方は、Ａｊｕにも理解しやすく、受け入れやすい。イライラする気持ちや感情の爆発を一人で解決しなくてもいいと繰り返し伝えてきた。爆発の回避や沈下のために誰かに話す、一緒に過ごす、一緒に解決するように強調してきた。特に、イライラが大きくなるほど、一人で抱え込まない感情のシェア、馬場さんの名言である「おすそわけ（分け分け）」を意識してきた。しかし、最終的には、Ａｊｕ自身がどうにかしたいと望むことなくしては、Ａｊｕの自己理解も対処も生まれない。当事者自身の自己理解を課題とする報告（東恩納ほか 2015，内藤ほか 2007，白木ほか 2013）もあるが、自己理解は、何に困っているかという認識と対処への欲求から始まるともいえる。

名づけて「一人会議」

多くの対話を重ねる中で、Ａｊｕは「イライラや感情の爆発をどうにかしたい。そのことで周りの空気を悪くしたり、不快にしたりしてるよね。ダメだって分かってるんだけどできない」と話すようになった。イライラの感情が自身を混乱させ、その場にとどめてしまう一番の要因であると自覚したことは大きな変化である。このような変化は双方向で対話する「おすそわけ」から始まったが、次第に「勝手に話すから、返事してくれなくてもいいから。聴いてもらえば落ち着くから」と、感情のシェアをうまく活用し、自身の感情をコントロールし始めている。現在、それは、Ａｊｕが「一人会議」と名づけた対処法に進化している。たった一人で対処しなければならない場面に直面した時、私や母、馬場さんや木立先生というひとを引っ張り出し、頭の中

一人会議

一人でも一人じゃない。
一人会議だけど一人じゃない。

で対話すると言う。そのひとたちとＡｊｕが会議することで落ち着きを取り戻し、行動できると言う。物理的に「いる」と確信できる存在は、物理的にそばにいなくても「いる」と思える存在となり、Ａｊｕの安心感を支えている。

Ａｊｕ自身の不安定な感情の予測、その回避の試みには、Ａｊｕからの感情表現とシェアだけではなく、私や母からの感情表現とシェアがあり、それを互いが共有してきた背景がある。互いが感情を表現し、シェアすることは、「できる人がしよう」という、暗黙の了解ではあるが共通の認識を生み、共に暮らす居場所を共に作ることになる。

緊張からの解放：心地よいお役立ち感

最近、自ら干した洗濯物を取り入れ忘れるＡｊｕが、どんなに疲れていても、母が干したシーツを陽が落ちる前に取り入れ、セッティングすることを欠かさない。「ありがとう、でもなんで？」と言う母からの問いに、Ａｊｕは「これだけは」と答える。「これだけは」の後を促したところ、「これだけはしないと自分が落ち着かない」と言う。足の少し不自由な母を思い、気持ちよく寝てもらいたいと願う気遣いである。その役立ち感の心地よさはＡｊｕの喜びと心の安定につながる。

また、自身が不調で自室に閉じこもっていたような日でも、取り入れられた洗濯物をたたもうとする。「疲れているんだから、いいよ」に対する答えは、「今日は家事に対する貢献度が低いから、何もしないのは心地悪い」である。何もしない心地悪さをＡｊｕ自身が回避しようとしている。何がＡｊｕを不安定にさせるか、Ａｊｕ自身がより深く自己を理解し始めている証拠でもある。そういう思考のあり様、振る舞いの根拠として、Ａｊｕは「役割のない、気づいた人が気づいた時に気づいたことをする生活スタイル」をあげる。私や母の「自然な振る舞いを観察して学んだ」と言う。これまでのＡｊｕの生活では、役割には過剰な責任と完璧な遂行が求められてきた。ミスは叱責の対象となり、常に緊張を強いられてきた。当初、Ａｊｕが混乱したわが家の適当な生活、「できる人、気づいた人がする」「適当でいい」「しないよりは何かできることをしたほうがいい」という私や母の思考やスタイルは、Ａｊｕにとってリラックスできる心地よさへと変化した。「せんせいたちとの生活は、自分のしたいことをしても怒られない。失敗しても怒られない。できる人がしようと言われると気持ちが楽になる」と緊張感に押しつぶされそうになってきた生活からの解放を語る。叱責がいかに人を委縮させ、自発的な振る舞いを妨げるか、共に歩む者として肝に銘じ、付言しておきたい。

Aju 壊れそうな心を抱いて

「生きる」という言葉

生きるという言葉に近づけないままだ。私が生きているのは、死ねないでいる状態が続いているからだと思っている。すごく暗いと思う人がいるかもしれない。でも、きっと私の本質はこういうやつだ。生きているけど、死んでもいない。死のうと思ったのに、死ねなかった弱いやつだ。

進学校に入学して、2年が経ったある日。高校生になって、初めて教科書をハサミで突き刺した。私は泣いていた。授業を聞いていれば分かると言われ、当てられる。「お立ち！」と指で指図される。手のひらを上に向け、下から上に動かされる、立つ動作を意味する一連の動きにビクビクする。答えられるまで座れない。30分立つことが当たり前の物理の時間。

私は苦しかった。あまりにも話を聞き取れない自分にイライラし、ハサミを持って「耳を切り落としてくれ！　能無しなんだよ！」と暴れた日。

私は死にたかった。苦しくて苦しくて、どうしようもない感情を、それでも誰かに伝えたくて、ほんの少し気にかけてくれていた国語の先生に、ある一冊の本、中島義道の『カイン――自分の「弱さ」に悩むきみへ』（新潮社、2005年）を手渡した。苦しい悩みに答えが見つからず、どうせ死ぬ自分に生きる意味すら見出せず、それでも生きてしまっている弱い自分の心を少しだけ慰めてくれる本だったと思う。「大丈夫か？」ということばをかけてもらいたかったけど、それは甘い考えだった。「この気持ちがもし本当なら、大変だろうね～、こんな元気なあなたにはないでしょう」と話すのも適当に、次の生徒と話す。「そうです。そうですよね～。私にはないですよね」。人には期待しないほうがいい。

私は死んだ。友だちといても、笑っているのに笑っていない。話しているのに話していない。同じところに立っているのに、心は地下深くに埋もれたままだ。抜け殻はそこにはあるが、私はいなかった。

「欠陥品」の私

大学生になって3年目の6月。大学の保健管理センターで「発達障がい、アスペルガー症候群」だと告げられた。詳しい検査をしたほうがいいとか、いろいろ言われたけど、もう覚えていない。生きていても、意味がないんじゃないか。死んでもいいとお墨付きをもらったようなものだ。電車に飛び込んで死ぬか、屋上から飛び降りるか、凍死がいいか、いろいろ考えた。でも私は、どれもできなかった。私は、どこか欠けた「欠陥品」だったんだ。

家族は、私のことを好きだと思う。だけど、「欠陥品」は受け入れられない。理解できないのかもしれない。私の家族の中には、「欠陥品」なんて大嫌いで、「障がい者を生んだ覚えはない。本当にそうなら殺したくなる」と言う人もいる。私は生きていてはいけないと思った。それなのに、怖くなって逃げた。家族は、家族ではない。異なる一人ひとりの人間の集まりだ。家族だから分かり合えるという定説を真っ黒に塗りつぶした。根底の価値観は、家族であっても異なるものだ。つらかったけど、そう考えると楽になれた。孤独だったけど、解放された。

死んでいない私

それからずっと時が経つのに、生きることについて前向きになれない日々だ。ただ一日一日をとりあえず過ごしている中で、大切にしていることばが2つある。

「あなたはあなたであっていい」。

「人を傷つけないことも大事だけど、自分を傷つけないことのほうが本当はもっと大事。自分を大切にできないと本当の意味で人も大切にできないんだよ」。

どちらもせんせいから言われたことば。否定し続けてきた自分を覆うような温かさだった。一番自分に近い自分を守ってこなかった、守ってあげていいんだということに気づかせてくれた。これらのことばは、いつの間にか、死にたいと思う気持ちを体のスミの方へ移動させた。生きることに前向きではないけど、死にたいではないかもしれない。死ねなかったやつという気持ちはなかなか消えない。消えないままでいいのかもしれない。

未来のことはまだ明確に描けていない。ただ今は、絵を描いたり、ご飯を食べたり、人と話をしたり、自分を見つめたり、それでいっぱいだ。それで楽しい。

明日はまだ眩しすぎるけど、時々、明日を待っている自分に気づく。そこに生きることに前向きな気持ちを重ねてもいいのかな。

3　あなたはあなたであっていい

A.juとの出遇いから今日まで、「A.juはA.juでよい。A.juを分かろうとして周りが変わる」という基本姿勢を保持してきた。共に分析し、考えるスタイルをとってきた。敏感で鈍感な感覚のA.ju、計画とルールに翻弄されるA.ju、そんなこと全部ひっくるめて「あなたはあなたであっていい」。それは、今までも・今も・これからも変わらない。

テキストを閉じてA.juをみる

アスペルガー症候群と診断された後、A.juはアスペルガー症候群に関する多数の書籍を読みあさった。「コミュニケーション障害」や「社会性の障害」として列挙されている特徴と自身の特性を照らし合わせ、「当てはまる」「当てはまらない」と、A.juは選別作業を繰り返した。その作業を繰り返せば繰り返すほど、自身が何者かが分からなくなり、混乱していった。ASDの特徴とされ、表面的に表出されているにすぎない行動を注視するがゆえ、その本質を見逃す危険さえもある。「心したいのは、診断名に引きずられ、既存のハウツーやマニュアルで対応すれば、事足りるという過信である。相手への個別性の配慮が足りないと、こちら側の支援ツールに乗るよう相手に要求することになりかねず、本末転倒となる」（中野 2013:p.96）という指摘のとおり、「個」を「個」として捉える、すなわち、同じ診断名がつけられた集団の一人としてみなさないことが肝要である。

Ａjｕに繰り返し確認していたことがある。それは、ＡjｕをＡjｕという「個」としてみる。障がいという漠然とした概念、診断基準と同じにみえるＡjｕの特性に着目するのではなく、Ａjｕという「個」の気持ち・状態、何に困っているのかに着目するということであった。この確認を繰り返し、Ａjｕの混乱は次第に収まっていった。書籍を開くこともなくなった。Ａjｕに備わっている現実の特性・生じている事象を診断基準に用いられる特徴として捉えていたら修学継続は叶わなかったとＡjｕ自身が振り返っている。テキスト上の特徴や他のＡＳＤの人と比較せず、Ａjｕにだけ着目した対話を積み重ねたからこそ、Ａjｕの「授業を欠席してはいけない」「全ての科目で最高の成績を取らなければならない」という表面的な思考の奥には、「一度でも欠席したら、ゼロ・ダメなヤツ」と、Ａjｕを罵倒・叱責するもう一人のＡjｕの存在があることが分かった。テキストに書かれている「計画変更の難しさ」にだけとらわれていたら、2つのルールのいずれも遵守したい・しなければならないという葛藤、その結果として生じる心身の不安定さとの関係を捉えることはできなかった。診断基準・テキストに書かれている特徴と個の具体的行為・行動とを結びつけるだけでは何の役にも立たず、その根底に何があるのかを描き出すことが不可欠である。

Ａjｕの場合、自身の特性・何に困っているかを探ること、自身を知ることが、「学びたい」という希望を叶える・楽に生活できることにつながると気づいた。自己を見つめ、私や母と共に分析・考察し、対処・対応を模索し、実践してきた。大学卒業後は、奨学金を返済したい、好きな絵を描いて収入を得たい、税金を払いたいなど、自身の希望に向け自己分析と実践を三者で続けている。

「生活」を学ぶ

当事者自身が特性を認識していない場合も多く、また気づいた後でさえ、Ａｊｕのように「誰にでもあることと捉えられる」「怠け者のレッテルを貼られる」などの恐怖心が優位となり、自身の中に押し込めてしまうことは想像に難くない。この恐怖心は、マジョリティがつくる一般的な社会規範を反映している。「学齢期を過ぎると『生活』は暗黙の了解のもと、すでに学び終えていると思われている節がある。学んでいない場合、『それくらい言えばわかる、できる』と思われ、できない場合は、これまでの親の躾や本人の責任とされてしまうこともあるだろう」（浮貝 2013:p.123）と指摘されるように、生活能力の獲得時期に関する社会の暗黙の了解がＡｊｕを閉じ込める。日常生活における様々な必要は机上の学びと異なり、無限大にある。にもかかわらず、今の社会では、自然に身につくべきもの・こととして扱われる。「勉強や仕事と同様、『生活』も教えられてこなければ、できるようにはならないのである。勉強や仕事とは違い『生活』は、学ぶ機会が与えられにくく、学齢期から意図的に教えていく必要があることは、成人期の彼らとの関わりから教えられるところである」（ibid.:p.123）とも言及されている。

Ａｊｕの場合も、応用・汎用の難しさで顕著なように、類似した事象であっても、独立した別の事象として学ぶ必要がある。自然に身につけるのではなく、日常生活で無限に生じる様々な状況を一つひとつ学ぶ機会の必要性を意味する。多くの者は、何気なく、ルーティーンのように毎日を過ごす。しかし、Ａｊｕは、一日一日がまっさらな日であり、毎日新たな日と出会っている。ゆえに、日々の中にある行為・現象の意味や意図、手順やそれを行う時間帯、他の行為との関連性、予定変更への準備など、数えきれない生活の要素を一つひとつ丁寧に確認しながら生活することが必要となる。言い換えれば、毎日繰り返される「生活」そのものが、日々Ajuに学び続けることを求める。

今の社会では、生活上の様々なスキルのレベルはマジョリティの年齢を基準にし、暗黙に了解されている。その基準から外れるとされる当事者にとっては、Ajuのような恐怖心が生まれることを再確認しておきたい。今後、大学では、ASDの学生数の増加が予想される。ASDの人たちの就労の問題は、ますます大きな課題となる。それに伴い、ASDの知識や診断基準に軸を置いた特徴に目が向けられる可能性は高い。このような知識の獲得やASDの特徴とされる事象だけに着目することは、多くのASDの人の新たな生きづらさを生むに違いない。診断基準に記される特徴が現実に困っていること・混乱している事象を表すものではないという視点に立ち、当事者固有の事象、内面で生じている現象、心身の状態を当事者と共に詳細に浮き彫りにすることの重要性を再度強調したい。

思考の整理と目的の明確化

Ajuの気持ちのコントロールには、思考の整理と目的の明確化が重要である。Ajuの葛藤と表現できないイライラ・もやもや感を対話や文字から共に考え、引き出した後、行動の目的を明確にする。それぞれの行動の「本来の・真の目的」を見定め、見失わないようにするという思考の定着は多くの場面で有効である反面、Ajuにとって非常に難しいことでもある。思考の整理ができたとしても実行が難しい場合も多い。ただ、少なくとも、爆発しそうな感情、イライラ・もやもやした気持ち、何もかも投げ出したくなる状況に直面した時、「本来の・真の目的」を思い出すことで不安定さやパニックは軽減されている。「○○が大事、△△が本当の目的、本当の目的が大事」と自身に言い聞かせ、落ち着かせようとするAjuの姿を幾度となく目にする。

見える化

思考の整理と目的の明確化はもちろん、Ａｊｕの葛藤や気持ちの揺れなど、あらゆることを文字、図や表、数式、絵に記すことがＡｊｕの理解を促進し、安心感をもたらす。何かの事象が生じる兆候の有無、原因と考えられる場所・気温・人・音・会話の内容などの様々な要因を列挙し、必ず紙上・パソコン上に残す。

表出されるＡｊｕの言動やあり様は、その場を作る人、その人たちが作る雰囲気により揺れ動く。特性というような一様で固定されたものではなく、人や雰囲気という要因全てを含む「場」により形を変え、表出される。だからこそ、ありとあらゆる要因を考え、何かが生じた過去の条件と現在との比較が必須となり、記録を残すことが欠かせない。音声では流れてしまうことも記録ではいつまでも残る。Ａｊｕ自身「話しことばは流れて消えるけど、書かれた文字は消えないで何回でも読み返せて落ち着くからいいね」と文字の大切さを語る。ＡＳＤの当事者も「私にとって、話しことばはとても流動的で、ひどくつかみにくい。頭の中をすり抜けて消えてしまうような気がする。書かれた文字は何度見返しても常に同じで、安定していて、つかまえやすいのだ」（泉 2003:p.63）と述べている。Ａjuが書き記したノートは数十冊に及ぶが、分析・文字化の頻度は減少し続けている。それは、原因の分からない事象が増加していない、Ａｊｕ自身が感情の乱れにある程度の対処ができているという変化の表れである。

教員と学生という関係から始まった私とＡjuとの関係性は、この12年間で形を変えてきた。しかし、述べてきた多くの対処・対応の基軸は、Ａjuと私との関係性が変化しながらも変わらず、ぶれなかった。もしかすると、変化し続ける関係性に伴い、具体的な対処・対応も変わり続けたからこそ、変わらない・揺るぎのない軸となっているのかもしれない。

第9章

自閉症スペクトラムとは何か
——私たちの自閉症スペクトラム

オウム貝（2019）
√の表し方とオウム貝の形が重なって

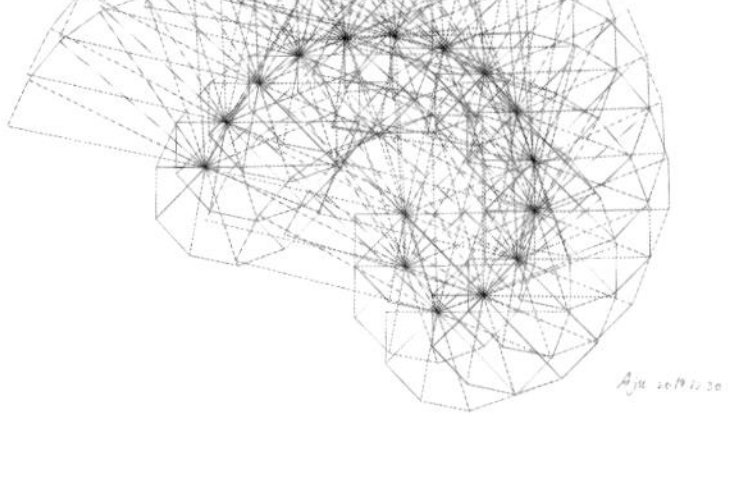

自閉症スペクトラム（ＡＳＤ）とは、一体何なんだろうか。診断基準が何かは知っている。そこに書かれている一部がＡｊｕにも見られることも分かっている。それでも、この疑問は消えない。他者の存在があって初めて立ち上がる現象にもかかわらず、Ａｊｕだけに帰せられる障がいという名称。私たちが考える自閉症スペクトラムを紹介する。

Aju 私の内側

繰り返すこと

第Ⅱ部で説明した私の特性、そのいくつかをまとめたものが自閉症スペクトラムの診断基準になっている。だから、前に書いたことと重なるところもあるけど、診断基準になっていることについて、もう一度まとめようと思う。

慣れない場所や緊張している時、不意の出来事が発生した時、自分がなくなりそうに感じると、天井のきれいに並ぶ骨組み・きれいに並ぶ窓など、規則的なものを見つけようとしたり、「123456789」と繰り返し数字を数えたりする。数字や形は普遍的でいつも自分の思考にあるもので、イレギュラーが発生すると「ほら、この場所にも同じ景色がある」と自分に言い聞かせることで、安心していく。

ほかにも、椅子に座っていると体を前後に動かしたり、場所に関係なく指を動かしたり、手のひらをひらひらさせたり、部屋の中をぐるぐる回ったりもする。だけど、その時はたいてい自分の考え始めた思考に意識が占領されているからか自覚がほとんどない。これらの常同行動は意識的な場合もあれば無意識にしていることもあって、自分の中では人に指摘される時以外はあまり気にしたことはない。でも、中には自分を傷つけてしまう自傷行為をすることがあって、強烈に頭を叩いたり殴ったり、壁に頭をぶつけたり、髪の毛を引っ張り抜いたりしてしまう。ことばになるのが遅い時、伝えることばが見つからなくて相手の一方的な解釈で終わってしまう時、つらい出来事を思い出した時、一人で自分を傷つけてしまう。同じ常同行動と呼ばれるものでも、これは非常につらいものだ。

私の場合は、偶然にも言動の奥にある感情をくみ取ろうとしてくれるひとたちと出会って、自分を攻撃することはずいぶんなくなってきた。「どんなに時間がかかってもあなたの気持ちを伝えてね」と待ってくれるひとたちがいたことは、心に花が咲くような気持ちだった。言動が奇異だからといって抱いている感情が異なることは決してない。喜怒哀楽は全ての人に通ずるものだ。そこに心を寄せてくれる人がいれば、助けられる人はきっと大勢いると思う。

聞く難しさ・話す難しさ

人と話をする時は緊張する。それには私なりの理由がある。

1つ目は、話す時に相手の目を見なければならないこと。人の目は光ったり、動いたりするので、怖くて避けてしまいたくなる。それに、何かを目で見ようとすると、聞く以外に視覚情報も入ってきて2つの感覚に混乱し、聞くことが難しくなる。目をつぶって聞く時が一番集中できるけど、そんなわけにもいかない。

2つ目は、人の話だけに集中しにくいこと。外で車が走る音、お店に流れるBGM、人の靴音、近くにいる人の話し声、どんな音も平等に聞こえてきて、相手の音声だけを目立たせて聞くことが難しい。

3つ目は、相手の話しことばに追いついて映像変換できるかという心配。「明日、何か用事がある?」と訊かれると、奥行きが広がり始め、遠くの下の方にポコポコ円形の穴が見えてくる。ことばがこのように見えてくるから、私の中にはことばがないのだと思う。人の話すスピードが速いと、映像変換が追いつかなくなって、話が分からなくなってしまう。反対に自分が話す場面になると、見えている映像にどうやってことばを合わせればいいのか分からなくて、話し始めるのに時間がかかってしまう。

人と話す時には、今でも緊張するけど、目が合わないことを不快に思わない人、ゆっくり話してくれる人だったら、できるだけ静かな場所だったら、聞くことに集中できて、話しやすくなる。答えるのが遅くて、相手がイライラしたり、圧迫感のある話し方をされたりすると、映像が見えなくなってしまう。スムーズに、相手の期待通りに会話ができることだけがコミュニケーション能力があるとみなされることをとても心配している。

自分がなくならないために

寝る前、明日の予定・計画を考える。私の計画の特徴は細かいところにあると思う。6：00起床、6：02トイレに行く、6：04新聞を取る・門扉を開ける、6：07パンを焼く・コップに牛乳を入れる、6：10パンを取り出して食べ始める、6：15新聞を読む（読む順番はページの最後から）、6：35食器を洗う、6：37歯を磨く、6：40顔を洗う、6：42着替える・出かける準備、6：45絵を描く、6：59靴を履く、7：00出発する、というふうに、寝るまで頭の中は予定で埋め尽くされてしまう。なぜこんなに細かくなってしまうかと言うと、このように細かくしないと自分の身体が動けなくなる強い不安感に駆られるからだ。先のことを知っておかないと、自分が浮遊物になってしまうようで怖くなる。みんなにはそのような感覚はないのかな。予定を立てることで自分が存在することを確認できる、そんな感覚。だから一つでも計画が崩れてしまうと、パニックになる日々だった。予定通りの自分が先を行き、それに追いつけない絶望感は、これから過ごすはずの一日を壊滅させようとする。予定通りと全て反対のことをして、虚像の一日で過ごさなければならない、そう思ってしまう。部屋で外着を脱がない。靴を揃えない。授業を聞かない。ノートを取らない。全部頑張らない。そして、寝る前に「明日は今日のやり直し」と言い聞かせる。

予定が一日のあくまでの目安と気づくまでにどれほどの時間がかかったのだろう。予定の中に優先順位がつくということを理解するまでにどれほどの時間がかかったのだろう。こればかりは私一人ではどうしようもできないことだった。根気よく、粘り強く、大切にすべき順番を一緒に見つけてくれたひとたちに感謝の気持ちでいる。今も、自分の存在がなくならないように計画を立てることは必要だけど、一日の中で大切にしたいことを優先するべきだと気づき始めた時から、少しずつ緩やかな計画を立てられるようになった。

今、明日は今日のやり直しではない。

騒がしい身体

コーヒーメーカー、ドライヤー、掃除機、換気扇の音はいくつもの音が重なって汚い音に聞こえ、耳を塞いでしまう。ネズミ除けや猫除けの高い音は耳から体内に向かって突き刺す鋭利な音で、耳を塞いで自分を守らなければならない。やかんの沸騰する音、人のくしゃみ、犬の鳴き声、突然鳴る音には十分警戒が必要だ。驚かされて感情がかき乱されてしまう。これと同じように視界に入ってくる突然の虫の訪問にも驚かされる。光にも弱く、眩しぎるライトやチカチカする広告は頭痛を引き起こしてしまう。皮膚に至っては、温度差に敏感で、蕁麻疹が頻発する。身体が敷布団に接している面とそうでない面との温度差にさえ反応し、苛立ってしまう。私の感覚は鋭く繊細にできているのかもしれない。そしてこの細部への感覚の鋭さは、様々な感覚を結び付け全体への感覚統合を難しくして、鈍感さを招くこともある。喉が渇いているという感覚が分かりにくく、身体が痺れて動けなくなるまで泳ぎ続けることがあった。頭がくらくらしたり、口の中が渇いたりしても、これらが水分補給のサインだと気づくことが難しかったのだ。

これらの感覚の過敏さ、過敏さからくる統合の難しさは身体の疲労を大きくした。同じ環境で過ごしていても、身体にある感覚センサーが多くの人より過剰に反応するので、疲労度が増してしまう。10時間以上の睡眠を必要とする身体は、7時間寝れば回復する身体を羨ましいと思ってしまう。手入れの大変な身体をもったものだ。内部の感覚は人に分かりにくいものなので、この疲れやすさが誰にでもあると言われ、頑張り続けている人がさらに自分自身を追い込んで、身体が壊れていかないか心配だ。

1　常同行動：全てには意味がある

自閉症スペクトラムの特徴とされ、Ａjｕにも一部みられるものの一つに常同行動がある。しかし、同じように見えても、表出される行為や行動には必ず理由がある。また、その行為や行動は、Ａjｕと他者との関係により軽減・消失する。

クルクル回る

常同行動の代表的なものとしてクルクル回る行動がＡjｕにもみられる。Ａjｕと出遇ってすぐに、私はこの行動に気づいた。診断を受けてからは頻発するようになった。研究室でクルクルと回り続ける、校庭の木の周りを前後に体を揺すりながら歩き続ける姿を見る回数が多くなった。帰宅してもリビングでクルクル回った。この行動を自閉症スペクトラムだから生じる行動、自閉症スペクトラムの特徴とみなすことは簡単である。しかし、自閉症スペクトラムだから生じるという根拠はどこにもない。Ａjｕは気持ちが揺らぎ、パニックが生じそうな時、クルクル回ることで自身の存在を確認し、落ち着かせる。一方、同じクルクル回るでも、家具や壁にぶつかることもなく、きれいな円を優雅に描くように回る時は、嬉しさを表現している。

数を数える

Ａｊｕは小説を読んでその世界に入り込み自分を見失いそうになる時、震災の映像によって自己を喪失してしまいそうな時、それらを回避するために1から9までの数字を繰り返し数え、自身の存在を確認する。緊張すると数を数えて気持ちを安定させるという当事者もいる（Tammet 2006=2007:p.19）。グランディンも、騒音に耐えられなくなるとロッキング（身体を前後に揺する）やスピニング（くるくる回る）に逃げ込むという(Grandin 1995=1997:p.52)。それらの行為は、選択に迫られるがゆえの行為であると左記のように述べる。

> 成人した現在でも、私は騒がしい空港で待っている間、環境音をシャット・アウトして読書にふけることができるが、空港の騒音を押しのけて電話で話をするのは、不可能に近い。自閉症児というのは、そんなものなのだ。彼らは外部の刺激を押しのけるために、くるくる回しのような自己刺激か、自傷的になるか、自分自身の世界に逃避するかの、選択を強いられるのである。さもなければ、無数の同時刺激に圧倒されるあまり、かんしゃくを起こしたり、叫び声をあげたり、あるいは、他の認められない行為で反応するのである。自己刺激行為は興奮した中枢神経組織を鎮めてくれる（Grandin et al. 1986=1994:pp.33－34）。

さらに、ＡＳＤの当事者の一人は、周囲の騒々しさや情報の過剰で無秩序な入力が起こった時に生じるパニックや癇癪《かんしゃく》、緘黙《かんもく》という異常行動から復帰するために、頭を壁に打ちつける自傷行動を反射的に行うと言う

（森口 2002:pp.35－36）。Aｊｕやこれらの当事者の語りにみられる行動は、「自閉症児が自己の情動状態を内的にコントロールすることができないために、それを自己刺激行為によって代替しようとしている現れである」（石井ほか 1993:p.153）と説明されている。また、常同行動は、空間的に未知の場合や時間的に未来が未決定な場合に、了解可能性の地平そのものであり、自己性の基盤となる安心感の構造を作り出す装置として機能しているとも言及されている（村上 2008:pp.181－182）。

もう回らない：ハグ、新しい発見

常同行動と呼ばれるAｊｕの行動は、私との関係が深まるにつれ薄らいでいった。最初の変化は、私がAｊｕを強く抱きしめたことによる。Aｊｕは、それまで体験してきた、顔が接近してくる抱きしめられ方に戸惑いがあった。前述したように、Aｊｕの頻発する過呼吸への対応の一つとして、私はAｊｕを強く抱きしめ、私の胸とAｊｕの左の胸とを密着させて、私の鼓動に合わせAｊｕの呼吸を整えさせていた。この行為が、抱きしめられることに対するAｊｕの抵抗感を軽減させた。次第に、Aｊｕが私に触れるようになる。私の背中にAｊｕの胸を当てるようになる。そして、ハグ（軽く、触れるように抱きしめ合う）を好むようになる。時には強く抱きつくこともある。私にしがみつく・話すことにより、落ち着けるという新しい発見に加えて、クルクル回ることでは得られなかった解決の糸口が掴めることに気づいたからである。常同行動と呼ばれるこのAｊｕの行動は今も完全には消失していないが、私と二人だけの時には7年以上表出されていない。現在は、母と二人だけの時にもほとんど表出されなくなっている。

常同行動と呼ばれるAｊｕの行動の出現の有無がひととの関係性に強く影響を受けていることが明らかとな

った出来事がある。東京での生活では、クルクル回るという行動がたびたび生じた。Ａｊｕは周囲の人から指摘されて初めて自身の行動に気づいた。ただ、物理的に離れていても、私の存在を自身の意識下に確認でき（Ａｊｕの言い方では「引っ張り出せる」）、対話できる時にはこの行動は現れない。先に述べた「一人会議」である。一方、私を意識できない時には、感情の内的コントロール、安心、自己存在の認識のために常同行動とされる行動が生じる。Ａｊｕの常同行動と呼ばれる行動は、自閉症スペクトラムだから生じる行動ではなく、Ａｊｕにとって意味があるからこそ生じる行動である。またそれは、ひととの関係の中で出現も消失もする。

2　コミュニケーション障がい：「障がい」になっているのは

コミュニケーション障がいと称されるものも自閉症スペクトラムの特徴の一つとされている。コミュニケーションが円滑に進まないように見えるＡｊｕと他者との会話の場面では、それは、Ａｊｕの障がいとして、Ａｊｕの側の問題とされてきた。しかし、会話によるコミュニケーションが円滑に進むか否か、コミュニケーション障がいとみなされるか否かは、二者の問題であり、Ａｊｕと話し相手との関係性により大きく変化する。

一人ではコミュニケーションできない

そもそも、コミュニケーションとは、Ａｊｕ以外の誰かがいて、二人以上の人の間で成立するものである。それがうまくいかない理由をＡｊｕの障がいとみなし、Ａｊｕにのみ、その責を帰すること自体が問題である。自閉症スペクトラムの特徴とされるコミュニケーションの障がいは、まるで、異国の地で外国語を話せない人を見て、コミュニケーション障がいとみなすことと同等に思えてならない。言語のやりとりは、「相手との連続的な共同作業」（河野 2015:p.73）であり、「発話という行動は、ある状況における、ある履歴の中で、ある相手との関係の中で行われ」「誰とコミュニケーションするのかが、ある種の障害のある人たちにはとても重要になります」（ibid.:p.107）と言及されている。

コミュニケーションの動機づけは、自己存在の認識という視点からも捉えられる。

私たちはコミュニケーションといえば、意思の一致、つまりコンセンサス（合意）をイメージするが、もしコミュニケーションを動機づけているものが、そのなかで各人が他者の存在とともにその前にいま疑いもなく存在するものとしてじぶんを感じることにあるとするならば、そこにおいてもっとも重要なことは、他のひと、じぶんとは異なる他なる存在をそこにありありと受容するということであろう。他者との差異に深く思いをいたすことで、じぶんという存在の輪郭を思い知らされることであろう（鷲田 1999:pp.91－92）。

まさに、ある誰かとはコミュニケーションがとれ、別の誰かとは困難となるＡｊｕの姿が説明されている。

存在を認める

Ａｊｕが話したい・コミュニケーションをとりたい相手は、Ａｊｕを否定せず、Ａｊｕが自身の存在を否定しなくてもいい人である。Ａｊｕが追いついていけない・理解できない間に話がどんどんと進んでしまう会話の場面では、Ａｊｕは自身を「透明人間」のように感じてきた。そのＡｊｕにとって安心できるコミュニケーションは、Ａｊｕが自身の存在を認識し、会話している相手の存在を認識することにほかならない。Ａｊｕのことをもっとよく知りたいと思う私とＡｊｕとの対話は、私とは異なる存在であるＡｊｕ、Ａｊｕとは異なる私という存在を私自身に気づかせることになる。コミュニケーションを相互理解の手段の一つとして捉えるならば、「相互理解は、行為者による共同的かつ実践的な達成物」「私と他者の共同の成果」（数土 2001:p.7）という言葉は、そのままコミュニケーションに当てはまる。コミュニケーションが二人以上の間で成り立ち、その成果は、そこにかかわる全ての人により左右され、特定の誰かに責を帰するものではないことが明らかである。言語は多数派の認知行動特性に合わせて作られており、多様な特性の持ち主にとって使いやすい言語のユニバーサルデザインの必要性を述べる研究者もいる（熊谷 2012:p.97）。

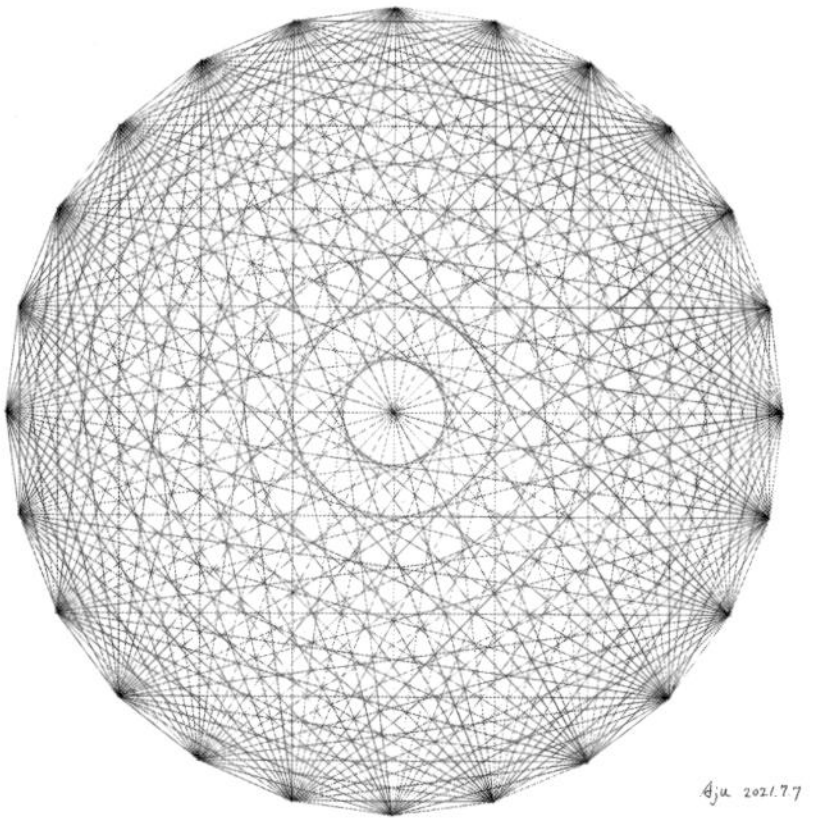

波動（2021）

「共に」場を作る

Ａｊｕにとって、音声でのコミュニケーションが成立するか否かは、会話する相手の声とその態度などを含め４つの要素によって二者が創り出す「場」に左右される。

１つ目は、先に述べたように、相手の声の波長・周波数がＡｊｕにとって心地悪くないことである。他者の声が２つの音に分かれて届くＡｊｕにとって、耐えうる声かどうかが会話の入り口となる。

２つ目は、具体的な表現による会話である。すでに述べたように、抽象的であいまいなことばに混乱するＡｊｕには、具体的で明快な

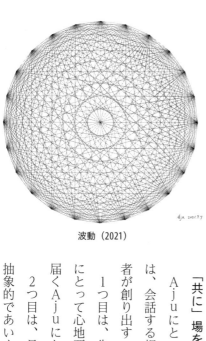

ことばの使用が重要となる。「あと少し」ではなく、「あと10分」「○時△分」を用いる。「食卓の準備をして」ではなく、「お箸と小さい取り皿3枚と深いお皿3枚を準備して」と言う。私に起こった出来事を話す時には、できるだけ一文ずつを短く区切る。登場人物が多くなれば、三人称も多くなる。そうなるとAjuとの会話が途絶えるため、なおさら区切って話す。「彼」「彼女」「さっき話した人」「その人」などということばを避ける。会話の登場人物がAjuの知らない人であっても、会話の対象になっている人の名前を用いる。「高校の同級生」「財布を拾ってくれた人」というように特徴づけて話す。たったこれだけのことで、Ajuの思考は止まることなく、会話はスムーズに進む。

3つ目は、Ajuと会話する相手の話すテンポである。ことばの咀嚼・変換に間を要するAjuは速いテンポの会話にはついていけず、会話をあきらめることが多かった。ゆっくり話すことは欠かせない。

4つ目は、Ajuと会話する相手の待つ姿勢である。第一言語・内的言語が「数」「形」「映像」であるAjuにとって、ことばの咀嚼と音声の表出には時間を要することを述べた。Ajuが会話の相手から発せられることばを咀嚼し、第二言語である日本語への置き換えをしている最中に、何度も発話を促された時点で、Ajuは混乱する。Ajuが話し終わる前に相手が話し出した時点で、Ajuの耳は相手の声に向き、自身のことばを見失う。Ajuの思考は停止し、話そうとしていた内容は抜け落ち、会話は中断される。

Ajuの会話に要する条件は相手の声の波長を除き、決して難しくはない。というよりは、会話をする際の基本的な姿勢である。その基本的な姿勢をもたない人をコミュニケーションに問題があるとせず、二人以上の人が共に創り出す「場」の問題をAju一人の問題とし、障がいとすることは明らかに間違っている。Ajuの場合、相手の会話を遮る、早口でまくしたてる、抽象的なことばを多用する人とのコミュニケーションがうまくいかないだけである。やはり、その如何も、ひととひととの関係の中で見え隠れする。

3　こだわり：そこに何を見るか

計画やルールの作成とその遵守、達成感との強い関わりは、述べてきたとおりである。診断基準では、「こだわり」として捉えられているＡ・ｊｕの厳密な計画やその遵守は、緩やかになってきている。

心地よさ

Ａ・ｊｕの起床時からの分刻みの時間設定は、45分、60分、90分など、大枠での設定に変更され始めている。ただし、開始時刻は時計の長針が0を指す「◎時0分」を好む。休憩・終了などの時刻は、15分・45分間隔を好む。思考的に（頭の中のイメージとして）、時計の短針が「12」を指し、長針が「3」や「9」を指す時に作られる直角の心地よさ、気持ちよさ、美しさが理由である。そのため、短針が「12」、長針が「6」を指し、直線としてイメージされる、30分や90分という感覚を好まない。しかし、30分と90分は、長針と短針が直角を作る15分・45分の倍数であり、拒絶はしない。時計の針が作る角度は、「映像」「イメージ」としての視覚的美しさであり、倍数は「数」としての心地よさである。

ＡＳＤの当事者の一人は、タイヤを回すことやミニカーを並べることは、その行為が面白いのではなく、並んだミニカーを見るのが楽しい、考えた通りに並んだものへの満足感、達成感のためであり、そのために何度も繰り返すという（東田 2015:p.47）。その行為・行動はＡ・ｊｕとは異なるが、その理由は二者とも、快の感情を得ることにある。

それぞれの理由

予測不可能な出来事に対処できないAjuにとって、日常をできるだけ自身でコントロールするための方法の一つとしても、予定・計画を立てることが必要となる。綿密な予定・計画を立てることがAjuを混乱させることもあるが、それによりAjuが落ち着くことも重要である。

空腹の感覚がつかめないために（綾屋ほか 2008:p.23, 33）、落ち着くために（東田 2015:pp.60－61）、決めた時刻に昼食をとるという当事者もいる。表面的には、こだわりとだけ捉えられる事象にも、当事者それぞれの異なる理由があることは明らかである。当事者の一人は、秩序へのこだわりとそれが乱れた時に生じる行動を次のように説明する。

決めなくてはならないことを少しでも減らすため、私はお気に入りの服や食器、決まった手順にしがみついた。それでも、こうした秩序も時にはほころび、役に立たなくなることは避けられない。そんな時は大変な騒ぎになるのだった。私はおびえ、不安を感じる。次に、苦悩と混乱がやってくる。

自分をとり戻すには、独り言を言い、同じ場所を行ったり来たりしながら、両手をばたばたと振り、何か見慣れた物に意識を集中させようとする。時には、ハミングしたり、静かに歌を歌ったりすることもあった。こうすれば気をそらすことができて、内面の恐怖が和らぐのだった（Lawson 1998=2001:p.183）。

無秩序な環境により起きる常同行動（Grandin 1995=1997:p.52）、無秩序な環境により生じる自傷行為（Grandin et.al. 1986=1994:pp.33－34）（森口 2002:pp.35－36）、計画（こだわり）の逸脱から生じる常同行動（Lawson 1998=2001:p.183）、など、常同行動やこだわりという外部に表出される行動が同じであっても（同じに見えるだけであるが）、そこには様々に異なる理由がある。

何を見るか：工夫であることも

こだわりとみるかどうかは、それをみる人により大きく変わる。こだわりのみかたについて、左記のように言及されている。

> こだわりに対しても、私たち世間の常識でもって「おかしい」と決めつけ、同化主義の方針に立ってひたすら矯正に乗り出したのでは、彼のありのままはただ否定されて、押し潰されるだけです。こだわりにも彼らなりの理由があり、論理があるとみることによって初めて、私たちと彼らがたがいに生き合うかたちを見つけることができるのではないでしょうか。こだわりもまた、彼の生きるかたちの、大事な一コマなのです（浜田 2009:pp.180－181）。

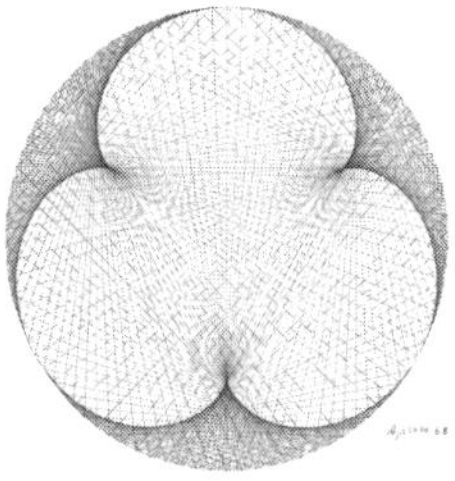

上から見たピーマン（2020）

軽度の自閉症とされ、理解されない当事者は、その困難さを記している。

世界の捉え方そのものが他の人々とは違っているという根本的な原因よりも、表面的に現れる不具合、例えば突飛な行動で人のひんしゅくを買うとか、人と会話がかみ合わないとか、失礼な言動をして人を怒らせてしまうといったマイナスの現象だけが注目されてしまい、単なる人格や性格の問題と取られてしまうことが多い。実際には、見えている世界そのものが違い、感覚も思考も異なっているので、何かと周囲に合わせてあまり目立たずにいる状態そのものが、相当な努力の成果なのだけれど、そうした困難さが理解されることは、残念ながらあまりない（泉 2003:p.7)。

常同行動やこだわり、その他様々な多数派とは異なるとされる行為・行動に目を向けるのか、それらの内実をみようとするのか、何をみるかでその人に対するみえかたは、全く異なるものになる。

食事の時刻や日々の分刻みの計画という表出される一つひとつの行為・行動に目を向ければ、それはこだわりと見える。しかし、その内実に目を向ければ、知覚しにくい身体がゆえの工夫、一つの行為を終了するため・ものごとを忘れないための工夫であることが分かる。その内実に目を向けた時、Ａｊｕに対するみえかたは異なり、Ａｊｕの生きづらさを共有できる。その結果として初めて、Ａｊｕの生きづらさを共に軽減するためのスタートラインに立つことができる。

緩やかな変化

12時と決めていたＡｊｕの昼食時刻の幅が広がったことは、先に述べたとおりである。このような緩やかな時刻と時間設定の変化とともに、設定時間内の内容のくくりも緩やかになってきている。45分間を「勉強の時間」とした場合、かつては分刻みに勉強の内容を決めていたが、最近は、そのように細かく内容を決めなくてもイラつかない。一日のどの時間枠にも、どの内容にも軽重がないことは、今も変わりないが、メインとなる内容が意識され始め、イライラの回数は減少している。

この変化はどのようにして起こってきているか。Ａｊｕは、私のそのたびごとの丁寧な分析と説明に反発を繰り返しながらも「心に沁み込んだと同時に、結局ごまかされたという表現が適している」と言う。「せんせいの言い方はやさしいし、できなくても怒らないから、そうかなぁという気持ちになってしまう」ということらしい。私への反発はこれまでの自分を肯定したい表れであり、変えることへの怖さでもあるが、実際に自分で実行してみて、気持ちが楽になると実感したことが大きいと言う。また、誰かに言われた通りにしたからではなくて、自分でそれがいいと感じたからであるとも言う。Ａｊｕが不安定な時期、私からの提案を無条件に受け入れ、実行することが多いように見えていた。自分で判断する余裕がないということに加え、私の顔色を窺っていると感じたこともある。しかし、ことばに出さずとも、Ａｊｕが自身で試し、判断し、実行していたからこそ、変化し続けてきたのだった。

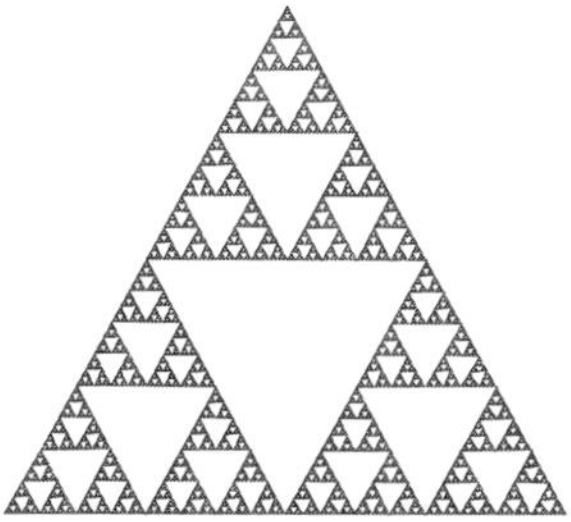

シェルピンスキーのギャスケット
（2015）

現在は、Ａｊｕに自信が芽生え、私たちの関係性の変化に伴い、私の提案に対しＡｊｕが質問すること、異をとなえることも増えている。Ａｊｕが、無条件で私の提案を試す前に、よく語り、共に考え直すことがＡｊｕの生活をさらに豊かにしている。こだわりと言われるものも表出される表面的な事象をそう呼ぶにすぎない。その内実はそれぞれ異なり、それもまた、ひととの関係により変化も軽減も消失もする。

4　対人相互反応の障がい：顔に意識が向かないように

わが家での生活が長くなるにつれて、Ａｊｕの視線と視野は広がり続けている。この視線と視野については、ＡＳＤの診断基準である「対人的相互反応」の障がいと関連深い。ＤＳＭ－５では、対人的相互反応における持続的な欠陥の一例として、「視線を合わせることと身振りの異常、（中略）顔の表情や非言語的コミュニケーションの完全な欠陥」「様々な社会的状況に合った困難さから、（中略）友人を作ることの困難さ、または仲間に対する興味の欠如」（American Psychiatric Association 2013=2014:p.26）があげられている。視線や視野の広さは、対人的相互反応の基礎となるものであるが、常同行動やこだわりと同様、ＡＳＤだから視線を合わせないとみなすことには、違和感を禁じ得ない。

顔を見ない

現在も、Ａｊｕはほとんどの人、特に初対面の人の顔は見ない。ある程度の関係ができた人とも目を合わせて会話しない。話し手の顔を見ると、Ａｊｕの意識は顔に集中し、会話の内容が耳に入らなくなる。多くの音から話し手の声を見極め、内容を聞き取るために、顔に意識が向かないように工夫している。ＡＳＤの当事者の一人は、手記の中で次のように述べている。

相手の顔が見えないならば、話し言葉を聞きとることは、どれほどやさしくなるだろう。顔がなければ、言葉は純粋で、表情や身ぶりに歪められることもない。

人の顔は、暗黙のメッセージを伝えてくる。このメッセージに惑わされない方が、声の調子はうまく聞き分けられる（Lawson 1998=2001:p.175）。

視線を追う：ひとへの興味・関心

相手の顔に意識が向くと、Ａｊｕは会話の内容が分からなくなるだけでなく、話す相手によっては、自身の存在を失いそうになるとも言う。出遇った当初は、私の顔を見ることもなかった。関係が深まり、私に対するＡｊｕの興味・関心が増すにつれ、私の顔を見つめる頻度は高くなる一方である。時には、母の目も見つめる。私や母への興味・関心がＡｊｕの視野の広がりとなっていく。私の顔だけをじっと見つめていたＡｊｕの視線が私の視線の先を追うようになり、視線の先にある対象にＡｊｕの意識が向く。私の視線の先に足の悪い母がいる。Ａｊｕの意識は私から母へと広がる。他者である母を気遣うという私の意識・態度、ひとのあり様を意識するようになる。ひととひととの「目が合う」という二項的相補関係から、ひととひととがあるもの（あるいはこと＝テーマ）を共有するという三項関係（浜田 1992:p.79）の成立である。このような場面が繰り返され、私がいなくとも、Ａｊｕには私の視線を通じて意識化された母への気遣いが生じる。先に述べたように、Ａｊｕ自身がどんなに疲れていても足の悪い母を気遣い、シーツを取り入れるという行為に明らかである。

視野の広がり

さらには、Ａｊｕの目の前にいないひとを想像した上での行為へと広がっている。私の帰宅時刻を見計らい、駐車場の門扉を開ける。安心できる数人のひとたちへ毎月の近況報告を欠かさない。ＡＳＤの人が苦手であるとされている想像力・相手の立場に立った思考である。Ａｊｕの内にある気持ちを私に伝えたいという欲求は私との様々な手段によるコミュニケーションを可能とし、意思疎通の喜びは別の他者との意思疎通に対する欲求を芽生えさせる。そこには安心した関係性が生まれ、その関係性の中にある他者に対するＡｊｕの気遣いを生む。このようなＡｊｕの行為は、安心した関係性の中にある他者にとどまっており、全ての他者に対して起きているわけではない。言い換えれば、ひととひととの関係のあり様によって初めて、ひとの行為や行動、感情が輪郭を帯びるということにほかならない。私を「みる」ことを通してその先の対象を「みる」、他者を気遣うという、視線を通した視野の広がりと他者との関係の構築は、確実に、社会性の障がいと呼ばれる事象を緩やかにしている。「対人的相互反応」の障がいもまた、ひととの関係性によりうつろうものである。

5　ひととひととの間の障がい

ＡＳＤの診断基準とその概念の基盤は揺らぎ、定まらないものになってきているように思う。もともと定まったことなどないと言うほうが正確である。脳にその原因を規定しようとする動きは活発になっているが、未だそれは立証されていない。個体内の物質過程が、他者との関係で初めて立ち上がる「ひと」にどう寄与するのかも提示されていない。今から30年前にすでに、それまでの自閉症に関する研究を概観した上で、「自閉症概念は崩壊寸前にあるといってよい」（杉山 1990:p.1507）と結論づける研究者も存在する。

生活障がい

多くの自閉症の子どもたちとの臨床経験をもつ精神科医の一人は、生活の中に発達障害は存在せず（田中 2014a:p.9）、生活の中に困難を抱える「生活障害」という語を提示する。

発達というものは障害されるものではないと思うのです。すべての人たちにすべての発達のお約束がある。それは障害ではなく、そのお約束の中の自分のプロセス、そこにある社会的なものや、対人的なものや、いろいろな人たちの応援、そして自らの変化というようなものが成長のプロセスだとすると、そのプロセスがせき止められることで、その生き方に、生きようとする姿自体に何かしらのつまずきが生まれる。ですから、それは「生活の障害」なんだろうというふうに思うわけです。「生活がせき止められる」のであれば、それは応援できる。（田中 2014b:p.14）。

「生きようを重視する」なかで、「継続的に生活相談に乗って行く」姿は、まさに発達障害を生活障害とみなすことで成り立ちます（田中 2014a:p.3）。

Ａjuの場合も、Ａjuの様々な事象や現象、特性が円滑な日常を妨げるという意味において、田中の言う「生活障害」（私の表記では「生活障がい」）と捉えることができる。ただし、それは「今の日本の社会において」という限定された枠組みにおいてである。異なる時代、異なる文化圏であれば、「生活障がい」にはならないであろう。一方、感情のコントロールの難しさは、時代や文化にかかわらず、Ａju自身・他者との関係をつまずかせる。「生きようとする姿自体に何かしらのつまずきが生まれる」と捉えるならば、感情のコントロールの難しさも「生活障がい」と呼べるのかもしれないが、私は、感情のコントロールの難しさは、感情のコントロールの難しさという事実としてのみ捉えている。しかし、その「生活障がい」も感情のコントロールの難しさも、ひととひととの関係により出現も軽減・消失もすることは前述のとおりである。また、私たちの生活においては、「継続的に相談に乗って行く」というよりは、共に模索し・考え・実践しながら、「継続的に生活を構築していく」と考えている。

みるもの・みられるもの

私とA.juとの歩みの中でのA.juの個としての変化、その大きさは詳述したとおりである。今日まで形を変えてきた私とA.juとの関係性は、これからも変化し続けるだろう。私とA.juとの関係における最も大きな変化は、「みる」ものと「みられる」もの（小澤 1974:p.183）としてのあり様の変化である。私とA.juが出遇った当初、表出されるA.juの行動が他者から奇異に見られることを私は危惧した。他者の前ではクルクル回るという行動が出現しないための対処・対応をA.juと共に模索していた。A.juに模索させようとしていたと言うほうが正しい。それは、私という「みるもの」とA.juという「みられるもの」の関係であった。A.juの行動をテキストになぞらえた自閉症スペクトラムの常同行動とせず、A.juの特性・A.juの一部としてみえた時に初めて、その行動の意味と必要性を理解した。様々なことがみえるたびに、「A.juはA.juのままでいい」という私の思いが強くなる。その思いはまた、私の中から、A.juの特性という意識さえも消失させる。

ひととひととの関わりの視点がＡＳＤ児の関係支援を大きく飛躍させるという、関係発達臨床を展開している心理学者は、「私たち［関わり手］の側の見方が変われば、その行動の意味も違うものになる」（鯨岡 2005:p.34）と言及する。すなわち、その行動の意味が違ったものにみえるのである。長い臨床経験を経た精神科医は「分裂病者が変わったのではなく、分裂病者に対する私の接しかたがかわったための〝新しい分裂病者〟」（江熊 1969:p.235）が現れたという。自閉症論争が活発になされていた時代において、唯一、ひととひととの関係から自閉症を捉えた小澤（１９７４）と同様、みるものの目による新たな患者像を示した江熊の言葉は重い。

みかた・みえかた

例をあげれば数え切れないが、常同行動の例に顕著なように、Ａｊｕが変わったのではなく、私の「みかた」「みえかた」が変わったのだろう。Ａｊｕとの膨大な対話から浮き彫りになった常同行動とされるものの内実は、Ａｊｕに対する・ＡＳＤの基準に対する「みかた」を変え、「みかた」の変化によりＡｊｕというひとの「みえかた」が変わった。

数字を数える、クルクル回るという行為に理由があると分かった後の私の目は、表出される行為から、「今、Ａｊｕを不安にさせている原因はなんだろうか」と「みかた」を変えた。「みかた」の変化により、Ａｊｕの外側に表出され、Ａｊｕというひとから切り離されたように見えていた様々な事象・特性は、Ａｊｕの内側に収まり始めたように感じられ、私の「みえかた」が変わった。Ａｊｕの内側に収まれば収まるほど、Ａｊｕから切り離されていた事象・特性は突出して見えなくなり、ＡｊｕというひとがＡｊｕというひととしてだけ

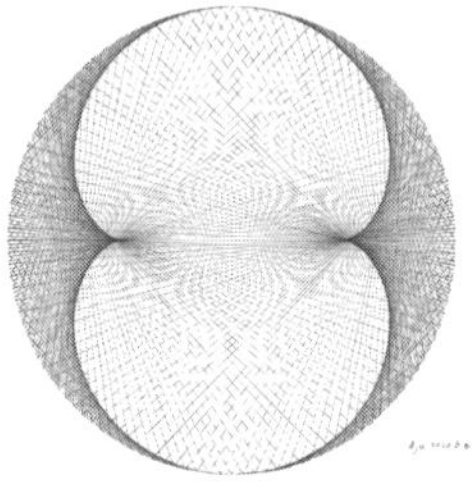

細胞分裂（2020）

「みえる」ようになった。

Ａｊｕの行動を消失させようとしなくなった私の変化によりＡｊｕが変化する。私の「みかた」「みえかた」が変わりＡｊｕが変わる。Ａｊｕの「みかた」「みえかた」が変わり私が変わる。この繰り返しである。「理解が深まるなかで関わりが変わり、変わる関わりにより相互理解も深まる、という当たり前の対人関係こそが、信頼を作り、それが相互の不確実性に耐える力を補償する」（田中 2016:p.191）という言葉は、そのまま私とＡｊｕとの変わりゆく関係性を示している。そういう関係を紡ぐ二者が出遇わない限り、Ａｊｕは今もいわゆるＡＳＤの特徴をもつ人である。

私の強い第一印象だった「輪郭のない子」であったＡｊｕは、診断後、「障がい」に翻弄され、自身の感情に押しつぶされそうな子になった。それからは、輪郭がなくなってしまったかのようだった。何か起きない日はなく、毎日がジェットコースターに乗っているようだった。どう対応していいか分からないことだらけの子だった時期もある。そのＡｊｕは、現在、私にとって「ちょっと感情のコントロールが難しいひと」であり、ＡＳＤのＡｊｕではない。しかし、安心できる関係にない精神科医の前に座れば、今もなお間違いなく、ＡｊｕはＡＳＤとしてみられるであろう。すなわち、「みかた」「みえかた」によりＡｊｕはＡＳＤになり得るが、「みかた」「みえかた」によりＡｊｕはＡＳＤとはなり得ない。ＡＳＤは、ひととひととの関係が出現させる「人間関係」の一つである。また、「障がい」という診断を付すのであれば、ひととひととの「間の障がい」とすべきである。決して、「個」に定位されるべきではない。

「自閉症スペクトラム」は、ひととひととの「間の障がい」であるというのが私たちの結論である。

第10章

これからの私たち

せんせいと（2017）
これからも一緒に。

障がいのある人の課題の一つとして、収入が取り上げられることが多い。それと連動する、あるいは同義のように自立が問題とされる。収入を得ることと自立とは、同じことを意味するのだろうか。

また、Ajuが生き生きと生活し始めることが「障がいを受容した」とされることがある。そうなんだろうか。Ajuの特性をどのようにうけとめ、Ajuの自立をどのように定義し、これからどう歩むのか述べておきたい。

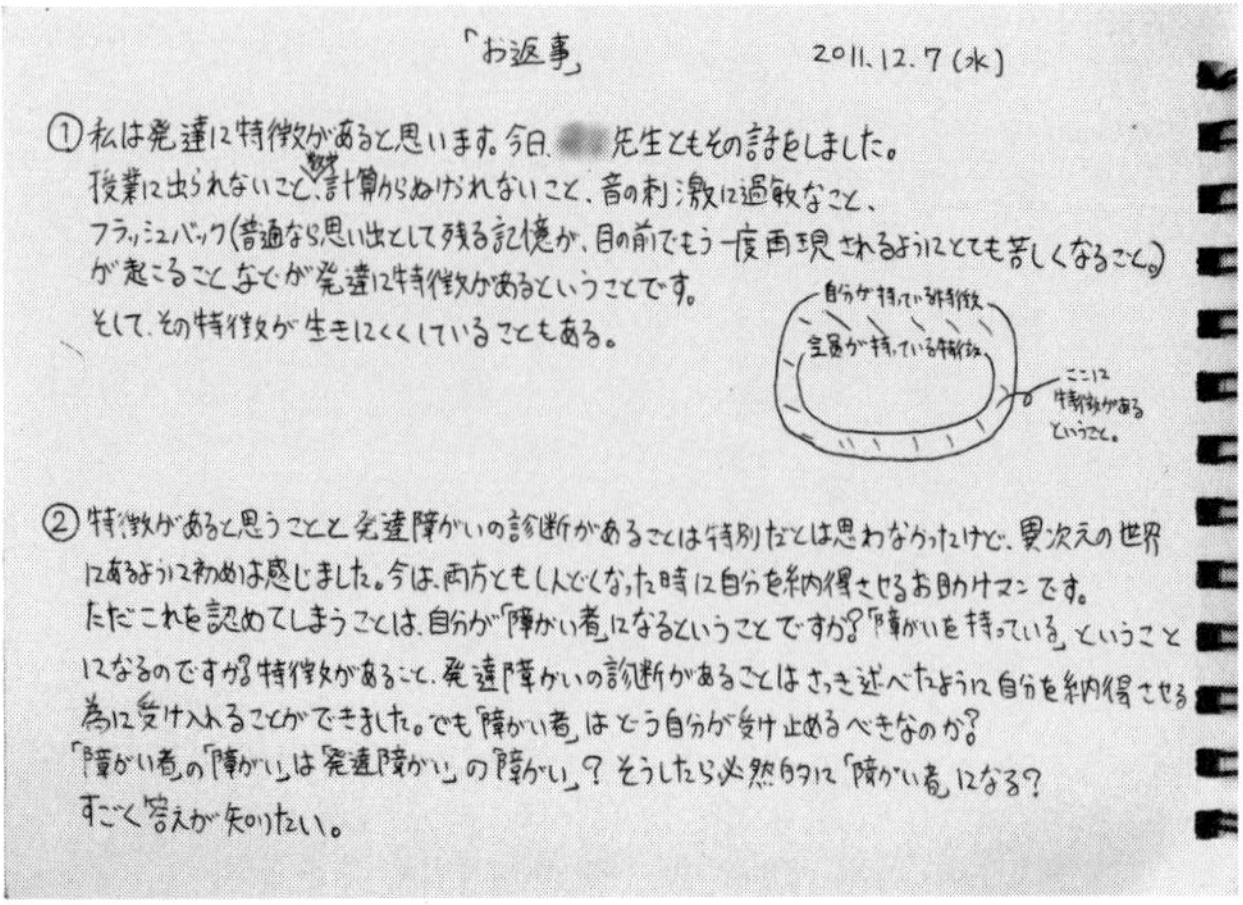
「お返事」　2011.12.7（水）

①私は発達に特徴があると思います。今日、[redacted]先生ともその話をしました。
授業に出られないこと、計算からぬけられないこと、音の刺激に過敏なこと、
フラッシュバック（普通なら思い出として残る記憶が、目の前でもう一度再現されるようにとても苦しくなること。）
が起こることなどが発達に特徴があるということです。
そして、その特徴が生きにくくしていることもある。

②特徴があると思うことと発達障がいの診断があることは特別だとは思わなかったけど、異次元の世界にあるように初めは感じました。今は、両方ともしんどくなった時に自分を納得させるお助けマンです。
ただこれを認めてしまうことは、自分が「障がい者」になるということですか？「障がいを持っている」ということになるのですか？特徴があること、発達障がいの診断があることはさっき述べたように自分を納得させる為に受け入れることができました。でも「障がい者」はどう自分が受け止めるべきなのか？
「障がい者」の「障がい」は「発達障がい」の「障がい」？そうしたら必然的に「障がい者」になる？
すごく答えが知りたい。

スケッチブック「お返事」：特性と障がい（2011）
障害、特性という言葉に悩む中、せんせいとの交換日記で、自分なりの答えを出そうとしていた。

Aju

障がいの先を歩く
「障がい」という言葉

私は障がいという言葉との適切な距離を模索しようとしてきたような気がする。気がすると書いたのは、はじめはそんなつもりはなかったかもしれないから。アスペルガー症候群だと告げられたのは2011年6月9日（木）。あれから10年以上も経っているのに忘れることができない。あの日から障がいという言葉はポカンとあいた心に住み着いた。何も考えたくないのに、障がいという言葉がつきまとってきた。振り払いたかったけど、意識下にない夢にさえ現れてくる。診断を受けてからの1年間は、どんな場所にいても離れることはなかった。私は障がい者なのか。障がいって何だ。この頃、私はまだ障がい者か否かの二択を考えていたのだと思う。私は「障がい者」として見られることを一番恐れていた。――障がい者は働かなくてお金をもらう。かわいそうな人たち。何をするか分からない人たち。健常者に生まれてよかった。健全な身体に産んでくれた親に感謝する。――これまで他者が発する、耳にしてきた障がい観に襲われ、そう見られることが怖くて仕方がなかったからだ。診断によって、「私＝障がい者」という社会的な立場を見せられたようにも感じてしまった。私は私だと思いたい気持ちはかき消され

ていくようだった。

「障がい」との距離

診断を受けてしばらくした頃、障がいという言葉への拒否反応からか、私は障がいをなかったことにしようとした。専門書に書いている行動をなくしてみようと考えた。そうすれば周りに気づかれないだろうと思ったからだ。乗り物を好きになってはいけないと思い、家にある乗り物の本を紐でくくった。身体を揺らしてはいけないと思い、身体をガムテープで固定した。熱中してしまう癖があるから、何にも取り組まないようにしようとした。でもそうすると気が変になりそうだった。自分の本質に制限をかけることはつらくて、生きている実感がもてなかった。

でもそうすると、やっぱり私は障がい者になるのか。そもそも、障がいという診断がついているんだから逆らうことなんてできるわけがない。そうやって今度は障がいに極端に近づいた。そうすると何もかも原因が障がいになってしまいそうだった。できなかった理由を障がいがあったからだと思いたくなる自分がいた時期もあった。分かってもらえない気持ちを心に押し込めるためには、障がいを必要としたい気持ちもあった。何が障がいの特性と言われるもので、何が自分の性格なのか。今まで1つにまとまっていた自分の身体は、診断を期に、特性と性格との2つに分けなくてはならなくなったと混乱した。今の疲れ具合は過刺激によるものなのか、夜更かしによるものなのか。今回きちんと話せなかったのは、雑多な環境の中で相手の声が聞き取れなかったのか、資料の準備不足なのか、それとも違う要因なのか。こんな毎日が全て嫌になって、放棄しようとして周りのひとを困らせてきたこともある。

私らしく

でも間違いなく今の私があるのは、あの頃の私に、周りのひとたちが心を鬼にしてでも私が自分の姿を見間違えないように、一緒に向き合ってくれたからだと思う。腫れ物に接するような接し方ではなかった。障がいを通して私を見たのではなく、私の心に直接問いかけてくれた。いい時の私も悪い時の私も許容してくれる心をもったひとたちのおかげで、私は自分自身に再び問いかけるようになっていった。

現在、あれほど嫌悪していた障がいという言葉にそれほどの感情を抱かない。私を説明するためには必要になる時もある。今はそう思っている。障がい者として見られることを怖がっていた私と障がい者として生きようとした私。どちらも私らしくなかった。

私が診断を受けた時から抱いてきた障がいとの距離感は、10年以上の歳月をかけて、私が私らしく、自分を見失わないで生きていくための距離感へと姿を変えていた。ようやく障がいという言葉に対して私なりの答えを見つけたのかな。

「障がい」という言葉を超えた先で私と過ごしてくれたひとたちは、きっとこれから歩もうとしている私の背中を優しく見守ってくれていると思う。

1　うけいれない、うけとめる：そこから始まる更なる一歩

「障がい受容」とは、どういうことだろうか。大辞林第三版では、受容の意味は、「うけいれること」となっている。だとすると、「障がい受容」は「障がいをうけいれること」となる。「障がいをうけいれる」とはどう

いうことだろうか。

障がい受容

「受容」という言葉自体になんら特別な感情を抱いたことはないが、「障がい受容」という表現には長く違和感を覚えてきた。嫌いな言葉の一つと言ってもいいかもしれない。おそらくそれは、「障がい受容」という言葉が使われる文脈に対する嫌悪である。「障がい受容」という言葉を障がいのある人自身が使うことは少ないのではないだろうか。障がいのある当事者が「私は障がい受容している」「障がい受容できない」というようなことばを発することはほとんどない。「障がい受容」という言葉の発信者は、たいてい周囲の者、専門職種という肩書きをもつ者ではないだろうか。「あの人は障がい受容ができていない」というように。障がいのある当事者、その家族・保護者に向けられるこのことばを耳にするたびに、違和感とともに発する者の高みの傲慢さを感じてきた。あるいは、無神経さかもしれない。また、その響きはたいてい否定的である。さらには、障がい受容しない・できない人は困った人であり、人生に消極的である人と置き換えられる。障がい受容は肯定的な行為として位置づけられ、「すべきこと」「よきこと」として、時に当事者を追いつめる。

安易な使用

「障がい受容」と一言で表現することなど可能なのだろうか。障がいは、ある人に在る様々な症状や状態、特性の総称であり、全体像を表す言葉である。障がいを受容することと一つひとつの症状や状態、特性を受容することとは同義だろうか。例えば、脳性まひとされる障がいを考える時、受容すべきとされる障がいは、脳性まひとされる障がいとなるのであろう。しかし、そんな単純なものではない。脳性まひとされる障がいには、いくつもの身体症状がある。手や足が思うように動かない、首が回らない、痺れる、話しづらいなど、その症状一つひとつの受容に成功すれば、「障がい受容」という肯定的お墨つきを得られるのだろうか。Ａｊｕの日常では、広範囲にわたる特性が心地よい生活を邪魔する。Ａｊｕにとって・私にとって、Ａｊｕの特性の一つひとつを受容することが「障がい受容」となるのだろうか。「障がい受容」という言葉が、あまりにも安易に使われすぎていると言わざるを得ない。障がいを受容することを否定するつもりは毛頭ないが、受容しなければならないものでもないということは強調したい。

Ａｊｕと障がい受容

診断直後のＡｊｕは「障がい」という言葉に翻弄された。今でも、時折、その言葉に悩まされる。今なお、「障がい」という言葉はうけいれがたいとＡｊｕも私も考えている。先にも述べたように、障がいは、一つひとつの特性が重なり合った結果としての全体につけられる総称であり、一つの具体的な事象や状態ではない。そのよく分からない得体のしれないものをうけいれること自体が不可能である。では、Ａｊｕは自身の一つひとつの特性をうけいれているのだろうか。Ａｊｕが特性による様々な生きづらさ（失敗や他者とのズレなど）を自身のせいだと責め続けてきたことは述べたとおりである。唯一、診断がＡｊｕにプラスに働いたのは、これまでの生きづらさがＡｊｕ自身のせいではなく、特性が原因だったと知り得たことである。では、自身に対する叱責や罵倒からほんの少しＡｊｕを解放した特性をうけいれたのだろうか。12年という月日をＡｊｕと共に歩く私はＡｊｕの特性をうけいれているのだろうか。

Ａｊｕを困らせ、疲弊させる聴覚過敏を消失させたいと思うこともあるだろう。こんなに音が聞こえなきゃいいのにと思っている限り、それは特性を受容していないことを意味するのだろうか。そばで生活する私も同じである。生活の中で、ものごとがスムーズにいかない時、Ａｊｕのイライラが爆発する時、Ａｊｕ自身が苦しみ、Ａｊｕのせいではないと分かっていながらも、「なんで今なんだろう」「あぁ、またぁ」という思考が頭をよぎった私を私が責める。この私の有り様もまた、Ａｊｕの特性を受容していないということになるのだろうか。私の答えは、「受容していない」である。受容など、うけいれるなど、できるものでもない。その必要があるとも思えない。受容したからといって何かが変わるわけでもない。生きやすくなるわけでもない。受容すれば前向きに積極的になれるものでもない。言い換えれば、受容などしなくても、生きづらさの軽減を模索することは可能である。前向きに積極的に生きることもできる。さらに言えば、受容しないからこそ模索し続けられる。障がいや特性をうけいれれば、歩みはそこで止まるとも感じている。受容は「もういいよ」のあきらめではないだろうか。「むだだよ」と自分を抑え込むことではないだろうか。少なくとも、私はそう感じている。

不利益の享受

なぜ、そのような感情を抱くのだろうか。それは、「受容」が個として、Ａｊｕと私との生活の中だけでなされるものではなく、社会の要請や要求として求められるからである。受容した時点で、「不利益の享受」に同意することと同義になるからである。そもそもＡｊｕと比較する他者がおらず、どんな人にも生きやすい社会だとしたら、「受容」などという言葉自体が存在しない。元気な耳は元気な耳という事実だけである。もっと言えば、他者と比較することがなければ、（他者に比べて）「元気な」耳も存在しない。しかし、大多数の者のAjuほど元気でない耳が基準になる。どんなに不快な音に晒されようが、他者より元気な耳を「受容」することが、他者により、一般的な授業の形態により、マジョリティが作る社会により要請される。元気な耳であることをあきらめること、すなわち「受容」が求められる。ここで求められる「受容」は、それだけでは終わらない。元気な耳をあきらめることを求める「受容」は、元気な耳がゆえに一般的な形態の授業への参加をあきらめる、マジョリティが作る今の社会における様々な不利益の享受を「受容」することとなる。障がいや特性の受容は決してそのものの受容だけでは終わらず、そのために受ける様々な不利益の受容をも意味する。これが、多くの場合に含意されている「受容」ではないだろうか。私とAjuとが感じる「受容」である。

うけとめる

受容しない、受容などできない、受容など必要ない。しかし、Ajuも私も、Ajuの特性を「うけとめ」ている。Ajuの特性、それらに起因し生じる様々な事象を事実として「うけとめ」ている。無理解から起きる他者からのAjuへの攻撃も、事実として「うけとめ」ている。「うけとめる」とは、事実として認識しているという「認識」とは異なる感覚である。目の前を通り過ぎるような事象ではなく、さらっと流せるような行為でもない。数えきれないほどのつらい・きつい・悔しい思いをしながら、うけとめる。うけとめはするが、私たちの内部に入れる、うけいれることはしない。うけとめるのは、特性や他者からの攻撃を跳ね返し、時には、特性と距離を保ちながらうまくつき合う方法を見つけるためである。

10年前の私は、Ajuの特性に対しても、他者からの攻撃に対しても、戦闘モードであった。現在、多くの場合は、大阪弁で言うところの「あるもんはしゃあない」と少し戦闘モードが緩やかになっている。しかし、あきらめず、冷静に闘っている。うけいれはしないが、うけとめた上で、「さて、どうしよか」と作戦会議をする。立てた作戦が成功しなければ、次の作戦会議をする。大成功とまでいかなくても、Ａｊｕが自身を卑下せず、自身の特性を忌み嫌いさえしなければ、ひとまずは成功としている。Ａｊｕが、特性も含めた自身を嫌いにならないことだけは大切にしてきた。

10年前、大学に支援体制がない状況において、聴覚過敏やその他の特性をうけいれ、教室で授業を受けられなくても、卒業できなくても、「この特性があるのだから」とあきらめる選択をしていたら今の生活はなかった。特性をうけいれていたら、一般的な形態の授業をうけられないこともうけいれていただろう。うけとめは、跳ね返しを可能にする。一般的な形態の授業という「一般」とは何か、マジョリティの作る社会規範を問い続けたからこそ、修学の可能性を模索し、奔走できた。障がいや特性を受容する・うけいれるということと、ありのまま・そのままのＡｊｕでいいということとは異なる。「うけいれる」と「うけとめる」は似て非なるものである。

2　個性へのすり替え

「個性を認める」「多様性と理解する」というフレーズが頻繁に使われるようになってきた。それらのフレーズは、誰が誰に向けて発しているのだろう。なぜ、このようなフレーズが高らかに謳われなければならないのだろう。これらのフレーズにおける「個性」や「多様性」とは、「障がい」や「マイノリティ」という直接的な言葉からのすり替えであり、「障がい受容」と同様、抵抗のある文言である。

障がいは個性か：置き去りにされる「ひと」

はたして、「障がい＝個性」だろうか。中西・上野は、「自立生活運動では『障害は個性だ』という言い方をしてきた。アメリカでは、障害は attribute と表現されていたのが、『個性』と誤訳されたのかもしれない。だが、『個性』とは人格をあらわす用語でもある。（中略）障害は人格ではなく、『属性』のひとつにすぎない」（中西・上野 2003:pp.82－83）と指摘し、「個性」ではなく「属性」と表現すべきであると主張する。小浜は、「個性」ということばには「特長」と同じく、その人のすぐれた持ち味とか美点といったニュアンスがこめられ、障がいが勝ち取られた特性でも、もって生まれた美点でもない点において適切ではない、と述べる（小浜 1999:pp.79－80）。

学校教育においては、「個性を認める」ことが強調されてきた。それぞれの人の「個性」としてはいるが、実際には障がいのある人・弱いとされる人・マイノリティとされる人の「個性」とされてきた。「障がい」を「個性」としてきた流れにおいては、「個性を認める」とは、「障がいを認める」にほかならない。さらに、中西・上野が指摘するように、「個性」とは人格を表す用語という観点から、「個性を認める」ことは、「障がいのある人そのもの」を「認める」ことを要求する。その時点で、軋轢も葛藤もないまま、認めなければならないものとして位置づけられ、人に対するそれ以上の関心、ましてや、ひととひととの関係性は芽生えない。「障がいのある級友を排除しない・差別しない」という直接的な言い方を「個性を認める」というやわらかな言葉に変えてしまったことで、排除や差別に関する思考の機会さえも減少させる。「障がい＝個性」を「認めた」時点で、障がいのある級友に対する無関心を助長し、結果的に「ひと」が置き去りにされる。「障がい」を「個性」に置き換えることで、障がいのある人が直面する課題や社会のあり様に対し、何か行動を起こし、解決に向かっているかのような錯覚を生じさせる。「個性」とは、便利で、かつ危険な言葉といっても過言ではない。

障がいのある人を理解すること：学生の素朴な問い

「障がい＝個性」を認めるという表現の享受、教育方法の弊害について考えさせられた出来事がある。Ajuが診断を打ち明けた後、学友たちは「Ajuは、Ajuのままでいい」と捉え、そう声もかけた。このことば、彼ら・彼女らのAjuに対する接し方を間近で見ていた私は、彼ら・彼女らがAjuをありのままのAjuとして認めていると感じていた。しかし、卒業後、一般就労が難しいAjuの姿について、彼ら・彼女らから私に対し「Ajuには、一般就労が難しいのはなぜか」という問いかけがなされた。Ajuの特性・あり様を見て・経験してきたはずの学友たちであるが、「障がい＝個性」を認めることを要求されてきた彼ら・彼女らは、素直なまでにAjuの「障がい＝個性」を認め、それが「障がいのあるAju＝個性」を認めたことと同義となったのである。

山﨑は、障害を個性とすることが人の思考の停止をさせるとし、左記のように述べる。

「障害を個性」と捉えることで、障害による困難さのみを認識し、すべてを個人の問題として帰結させ、人々は思考停止できる。障害以外を見る努力をしないで済む。公認化された無関心の態度である。そこに共存の思想はない。一見「温か」に見えるまなざしは、温かな中で行われる排除である（山﨑 2007:p.12)。

山﨑は「温かな中で行われる排除」と辛辣であるが、そのように捉えることもまた難しい。Ajuとかかわってきた多くの学生を含む人たちには、排除という意識も態度をも垣間見ることさえなかった。無関心というわけでもなかった。ただ、「障がい」「ひととひと」を思考するに至らない、洞察のなさとみることはできる。しかし、このような態度は、「障がい=個性」を認めることを強いられてきた結果であり、その大きな責は、国が打ち出す方針、「障がい」や「個性」の捉え方にあるとしたい。「障がいの理解」が知識の教授、習得にとどまっている結果でもある。前述の事例では、Ajuの学友らが障がいに関する知識を有していたことは間違いない。しかし、「知識を有する」ことと「障がいを理解する」こと、ましてや「障がいのある人を理解する」こととの隔たりは明らかである。

障がい全体と一時的な症状

このように、「障がい=個性」に対する批判が多くある一方、障がいを個性だとする見方もある。ある対話の中で、2歳で失明した語り手・楠は、次のように述べる。

まず障害を個性として認めよう、生き方として認めようという考え方に賛成です。(中略) ただ、全部個性と言い切ってしまえるかというと、これはちょっと無理があるかもしれないと思うのです。(中略) 精神障害の人も急性症状の時などは、個性だといってしまうと理解されにくい面があるんですよね。だから、個性という部分とそれと区別された部分を明確にして、原点としては個性だということでスタートしたいと思うのです。しかし、個性と一時的な症状との関連がまだ、うまく整理されていないですね (中新井×楠

1998:pp.28－29)。

また、その対談の相手・中新井は、左記のように言及する。

私も個性の一つだと思っていますが、個性というにはあまりにも厳しい場面にぶち当たる時があります。(中略)個性としてとらえるにはあまりにもしんどいところについては、どうすれば集団や社会の中でうまく折り合っていけるのか、みんなで考えていかなくてはならないのではないでしょうか(中新井×楠1998:pp.28－29)。

楠は、「障がい全体」を個性として捉え、しかし、その具体的事象である「一時的な症状」は個性としては捉えない。中新井も同様に、同じ症状・障がいであっても、場面によっては個性として捉えないと言う。はたして、このように切り分けることが可能なのだろうか。障がいを個性とみなすことは、障がいと言われるものの要素(症状)を含む。障がい全体は個性とし、一時的であるにしろ、症状を個性としない・場面によっては個性として捉えないというようなことは、障がいのある当事者にとっても周囲の者にとっても、混乱を招くことになる。

A·j uの個性

私とA·j uとは、A·j uの自閉症スペクトラムという「障がい」、診断基準ともなるA·j uの「特性(事象)」、そのどちらも個性とは捉えていない。Ａｊｕの個性ともいうべき絵の才能の一部にＡｊｕの特性が関係していることは間違いない。生きづらさの要因である特性がＡｊｕの個性を支えているのである。しかし、それをもって、その「特性」をまた「個性」とするかと問われれば、答えは「否」である。

個性を、人の存在それ自身のもつ固有性を指す概念とする考え方もある。

障害をもった能力もまた固有の仕方で自己の存在の固有性を支えるものとなる。その時障害を背負った能力もまた、個性を支える力として働く。しかし決して障害そのものが個性なのではない。したがって「障害それ自体が個性である」ということは出来ない(佐貫 2006:p.109)。

小浜が言及したように、Ａｊｕの特性をもって生まれた美点である特長とするには、それはあまりにもＡｊｕを悩ませている。生きづらさの要因となっている。その特性の一部は、佐貫の言うＡｊｕの固有性を支えている。私とＡｊｕにとって、Ａｊｕの自閉症スペクトラムは自閉症スペクトラムである。特性は特性のままである。それら全てを含め、ＡｊｕはＡｊｕである。もし、「個性」というべきものがあるとするならば、それはＡｊｕその人、個々の人、それぞれの存在自体ではないだろうか。

3　自立とは何か

「自立」とは何を意味するのだろうか。どのような状態になれば「自立」とみなされるのだろうか。経済的に他者に頼らないことだろうか。他者に寄りかからないということだろうか。

自立と依存

障がいのある当事者の一人は、自立について次のように説明する。

障がい者とは、「多くの平均的な人々の身体に合うようにデザインされた人為的環境」への依存が、多くの人とは異なった身体的特性をもつことによって妨げられている人々のことである。つまり、通常考えられているのとは逆に、障がい者とは何かに依存し過ぎている人々なのではなく、いまだ十分に依存できない人々だと捉えることもできるのである（熊谷 2016:p.486）。

近代に生きる人々が「自立」と呼んでいる状態とは、実は、依存していない状態（independence）などではなく、多くの冗長な依存先に依存できており（multi-independence）、結果として特定の依存先から支配される可能性が低く維持されている状態のことだといえるだろう。にもかかわらず、多くの人々が、依存していない状態を自立だと誤認している（ibid.:p.487）。

自立と依存の関係については、左記のようにも言及される。

私たちが求める自立とは、自分たちが住む社会環境の中で他者に従属せずに、自分にとって質の高い生活を実現させるように自分自身で行動していくことです。

しかし、ここで「従属しない」というのは、いかなる意味でも、誰も頼りにしないということではありません。「従属」とは、自分の意思や意欲があるにもかかわらず、それを抑制して、他人の指示や強制に従っているような状態です。「自立」の反対概念とは、「依存」ではありません。（中略）「自立」の反対概念とは「従属」あるいは「服従」であり、他者の指示や命令の前にして自分の意思や意欲を屈することです。

したがって、私たちが求めるべき自立とは、身辺自立や稼得自立ではありません（河野 2015:p.102）。

熊谷、河野の考える自立は、私とAjuとが描く自立そのものである。私たちの考える自立もまた、経済的・物理的な意味において「自ら立つ＝自立」ではなく、他者に寄りかかりすぎず、わきまえた関係の中で依存しながら、自らの意思・意志をもつということである。Ajuが孤立せず、Ajuを理解する他者との関係の広がりとともにAjuの依存先は広がる。安心できる関係性はAjuの意思・意志と意欲を刺激し、私たちの考えるAjuの自立の可能性をさらに高める。

物理的な距離

では、私たちのことを客観的に見てきたひとには、どうみえているのだろうか。私とAjuとの関係やその変化を近くで見てきた長積氏のみえかたである。

Ajuが永浜氏に抱く感情は、母親に抱くような感情というよりは、ある意味、「愛」にも近いようなものが存在しており、永浜氏のそばを片時も離れたくない、永浜氏から嫌われたくないという強い愛着感情が存在するように思う。Ajuの場合は、行動の起点がしてはいけないことはしないという善悪の判断に基づくというよりは、行為の結果が永浜氏に嫌われることなのか否かが判断基準となっている、つまり、Ajuにとって永浜氏から嫌われるということこそが、最も回避したいことなのかもしれない。永浜氏は、「Ajuの自立にとって就労は重要な要素ではなく、むしろ、Ajuが自分のもとから離れていくことこそがAjuにとっての自立ではないか」と述べている。

私とAjuとの関係を間近で見てきた長積氏の感覚は、私と類似している。Ajuが診断を受けてから11年、私に対するAjuの信頼は深まり続けているように思う。信頼はまた、私に対する愛情のようにも感じている。信頼と愛情を切り離すことは難しいが、この2つの感情が相互に高めあっているようにさえ感じる時もある。長積氏の言うように、Ajuの行動が、私に嫌われないことを基準にしていることもある。私の顔色を窺い行動することは、時が経つにつれ減ってきてはいるが、私に嫌われたくないという気持ちはきわめて強い。もしかすると、Ajuの自身に対する自信のなさや不安、生きづらいという状況が私への感情を強めるのかもしれない。

長積氏が語っているように、私の考える「Ajuが私から離れる」は、物理的な距離を意味していない。生きづらさという意味において、Ajuが私を必要としなくなった時が「Ajuが私から離れる」時である。言い換えれば、Ajuの生きづらさが消失した時に初めてAjuの自立が実現する。それはまた、Ajuのみならず、誰にとっても生きやすい社会を意味する。

共歩と自立

現在、Ａｊｕを応援するＡｊｕの周囲のひとは、Ａｊｕの伴走者であり、私の伴走者であり、私とＡｊｕという関係の伴走者であるのかもしれない。やがて、Ａｊｕと共に歩むＡｊｕの「共歩」者となり、私と共に歩む私の「共歩」者となり、私とＡｊｕとの「共歩」者となると思っている。そういうひとたちが「いる」というその事実が、私とＡｊｕとの生活をさらに豊かにしてくれている。前述したように「共歩」は、私とＡｊｕの現在の関係性を示す造語である。私とＡｊｕとの「共歩」と他者との関係について長積氏は次のように捉えている。

ひととひととの間に紡がれた関係性は、誰との関係であっても特別な存在だと思われるが、「共歩」も、永浜氏とＡｊｕとの関係性を表現する「スペシャルな」言葉ではない。Ａｊｕの「らしさ」を活かしながら、Ａｊｕのことを理解し、応援やサポートしてくれるような多様なパートナーが増えていけば、「Ａｊｕが生きていける世界が広がる」。つまり、Ａｊｕが人生を生き抜くために形や在り方を変えながらも、多様な人とＡｊｕが「共歩」していくことこそが、Ａｊｕの生きづらさを解消していくことにつながる。

Ａｊｕとの出遇いから「共歩」という関係性に至るまでの私とＡｊｕとの関係は、ある意味、閉じられた関係であったかもしれない。過度に緊張し、Ａｊｕに対する責任を一人で抱え込もうとしてきた私とそれに必死で応えようとするＡｊｕという二者の関係に、他者が入ることは難しかったのではないだろうか。Ａｊｕの言う「せんせいが、がんばらず、リラックスし、穏やかになった時期が『共歩』のはじまり」は、まさにそのことを言い当てている。私の変化に伴いAjuが変化し、そして私が変化する。「共にある」中で、互いが互いを思い、変化し続ける。これは、私たちが考える「共歩」の核でもある。このようなあり様は、決して私たち特有の関係ではなく、現在、支援関係と呼ばれる・そう思っている人たちの中にも、「共歩」と呼ぶほうが適している場合があるのではないだろうか。

Ajuがわが家で暮らし始めてから10年以上が経過した。暮らす地域で個展を開催し、Ajuは自身の特性について、自身のことばで多くの人に語った。現在、私とAjuと母との歩みに新たなひとたちが加わりつつある。Ajuをありのままうけとめ、Ajuの作品展示、販路を模索してくれる。いわゆる社会の中では、Ajuは自立していないとみなされるが、Ajuは、私や母、Ajuを奇異な目で見ない・Ajuらしくあることを認めるひとたちで作る小さな社会では、着々と自立し始めている。「共歩」を核としAjuらしく生きられる、そんな社会が訪れた時、Ajuの自立は自然に実現していることを再度強調したい。

Aju　絵が見せてくれた新しい世界

初めての経験

初めてのことに緊張しない時はない。それなのに私は、緊張の中にワクワクする気持ちを感じ取っていた。これは普段緊張する場面に比べてほんのわずかな変化でしかないけど、私にとってのこの大きな変化は簡単に見逃せるものではなかった。もしこの変化が、「好き」という原動力にあるのだとすれば、「好き」が私（の緊張）に魔法をかけたのではないかと思いたくなった。ほとんど初めて体感する感情に、絵を描きたいという気持ちが、決して間違いではなかったと思える気さえした。

絵をたくさんの人に見てもらえる方法がないかネットで検索していると、ライブペイントという、人前で絵を描くイベントのサイトを見つけた。ちょうど近くでそのイベントが行われるようで、アーティストを募集していた。私は応募してみることにした。応募用紙に必要な情報を順番に記入していき、これまでの活動・経歴欄を書く時になって、私に書けることがないことに気づいた。活動歴や経歴がある人が何人も応募してくるであろう中で、何も書かなかったらきっと落選してしまう。それでも描いてみたいと思う気持ちは、応募用紙にこう書かせた。「これまでの活動歴はありません。ですが、ぜひ参加したいです」。その言葉とこれまで描いた絵をこれまでの活動欄に貼り付けて応募した。

「落ちるかもしれないね」とせんせいにつぶやくと「いやいや、一人で探して応募したことが一歩前進やん！」と言ってくれた。「一人で応募」ということばに不思議な気持ちになった。いつもなら、必ずと言っていいほど、「せんせい、どう思う？」と訊いていたのに、勝手に応募していたのだから。1カ月後くらいに通知がきた。せんせいに「見て見て！」と通知結果を見せた。届いた書類には、初めて見る、図面で埋め尽くされた用紙の束が入っていて戸惑ったけど、嬉しさの余り、書類をベッド脇に置いて寝たり、朝刊代わりに読んだりして、しばらくの間一緒に過ごした。

緊張の先にあったもの

イベント当日が近づくにつれ、いつも通りの緊張が襲ってきた。緊張感の中にあったはずのワクワクする気持ちが見つからない。いつもと同じ緊張なら、いつも通り入念に準備をしなければならない。当日に描く4m四方のキャンバスをイメージできるように、模造紙をつなぎ合わせて、同じ大きさにした紙を部屋の壁に貼った。当日まで毎日その紙を眺めて、イメージを膨らませた。2日間・計12時間で大好きな建物を緻密に描きたかったけど、間に合いそうにないことが分かってきた。だから変更して、時々頭に浮かんでくる幾何学を描くことにした。キャンバスに9つのマスを書いて1つのマスを1時間で埋めれば、3時間の余裕ができる。その間にお昼ご飯を食べたり、休憩したりすればいい。時間内に描きあげられなかったらという最大の不安要素がなくなって、見通しが立つとホッとした。近くの雑貨店でマジックペンを10本買い、そのまま会場まで自転車で下見に行った。それでも前日になると何も手がつかなくなるほど緊張していた。せんせいと母ちゃんと夕方のニュースを見ながらご飯を食べる。明日が私にとって特別な日だけど、せんせいたちが一緒になって明日に備えようという雰囲気がない。いつもの時間の流れが私の気持ちをほぐしてくれた。

初めてのライブペイント（2015）
線を描くのがただただ楽しくて。

会場で描き始める前に、イヤホンを耳にセットする。会場の騒がしさが苦手で、音楽を聴いていると心が落ち着いてくるからだ。音楽は自分の世界を作りやすくしてくれる。2日間の12時間はあっという間だった。初めて人前で描く。緊張して描けなくなるのではないかと思ったけど、それは杞憂だった。いつも家で絵を描いている時と同じように、描き始めると、食べることも水分を摂ることも忘れて、夢中で描いていたそうだ。地べたに座って本を読んでいるせんせいが区切りのいいところで声をかけてくれた。せんせいがそばにいてくれるだけでとても安心する。描き終わってから「あんた、ずっとニタニタ笑って描いてたで」「幸せそうに描いてたで！」と言われた。「えっ？ 笑ってたの⁉ めっちゃ恥ずかしい」。自覚のない、指摘されたその表情に驚いた。「私、笑っていたの？」。

人前で何かをしようとすると腹痛に襲われたり涙が出たりして足がすくむことが多かったのに。学校の朝礼台に立つ前は、直前にトイレに行きたくなり、マイクが伝える声はいつも震えていた。水泳の試合では緊張で涙がゴーグルにうっすらたまり、その温かい水滴がゴーグルを曇らせ、前が見えないまま水の中に飛び込んだ。大学時代はその極みを行く日々だった。それなのにこの日、今までになかった私がいた。

描いている時は、線一つひとつを描いている感覚がありながらも、この幾何学を思いついた電車の中での様子が思い出されてくる。そこからしばらくの間、幾何学を描き続けていた時のことも浮かんできた。まるで過去と現在を行き来する電車に乗っている気分だ。目の前を過ぎゆく風景に心を奪われ、人前で描いているという緊張は、この風景を見ている限り現れてこなかった。

初めての参加に大満足して終えたはずなのに、来年こそはキャンバスいっぱいに風景画を描けるようになりたい、もっとうまくなりたいという気持ちで埋め尽くされていた。「好き」は、緊張を忘れさせるだけでなく、一歩先の自分の姿、希望をも引き出してくれた。緊張感よりも楽しい気持ちが勝ち、充実感の中に芽生えてくる向上心に気づいた時、この道を突き進んでみたいと思った。自分の「好き」を歩いてみたいと思った。

記憶から４ｍの紙に描く大阪の街並み

私にとって大きなお仕事が舞い込んできた。大阪に事業所がある乃村工藝社さんからの依頼だった。依頼内容はＶＩＰルームから見える景色を描いてほしいというものだった。大きな展示会で「乃村工藝社賞」を受賞

乃村工藝社からのパノラマ風景（2018）
記憶から4m の街並みを描いた。

してからちょうど1年が経った頃で、Ａｊｕに描いてもらったらどうだろうかと声をかけてくれた。近くにいなくても自分のことを思い出してもらえる、声をかけてもらえるということは、絵のお仕事の話に限らず、とても嬉しい気持ちになるものだ。

大阪事業所へは3回くらい行ったことがあるけど、ＶＩＰルームには今回初めて入った。部屋が落ち着いていてきれいなことはもちろんだけど、私は一番奥の窓から見える景色についつい顔がにやにやしてしまう。こんな高い場所から景色を見られるなんて、嬉しくて飛び跳ねたくなる。今みたいに急に感情が高ぶる時があって、その時は、「イ～～！！」と言葉にならない声が出てきたり、身体と頭の中がぶるぶる震えたりする。左の方には通天閣、あべのハルカス、遠くには長居陸上競技場、さらに遠くには金剛山も見える。右側には、南港が見える。目を凝らせば淡路島だって見える。何時間だって眺めていたくなる。会社の人たちは人がいると緊張する私を知っていたので、一人で景色を眺められるように時間を作ってくれた。

一人になると、私はゆっくり景色を眺め始める。知っている建物が見えても、見る場所が変わるとその建物の見え方も変わるから、とても新鮮な気持ちになる。それに数えることが好きだから、窓の数もついつい数えてしまう。横に10個並んだ窓をみると、フラッシュをたかれたような眩しさを感じる。マンションなどは12階建てを見ることが多いけど、それは線香花火のように静かに小さくパチパチしているように見える。数字とまっすぐ伸びるビルを見ると、数学の入り口に立った気分になる。私は展望台へ行くとこうやって時間を過ごすことが多い。その後に気が向いたらスケッチをしたり、写真を撮ったりする。

今回はこの景色を絵にするのだから、少し考えなければいけないこともある。目の前に大きなマンションがドンと建っているので、そのままを絵にすると用紙のかなりの範囲がマンションになってしまう。少しかっこ悪い気がした。今見えている景色よりも、もっと壮大に描くと、見た人はきっと吸い込まれるような気持ちになるんじゃないかな。頭の中で見えている景色の縮尺を変えながらイメージしていく。頭の中のイメージと見えている景色を重ね合わせてスケッチすればオッケーだ。

絵のイメージが出来上がった後は、社員さんたちと紙の材質は何がいいか、描き始める日をいつにするか、1日に何時間描くのかなど、スケジュールの確認をした。何と言っても、おおよそ4mという初めての大きさの紙に描くので、緊張する気持ちと初めての挑戦に、ドキドキ、ワクワクしていた。

楽しくて楽しくて仕方がない

描き始めるまで3週間くらい時間があったので、1週間くらいはその絵のことばかり考えていた。一つ気になることがあれば、飽きるまでそのことについて考える傾向がある。朝起きても、歩いていても、ご飯を食べていても、寝る直前までその絵の景色のことばかり思い浮かべてしまう。撮った写真や描いたスケッチブックを見て、数字やまっすぐな線を眺めて嬉しくなる。私は自分のことを記憶力がいいと思ったことはないけど、どうしても思い出してしまって、忘れづらくなっているのだと思う。だから絵を描く時には、見本を見て描いたりする必要がないのかもしれない。これを素晴らしいことのように思う人もいるかもしれないけど、嫌な出来事も勝手に思い出されてくるから、つらい気持ちが薄れていかない苦しさもある。

会社の人たちは、3週間の間に4mの紙を貼ることのできる描きやすい制作台を一から設計し、組み立ててくれていた。ＶＩＰルームに制作台が置かれて、アンバランスな空間に申し訳ない気持ちもあったけど、静かで落ち着いた雰囲気に気持ちもホッとする。制作台を実際に見ると、大きくて描けるのだろうかと心配になる。私はいつも絵を描くのと同じように、頭の中に見える景色を4mの紙に重ね合わせた。そうして、だいたいの位置に建物を描いていく。1つ建物を描くと、その周りの建物などがだんだん見え始めてくる。この感覚は、思い出を話す時に、だんだんその時の思い出がクローズアップされて蘇ってくるのと似ていると思う。建物のおおよその位置が描けたら、左端から順番に埋めていく。細かく中を描いていく時間がとても好きだ。描いている時はただ描いているというだけではなく、ＶＩＰルームから初めて景色を見た時の気持ち、一緒に会社の人たちと雲を見ながら、遠くにある煙突工場を指さして、あれが雲を作っていそうだ！と面白い話をたくさんした情景と一緒に描いている。はたまた天王寺辺りを描いていると、通っていた大学が近くにあるので、それを描いてみようかと企んでみる。長居陸上競技場の辺りを描いていると阪和線に乗っていた頃の車窓からの景色を思い出す。絵を描いているのか、思い出を眺めているのか、自分でも分からない、そういう映像を見ながら描いている。確かに絵を描いているはずなのに、頭の中の世界に吸い込まれているようなそんな感覚になる。

時々会社の人がＶＩＰルームに声をかけにきてくれる。私の身体が疲れやすいこと、集中し過ぎること、しんどくなれば横になるかもしれないことをあらかじめ話していたので、こうやって声をかけてもらえることは、私にとって心強かった。何よりも、このようなお願いごとを快く受け入れてもらえたことがとても嬉しかった。それに、少しずつ進んでいく絵を楽しみにしてくれている人たちもいて、だんだん見学に来てくれる人たちが増えてきた。私が景色が見える窓側と制作台を行き来しないことを不思議に思う人も多くいた。私は数字や形が好きだから、ビルの形や階数は映像になって残りやすい。数字を見れば視覚的に感情が広がっていくし、直線でできているビルはきれいでかっこいいので、こういった感情や形・映像はいつでも頭の中で思い浮かんでくるから、何回も往復する必要はない。見に来てくれる会社の人たちは、窓側の景色を見た後、私の絵を見るけど、その数メートルの間に何があったか忘れてしまうらしい。だから今度は私の絵を見てから、景色を見にいくと、「ほんとだ、あるある！　こんな建物があったの初めて知った！　Ａｊｕさんよりもここにいるの長いのにね～」とたくさん話をしてくれる。

本物は……

こんなに大きな作品を描いているから、帰る時になっても気持ちの高揚感がなかなか収まらない。帰りの電車に乗って、横長の広告を見つけると、今描いている絵の景色が浮かんできて、その広告のサイズに重ね合わせて景色を見る。雨の日は、電車の窓が曇っているので、指で続きの絵を描く。歩いていても、頭の中はその景色のことで埋め尽くされていく。「普段のアルバイトからの帰りは、疲れた～と言って帰ってくるのに、絵を描いて帰ってくる時は、楽しかった～と帰ってくる。いい時間を過ごしてきたのね」と母ちんは思うらしい。

絵が完成に近づいてくる頃になると、会社の施設見学会へたくさんの人たちが絵を囲うように見てくれるようになっていた。「スケールを使わないのか」と訊かれたけど、スケールが何なのか分からなかった。会社の人がものさしみたいなものと横で教えてくれたので、「ものさしなどを使ったらうまく描けるか分かりません」と答えた。とても驚いた様子だったけど、「Ａ.ｊｕの描き方はそんな描き方なんです」と会社の人が言ってくれたからホッとした。

2カ月ほどかかってようやく完成した。ちょうど2018年12月25日（火）、クリスマスの日だった。この作品は、もちろん私がこれまで描いてきた中で一番大きな作品で、お気に入りの一つだ。今は、VIPルームに入って右側にかっこよく飾られている。でも本物は桐箱に入って保管されている。日焼けをするといけないからと、レプリカを展示することになったみたいだ。最近は「VIPルームに来た人たちが絵を見てびっくりするので、私たちも嬉しくて、ここに入ってきてもらった時には、必ずこの絵の話をしています」。そんな話を聞いて、絵がその部屋に馴染んでいることがなんだか嬉しかった。

Aju　私らしくいられる場所で、これからもGOING MY WAYな先生たちとつながり

人生はひょんなことでとんでもない方向へ向かい始めるらしい。学校の先生になりたいと思って教育大学に入学した私は今、絵の道に進み始めている。絵を誰かに習ったこともなければ、ずっと描いていたわけでもない。ただ、ラクガキで描いた新幹線の絵をせんせいが見て「うまいね」と言って、スケッチブックを1冊プレゼントしてくれたことが始まりだ。よく「せんせいが才能を見つけて、開花させたんだね」「記憶から絵を描けるなんて素晴らしい才能」と言われることがある。このことばを聞くと、せんせいと苦笑いするのが定番だ。なぜって、私もせんせいもこんなふうに絵が成長していくって想像してこなかったからだ。大学在学中は、私がとても大変な学生で、どうすれば教室に入れるか、どうすれば卒業できるか、大学の先生たちを含め、せんせいと奔走する日々だったから。絵の才能を伸ばそう！と私も含めて、誰一人思ったことがない。そして念の

ため、せんせいは美術の先生ではなく、一応、体育の先生だ。でも、いろんな研究をしているから私もよく分からない。もちろん、時々描いて見せる絵を喜んで見てくれる先生たちがいて、それが嬉しくて描いていた気持ちもある。完成した絵を大学の事務の馬場さんや授業を担当してくれる先生に見せに行くと、いつも驚いてくれる。馬場さんの着眼点はすごい。「Ajuは描き方が面白いよな～。僕らは大まかに輪郭を描いてからじゃないと描かれへんけど、Ajuは端っこから細かく描いていくやろ～。よくそれで紙に収まるな～」と。私の描き方って面白いの？　初めて知った！　授業を担当してくれた先生は、「君の絵は細かいな。老眼の僕は眼鏡を外さないといけない」とマジマジ見た後に、「僕の研究室に君が好きそうな細かい絵が描いてある本がある。後で持ってきてあげよう」と500ページ近くある本を持ってきてくれた。私の世界がどんどん広がっていった。広がり方は絵の一方向だけではなかった。

「授業は僕のペースで進む。だから考える時間も限られている。でも君は自分のペースで進める。授業の話をするとこわばる君が数学の話をする時は楽しそうにする」と授業に出席できないけど、自学した内容を先生に見てもらっていた時に言われた。分からない問題を質問するも、まだ考えられると、一つの問題を1カ月かけて解いたことは、私に新しい時間の姿をみせてくれた。こんな先生もいた。緊張する私の様子を見て、その先生が習っているという太極拳の動作を見せてくれて、「僕はこうやって気持ちを落ち着かせているんだ」と姿勢を保てず笑いながら話してくれる。好きなことをしている人たちってなんだか楽しそうだな～。自分の中にある根がぐんぐん深くなっていくようだ。

ちょっと変わった人たちが集まる大学という場所で、GOING MY WAYな先生たちを目撃すると、安心する私がいた。きっと今の私があるのは、そんな先生たちからたくさんの愛情を注いでもらったからだろう。

卒業する頃には、根もしっかり張られ、新しい芽を出すことを怖がらなくなっていた。

土居さんとつながり

せんせいとの出会いが私を変えてくれたことは言うまでもない。せんせいたちがいなければ、仕事について考える時期もなければ、絵が好きだという気持ちに気づくこともできなかったと思う。そして、仕事へつながるような道を選択することなんて考えることもなかったと思う。周りの人との不思議な出会いから始まった絵の道には、面白いことに不思議と素敵なひととの出会いがあった。

絵の道をスタートさせて、初めてのライブペイントにせんせいと二人で参加した時、声をかけてくれる人が現れた。今ではビジネスパートナーでもある土居さんだ。描いている最中に何度も足を運んでくれていたそうだ。若手アーティストの作品を見てもらえるように、展示場所や販路を見つけるビジネスをちょうど立ち上げようとしているらしかった。それで私にも声をかけてくれたそうだ。絵の道を模索していた私とせんせいは、この世界のことが全く分からないので土居さんにいろいろ教えてもらった。土居さん企画の初めての展示は、大阪・堺の山口家住宅という歴史ある場所で行われた。弦楽器とのコラボという華やかなデビューだった。それから土居さんのプロデュースでいろいろな場所で展示してもらった。ほかにもスケッチブックの外し方、油絵というもの、絵の値段のつけかた、画材屋さんという存在、美大という世界など、どんな質問にもいつでも答えてくれた。せんせいと私とのあいだでは「絵のことで分からなければ……、土居さんに！」が合言葉になっていた。

地域とつながり

せんせいが提案してくれた初めての展示会（手作り展示会というべきかもしれない）には地域の人が見に来てくれ、私の作品が何らかの形で地域とつながらないかと考えてくれる人もいた。乗り物が好きなことから近くの消防署へ連れて行ってもらい、たくさんの種類の消防車を見学させてもらった。それがきっかけで消防局が毎年作っている防災ポスターの制作を担当させてもらえることになった。「好き」で始めた絵が私自身の中での完結にとどまらないで、地域という外の世界へ出ていく体験に何とも言えない嬉しさがあった。消防車と古墳の街が描かれた防災ポスターの絵は多くの人の目に留まり、新聞に掲載され、反響を呼んだ。「Ａｊｕちゃんをいろんな人に知ってもらいたいから」と応援してくれる人たちがいてくれたおかげで、少しずつ活動範囲を広げていくことができるようになった。

ライブペイントに４年連続で出場するようになった頃には、イベントの主催者の方が「次のステップに若手の作家さんの集まる展示会に参加してみない？」と声をかけてくれた。その展示会では企業が出している賞などもあった。賞を取ることができれば、副賞にその企業から何かチャンスが与えられる、絵を買い取ってもらえるなどがあった。「何でも挑戦、挑戦！　自分で行動を起こすからチャンスがあるんやで。Ａｊｕちゃんの初めてのライブペイントもそうやったやん」と申し込み用紙を手渡された。このイベントに参加できるほどの力が私の絵にあるのかどうかなんて分からなかったけど、４年の間で親しくなったひとたちの後押しに、挑戦することに決めた。

この大型の展示会では、絵の設置から撤収まで自分たちでしなければならない。それらを助けてくれたのは、せんせいはもちろんのこと、これまで出会ってきたひとたちだった。セッティングに必要なものを教えてくれる土居さん、作品を積み込んだ車を運転し、搬入してくれるせんせいの友だち、私もせんせいも苦手な接客に交代で駆けつけてくれるひとたちがいた。「Ａjuちゃんの周りにはいっつも人がいっぱいいるな～」とこの展示会への参加を勧めてくれたひとが言った。嬉しいことに、この展示会で2つの賞を受賞した。その一つの賞「乃村工藝社賞」がまた新しい出会いをもたらしてくれるとはこの時まだ想像していなかった。「Ａjuちゃん、すごいやん！」とそのひとが言ってくれたけど、そのひとの後押しがなければ参加していなかった。手伝ってくれる周りのひとたちがいなければこの展示会を乗りきることができなかった。私の絵は周りのひとがいてできあがっていく、そう思った。

ひこうき先生とつながり

ある大学のプロジェクトに参加するため東京で過ごした1年間は、たくさんの苦しさがあったけど、素敵な出会いもあった。このプロジェクトは私をひどく疲弊させた。「お茶を沸かせるのか」「家に炊飯器はあるのか」「家にガスが通っているのか」一緒にご飯を食べていると、そんなことばが飛んできた。障がいに理解があると自負する人たちの目には、私はこのように映っていたらしい。その人たちは、食堂のことを平気で「貧民食堂」「平民食堂」と呼んだ。プロジェクトに参加する学校になじめない子どもたちのことを「選ばれしモルモット」とさえ言った。胸が引き裂かれ、心が壊れそうだった。どうしてこのような人たちが教育に携わっているのだろう。そのたびに頭に浮かんでくる教育大学時代の友人たちに向かって、「学校の先生頑張れ～」と叫んだ。

つらい時間を過ごす中でも一つだけ安心できる場所があった。私の大好きな「ひこうき先生」の研究室だ。

先生はチャーミングで素敵なひとだ。本当はとても偉い先生だということを後から知った。研究室に飾られているポスター、カレンダー、お菓子の缶は、どれも飛行機にちなんだものだ。「いつでも遊びに来てもいいよ」と言ってくれる先生と飛行機の話をしていると、嫌なことばから離れることができた。ひこうき先生の研究分野については分からないことばかりだけど、楽しい会話の中で出てくる、物事に対する取り組み方や考え方にいくつも学びがあった。絵に向かう時、「ひこうき先生ならもっと物事を観察しているだろうな」「こういう姿勢で取り組んでいるだろうな」と、異なる分野であっても目標への近づき方が同じだと思うと、一歩でもひこうき先生に近づきたいと思った。私が東海道五十三次を歩いて大阪へ帰る話をした時、「どこの宿でもいいから、メールを送ってください」と、道中を心配してくれた先生。これからの絵の道を応援したいと、国際学会で使用するポスターのお仕事も依頼してくださった。今も月に1回くらいのペースで、メールで近況報告をする。悩み事を相談すると、あの時の楽しい会話の雰囲気のまま、心のスイッチを押してくれるようなメッセージを届けてくれる。

ひととつながり

そして絵を通して、どんどん出会いは増えていく。たくさんの人と出会ってチームA·juができてきた。「ぼく、A·juに障がいがあるの、知らんかってん。A·juの絵が好きで、声をかけさせてもらって、もう1年⁉」（今さらか～い！　それに一応説明したんですけど……）。絵を展示する機会を提供してくれたり、絵の販売をしてくれたりする土居さん。スタートの時から一緒に歩いてくれている大切なパートナーでもあり、初めてできた絵のお友だち。

斉藤さんもそうだ。初めて見てもらったスケッチブックを手にして「なんか見てしまう」と言ってくれてから、もう9年以上だ。毎回のイベントに、欠かさず足を運んでくれる。AjuよりAjuの絵を知る。チームAjuのリーダー的存在だ。

斉藤さんのお友だちで、家族そろってライブペイントを見に来てくれてから、イベントのたびに駆けつけてくれる前田ファミリーも応援団だ。

最近は、他県にもメンバーがいる。石川県からはるばる個展の準備のお手伝いに来てくれて、ほんわかした雰囲気でチームAjuを和ませてくれる。宮城県からも個展の時は連絡くださいよとメールを頂く。津波で家が流された話を聞いた時、胸が張り裂けそうになった。お土産に頂いた「おのくん」（東日本大震災からの復興への願いが込められたサルがモチーフのぬいぐるみ）はそんな出来事を忘れないように、でもかわいらしいお顔で私を癒してくれる。

チームAju

絵を描き始めた頃、絵を描くことは自分のつらい現実から逃れるための手段だった。心を落ち着かせてくれる時間だった。それが今では、たくさんの人と出会い、つながるきっかけを作ってくれている。絵を描くことでひとの温かさを感じられるようになった。友だちなんていらない、人なんて信用できない、そう思ってきた私に「ひとってそんなに悪くないもんでしょ」と思わせてくれるような時間が積み重ねられていた。絵を描かなければ、ひとのやさしさが見えないままだったかもしれない。甘えること、頼ることを知らないままだったかもしれない。自分の感情がこんなに豊かになることはなかっただろう。理不尽なことに遭遇しても、私の心にはたくさんの応援団がいる、今はそう思うことができる。

「周りのひとに支えられて私があること、大変なこともあるけどひとってなかなかいいものだ」。そう気づかせるために、絵と出会わせてくれたのなら、私は本当に幸せな人だと思う。

こんな素敵なみなさんに感謝しています。そして、イベントに足を運び、応援してくださるみなさま、一人ひとりにお礼の言葉をお伝えできないのが残念ですが、とても感謝しています。

孤独だったはずの私はせんせいと出会い、馬場さんに励まされ、木立先生にお世話になった。ちょっと変わっているけど好きなことを探究する先生たちを見てホッとして、そんなひとたちのいる環境の中で絵を描いた。卒業してからは、そんな絵を通してたくさんの人たちと出会えるようになった。チームＡｊｕはこうしてできあがってきた。

社会から見られる私はおそらく「障がい者」「発達障がいの人」になる。でも、今ここには、私を私として見てくれるひとたちがいる。少し変わっていることに変わりはないけれど、それが「障がい」という言葉に置き換えられないで、つながっていられる関係がある。私自身が、「障がい」という言葉に敏感になっていた時期もあった。でも周りにいるひとたちは、「障がい」という言葉を使わなかった。あの時は、私を傷つけないようにしてくれているのかなと思っていたけど、本質はもっと深いところにあったと今は分かる。言葉ではなく、「どんな状況にあっても大丈夫な場所があって、信頼できる人がいる」と教えてくれた。

私と私のそばにいてくれたひとたちとの間には「障がい」はない。私側にあるものだと思っていた「障がい」は、ひととひととの関係性の中で、生まれたり、生まれなかったりするものらしい。

私は「発達障がい」を生きない。
きっとそれが、私のそばにいてくれるひとたちへの恩返しになるから。

これからのこと

絵で生計を立てると決めてから、5年が経とうとしている。今その目標に少しずつ近づいている。これまでは一定の収入が得られるようにアルバイトを基本収入としていたけど、絵が少し売れるようになって、アルバイトの回数を減らして、家で絵を描く時間が増えてきた。母ちん、つまり大家さんに支払う家賃と毎月かかるスマホ代や保険料、定期的に通う病院や薬にかかるお金、そして少しの娯楽費、これらを自分の好きな仕事で得た収入から払える日がこんなに早く来るとは想像していなかった。

私は幸いにも大学を卒業してから、就職ではなく就労移行支援センターという場所で自分に適した仕事について考える時間を得た。自分に合った働き方とは何なのか、自分を見つめ直す時間があったおかげで、生計を立てるとはどういうことなのかを考えることができた。働くために生活するのではなく、毎日が楽しいと思える生活についてよくせんせいと話し合ってきた。もし自分を見つめ直さずに、生計を立てるということを一般的な収入を得ることとしていたら、おそらく今ももがき苦しんでいた。せんせいも一緒になって考えてくれた。こうやって一緒に考えてくれるひとがいるのは本当に嬉しいことだ。絵で生計を立てると決めた時に、どれくらいのお金が必要なのかを詳しく書き出し、計算した。そしてその分の収入が得られる働き方を考えた。絵の収入を0とした時、何時間のアルバイトをすればいいか。いくつもシミュレーションをした。

私は身体がとても疲れやすい。毎日10時間の睡眠と、アルバイトがある時にはさらに昼間の2時間の睡眠がないと身体が回復しない。だからこうして、家で絵を描くという仕事ができることは本当にありがたいことだ。家で過ごすと、外にいる時よりも刺激が少なくて疲れにくく、自分の体調に合わせて、仕事をする時間を決められる。いずれ家で仕事ができる時間が増えていくと、毎日が過ごしやすくなるねと、せんせいとも話していたことだった。今はそれが少しずつ実現してきて、一日が楽しくて、充実して終えられる日が多い。もちろん数年後にはまた絵が売れなくなって、アルバイトを頑張っているかもしれない。畑で野菜を育てるのが好きなせんせいからは、将来的に自給自足の暮らしもいいでと誘われている。私ももちろん絵以外にもたくさんのことに興味がある。世界の情勢や歴史、植物の世界、数学に関心があって、最近は言葉にも興味をもっている。近い将来、世界中を旅しながら、絵を描きたいとも思っている。でもあまり気張らずに、これからも絵が日常の一部にある暮らしが続くといいなと思っている。

三人での暮らしについて

母ちんと、せんせいと暮らし始めて、もう11年目。この間、三人の関係も変わってきた。まず一番大きな出来事として、私が自分のことを自分で解決できるすべを身につけられるようになったことがある。これについてはせんせいも母ちんも大絶賛してくれる。これまでは、感情のコントロールが難しくて、その感情のまま動いてしまい、冷静な判断ができなかったり、大切にしていたものも怒りの感情だけで壊してしまったり、パニックになったり、反対にものすごく落ち込んでいる時は、何もできなくなって石みたいに動かない身体をどうすることもできなかった。自分でもどうにかしないといけない、どうにかしたいと思っていても、自分で自分を動かすことが難しかった。そのたびに、せんせいや母ちん、周りのひとに一つずつ一緒に解決してもらわなければならなかった。今は、自分でどうすればいいのか分かるようになってきた。

まず、あふれ出てくる怒りの感情は、気持ちを落ち着かせることだ。音楽を聴くのもいい、苛立ちをノートに書くのもいい、数字を見に外に出かけてもいい、寝るのもいい。そうして気持ちが落ち着いてきたら、本当は自分が何をしたかったのか、どうしたかったのかを考える。うまくいかなかった原因が何なのか探して、次にそうならないようにどうすればいいのか考える。気持ちが沈んでいる時は、映画を見に行くといい、好きなものを食べるといい、スーパー銭湯に行くのもいい、何もしないをオッケーとする。少しずつの積み重ねによって解決方法を自分の中で用意できるようになった。こうなるまで人より多く時間はかかったけど、今はどんな時も自分で自分を動かしている実感がある。大学生の時、馬場さんにも言われたことを思い出す。「自分がいてその自分をスーッと上から眺めることができるようになったら、自分のことを客観的に見れてるってことやで」と。こういうことかとようやく思う。

せんせい、母ちんとの暮らしは、私のこの変化によって穏やかになったのかもしれない。私がイライラしないように、パニックにならないように、先に物事のいろいろなことを回避してくれたり、私が気持ちよく過ごせるように、せんせいたちが我慢していてくれたこともあったのだろうなと今になって気づく。申し訳なかったな～という気持ちもあるけど、ありがとう！と思うことにしている。

そしてもう一つ、身につけたこともある。それは折り合いをつけられるようになってきたこと。私は何と言っても、自分のやり方・ペースを貫きたい気持ちが強すぎる。せんせいたちから言わせてみれば、超自己チュウ。興味・関心のあることに取り組んでいる時には誰にも邪魔されたくない。だから、一緒に暮らしているのに、予定にない頼まれごとに関しては協力的でないどころか、苛立ちを露わにする。それが少しずつ変わっていった。

　せんせい父の死で、取り乱すせんせい。母ちんの抜け殻のような姿。一緒に暮らしているのに、せんせいたちの力になることはできない。ただ、日常に戻ってほしくて、生活のいろいろなことを元に戻したかった。静かに泣く母ちんに、何ができるだろうか。気丈に振る舞うせんせいがどうすれば、力を抜くことができるのだろうか。ただ一つ、私が日常をまわすことができれば、だんだん戻ってくるかもしれない。そう思うしかなかった。自分がいつも通りに過ごすこと、そして少し周囲を見渡すことで、元気にしたいと思った。私が折り合いをつけられるようになったのは、何か段階的に取り組んできたからではないような気がする。あの時、自分のことよりももっと大切なことを思ったからかもしれない。ご飯を食べなくなる母ちんに、何か食べてもらいたかった。せんせいに、すこしでも多く寝てほしかった。自分のことよりも優先すべきことだった。そのあたりから変わり始めたのかもしれない。自分の周りにいるひとのことが視界に入ってくるようだった。折り合いをつけることとはそぐわない話だけど、その出来事が私に人と暮らすということ、自分の世界と周りの世界は影響し合いながらまわっていることを教えてくれた。

　だから、自分のペースも優先してもいいけど、少しゆとりを残して周りを見られるように意識している。私のことだから、すっかり周りが見えなくなってささいなことでイライラしてしまうことも多いけど、少し気持ちを落ち着かせたら、このことを思い出すようにしている。折り合いをつけるという言葉は、折り紙をきれいに折りたたむように、自分の気持ちに整理をつけながらうまく折りたたむことだと思っている。せんせいたちも「気が利くようになってびっくりするし、予定変更も、突然のお願い事に動揺しなくなってきたね」とちょっとした変化を喜んでくれる。

そして最後に、自分で言うのも変だけど、頼りにされることが増えてきた。私はそれがとても嬉しい。長い間助けてもらってばかりという気持ちがほとんどだったけど、今ではずいぶん変わってきた。せんせいと出会って12年ということはせんせいも母ちゃんもその分、年をとったということだ。せんせいは正直なところまったく変わっていないように見える。母ちゃんは少しずつ変わってきたと思う。せんせいは、老いていく母ちゃんの姿を見て、少し寂しそうに、悲しそうに、でも冷静に、「体力的なことはだんだんしんどそうにしてるね、でも頭はクレバーやからそこは大丈夫」と思っている。そんなクレバーな母ちゃんに私は知らない言葉の意味について訊く。頭の中に国語辞典があるみたいに正確に教えてくれる。何よりも母ちゃんの穏やかな声で教えてくれるその意味は辞書を引くより数倍心に入ってくる。せんせいも、執筆した論文の誤字や脱字、日本語のおかしな箇所を修正してもらっている。

母ちゃんは、とても論理的に物事を考えるから、きっと自分の身体が疲れやすくなってきて、動けなくなる日のことをリアルに想像していると思う。そんな母ちゃんに対して、私は自分のできることはやろうと思っている。すぐに自分のことを優先してしまうから、日々の生活の中で母ちゃんのために5分でも10分でも使えるように、自分の中で気持ちに折り合いをつけるようにしている。布団を取り入れた後、セッティングすることだったり、自分の部屋のついでに母ちゃんの部屋を掃除したり、郵便物が来た時はできるだけ取りに行くようにしたり、ささいなことだけど、母ちゃんの世界を自分の世界に近づけて考えてみる。母ちゃんが熱を出せば、アクエリアスを薄めて、小さなペットボトルに作っておく。キャップが固いと開けられないから、緩い力でも開けられるようにしておく。母ちゃんが入院をしていて、せんせいが大学にいる時は、私が母ちゃんの病院へ、着替え、コーヒー、とれたて野菜と近況報告という荷物を持ってお見舞いに行く。せんせいはそういう姿を見て、きっと喜んでくれていると思うし、頼もしく感じてくれていると思う。

せんせいと母ちゃんは親子だから、関係がぎくしゃくする時もある。その時は、私が、静かに母ちゃんのところによって、面白い話をしたりする。もちろん私と母ちゃんがぎくしゃくする時もある。母ちゃんは私にお節介が多い。昨日、〇時まで起きていたでしょう。夜中のトイレ、△時に行ったでしょう。朝はご飯あります。鍵を持って出発ね。（仕事から帰って）疲れたから寝てください。一つひとつ言われなくても、自分でするよという気持ちがむくむく出てくる。やる前に先に言わないでと、むしゃくしゃ思う時がある。でも、せんせいは「Ａｊｕが来たばかりの時には、そう言われて、何も思わなかったんだと思うよ。Ａｊｕが変わってきたんだよ」と言う。そういう時もあったのかと妙に納得した自分と、あとでゆっくり考えて思い当たることもあった。亡くなったせんせい父に母ちゃんがよくそう言っていた。もしかしたら、亡きせんせい父の面影を私に重ねてしまうのかな。私はせんせい父じゃないよと言いたいけど、気持ちをうまく折りたためる時は、母ちゃんの声かけに頷くようにしている。でもたいてい、反抗ばかりしてごめんなさい。

これまでの私たちの生活ではせんせいが一家の大黒柱だった。今もそれには変わりはない。でも11年の月日で、私のできることがたくさん増えた。せんせい、母ちゃんだけでなく、私も三人の生活の重要な役割を担うようになった。図形の三角形の点にそれぞれ、せんせい、母ちゃん、私がいるような気がしている。日常生活の大部分ではせんせいが三角形の頂点にいるけど、せんせいがいなかったりすると、母ちゃんや私がそれぞれ得意な分野で頂点になるから、三角形はころころ回転する。もちろんせんせいがいても、母ちゃんが作る和風料理の時は母ちゃんが三角形の頂点になる。せんせいも私も認めるおいしさだ。

それぞれの役割でまわっていく日々が、これから先も続いていくといいな。

番外編

私たちの強い味方

12年前、A・juと私とで始まったドタバタ生活。

大学構内という空間では、二人っきりで奔走した時期も長い。でも、いつも母がいた。父がいた。長積先生がいた。チームA・juがいた。そのほかにも多くのひとがいた。

母は、私を・A・juを・私とA・juとをどう見てきたのだろう。長積先生には、このような関係がどう映ったのだろう。二人に語ってもらった。

番外編 1　日々の暮らしの中から……母ちん

「母ちん」こと、「せんせい母」。いつの頃からか敬称は愛称となり、最近ではA・juに「みち子さん」と呼ばれたりする。ひとりの母にして、A・juに空き部屋を提供する大家さん。三人三様の珍生活の一端をご笑覧あれ。

・はじめまして、A・juのご家族

2012年1月2日。A・juの家族（父・母・兄）が全員でA・juの新しい住居となるわが家のぼろ離れに来られた。あら、まあ、ご家族総出とは。少し腰の引ける、にわか大家さんの「せんせい母」である。まずご両親と地震を含む天災については責任をもてないことを確認し合う。次いで借主であり、すでに顔なじみで家賃支払者であるA・ju本人と諸々の条件を確認する。契約は1年更新とし、後日契約書を交わす。「家賃3万円（光熱費込）。自炊。一人暮らしの練習」と位置づけた。ここからA・juは大学とバイトに通うことになる。

一つ年上の兄ちゃんは離れの隅々まで探検、自宅通学生である彼は、下宿なるものに興味津々、なあるほど、それでくっついてきたわけね。独り、謎解きを楽しむ大家さんでした。

・サバ定食

A・juは離れの住人になる以前から、時折わが家を訪れていた。書物だけは家が傾ぐほどあるわが家の書架から、長い時間かけて本を選び持ち帰るのを常としていた。昼食は塩サバ、味噌汁、時に季節の野菜のおひたしや煮物、私たちはこれを「サバ定食」と呼んだ。まあ、飽きもせず、おいしいおいしいとよく食べてくれた。

皮付きのタケノコの調理、わらびのあく抜きなどを見るのは初めてと、都会っ子のＡｊｕは目を輝かせる。今から思えば、Ａｊｕの探究心は多岐にわたっていた。犬の散歩を兼ねた山歩きの帰り、農協直売所で朝掘りのタケノコが手に入った時には、メールを出して来宅を促したりもした。

診断後、ずいぶん経ってから、家族報告の文章書きに呻吟するＡｊｕに供したのもサバ定食。大家さんには、Ａｊｕと聞けば、サバ定食なのである。今も献立に窮すると「塩サバでも焼こか」となる。

・ニューヨークへ

２０１２年２月、ご褒美兼景気づけとばかり、ニューヨークへ。せんせいとＡｊｕと大家さん、それに大家さん友人を含め、計４人。大家さんはこの時、乳がん術後の通院からひとまず解放されたばかり。そもそもＡｊｕの離れ下宿の相談は術後間もない入院中のことであった。

憧れのニューヨーク、彼女の大好きなビルビルビル。歓声をあげるＡｊｕ。グランドセントラルで小パニックはあったものの、身体の不自由な、大家さん友人の車いすを押しつつ、ニューヨークの街並みを飛び歩き、初めてのミュージカルではお迎えリムジンにことばを失う。宿屋では物おじせずフロントのお兄さんたちと英語が通じる喜びも体験。ところが、Ａｊｕはメトロポリタン、モマは駆け足、この頃はまだ美術館に興味を示さなかった。子どもたちが思い思いに座り込み寝転んで、ゴッホの「糸杉」を模写していたよ。黒々とうねりながら天を突く糸杉、細い三日月がかかる。何というぜいたくな時間が子どもたちに与えられて

母ちん（2019）
絵の売り上げでせんせい、母ちんと懐石料理。目標を１つ達成！　次はニューヨークへ連れていくね！

いるのだろう。Ａｊｕの目にはどう映ったのだろうか。もしかして素通りかな？　さて、ニューヨーク再訪の時、今度はどんな美術館巡りをするのだろう。大家さんをニューヨークに招待するというお約束、きっとだよ。ファントムのゴンドラをもう一度！

・チンゲン菜が苦手なわけ

下宿直後に始めた鉄道会社のバイトは弁当持参。毎日繰り返されるチンゲン菜とウインナー、梅干しの弁当。ルーティーンは彼女の彼女らしさである。お好きにどうぞ。大家さんはあきれながら眺めていた。鉄道会社はさすが大企業、いろんな配慮に応じてくれたが、鋭敏な聴覚がもたらす苦しさ、トイレ利用客の文字にするのも気の滅入る罵倒などで、仕事継続が困難となる。他人を見下してやっと心のバランスを保つかに映る人たちの存在。異質なものを排除する不寛容な空気。人は弱い生き物である。これらの人たちも、また、どこかではじかれ、しんどさを抱え込んでいるのかもしれない。チンゲン菜＝鉄道会社となったＡｊｕ、今でも入りたくない駅のトイレがあるように、チンゲン菜も苦手である。ほらね。ほどほどは大事なんだよ。と思っていたら、夕食に自らチンゲン菜を選び、ポンズ味で炒め美味しく仕上げた。

通学、通勤の車内でも、不快な目に遭ったＡｊｕ。てのひらの小刻みな動きを見とがめ、嘲笑い、ののしる一人の乗客、上目づかいに窺いながら傍観者を決め込むその他大勢。Ａｊｕは自ら途中下車する羽目になった。電車に乗るのが怖くなった。乗れなくなった。乗ろうとすると、過呼吸が起こる。そこはぼくの役どころとばかり、「せんせい父」は嬉し気に学校まで付き添ったりもした。この変わりゆくＡｊｕに、今は亡きせんせい父の声がする。「Ａｊｕ、やるなあ」。

・白菜と豚肉と

Ａjuが初めて覚えた料理らしい料理は白菜と豚肉の蒸し煮。大家さんのアバウトな調味料の分量に混乱しながら、自分の味を作り出していった。今や料理のレパートリーは広い。せんせいの助手を務め、大家さんの煮物をのぞき込み、クックパッドなどを開き、自己流にアレンジ。それが結構おいしいのである。この辺りの名物、いかなごのくぎ煮もすぐにマスター。味噌汁の出汁のとり方から始まった長い道程でありました。鯵、鯖、鯛などの魚を器用にさばく。教える人があって、魚好きのＡjuはその技を習得。おかげで大家さんたちは作りたての刺身に舌つづみうつことしきり。ところが、仕事に制作にお出かけに忙しい身、しばらくお目にかからなかったが、ある日、Ａjuとせんせいは朝一番に市場に出かけ、Ａjuの手による鯛と鯵の刺身が夕食に並んだ。プリプリの鯛、油ののった鯵、そのおいしかったこと！　お酒が進みましたねえ。

・クルクル

大教二部の授業の終了は遅い。23時ともなれば、夫は落ち着かなくなる。当時、大学では、悪意ある紙切れがロッカーに滑り込ませてあったり、Ａjuを貶めるメールが届いたり。心乱され苦悶するＡju。母屋の台所兼居間をクルクル回る。夫はそこいらのものを片づけ、空間を確保。心行くまで回ってもらう。ゴンゴン頭を壁に打ち付ける。まつげも抜く。どれもこれも痛いやろ。しかし、どこかでスイッチが働くらしく、自ら終える。

Ａjuの服薬する安定剤も当然不安要因の一つ。せんせいから「気になって」と連絡があったある深夜、寝入っているＡjuを叩き起こし薬の残量を確かめたこともあるが、ここにも自制心が働き、医師の指示が守られていた。面倒なのは、過呼吸。まず離れの自室で起こす。死の心配はないとはいえ、失神くらいはしそうである。そこで、大家さんは、宣言した。今度「過呼吸」を見つけたら、この家に居てもらうことはできない、命を預かっているんやから、と。以来せんせいも大家さんもAjuの「過呼吸」にお目にかかっていない。離れは母屋から10歩足らず、さらに、離れ1階の1室はAjuとせんせい、大家さんとの共用スペース、Ajuは一人であって一人ではない。いつ大家さんが現れるかもしれぬ。下宿の可否という生活の根幹を揺るがす過呼吸。その予兆の訪れに、自らゆっくり深呼吸をするなど、それまでに何度も学習した対処法のあれこれを自ら試すという自衛が働いたのではないだろうか。

そのうち、嬉しい時もクルクルすることに大家さんたちは気づく。クールクル、大家さんも一緒に回りたくなったよ。

・帰ってもらおう

前述のごとく、大学構内でも、イヤーなこと、つらいことがAjuを襲う。帰宅時間が遅くなるのは必然。事務の方に自宅まで送っていただいたことも二度や三度ではない。かつて私たち夫婦は、三人の子どもたちに20時の門限を課し、電話で20時の在宅を確認すれば、以後の心配をしなかった極楽とんぼの親だったが、そこはよそ様の娘、Ajuの帰宅時間の遅さには夫が音を上げた。電話はまだか、迎えに行ってみるわ、あげくの果てに、やっぱり年頃の娘さんを預かるのは無理や、何かあったらどないすんねん、自分とこに帰ってもらおう、となる。ところが、いいサイクルで、Ajuのお早いお帰りが続いたりして、「帰ってもらおう」のセリフが収まるのであった。

・ひらひら

あれ？　何だろう？　ふと見上げた離れのベランダ。何かひらひらしている。洗濯もののようだ。何と1週間、とりこまれずにいたそうな。見えなくなったものの存在を忘れる。ないことになる。これがAju。大家さんは大変です。洗濯機の底に残るICOCA（ICカード）を発見、あら、また。その都度ICOCAを購入するAjuはICOCAもちである。今も時々現れるこの現象、本人も自覚、故に見えない所にものを置かない。その結果、部屋にはものが散乱することになる。せんせいの帰宅のたびに、お部屋の整頓が定番。一つひとつ丁寧に確認しながら、二人でお片づけ。我が子ながら、せんせい、ようやるわ。

かにかくに　生き難きこと　多き子に　ことば尽くして　試みる吾子は

・帰っておいでよ

Ajuの不安定さにせんせいは大学の官舎である大阪府・八尾のアパートにAjuを連れ帰ることもしばしば。学校で一緒、帰って一緒、24時間を共にするわが娘の心身の疲弊に心痛めるせんせい母。このままではこの子が潰れる。Aju、帰っておいでよ。

しかし、極限状態が身体に現れるAju、入院に至ること3回。中には手術を伴う大病もあった。幸い入院先は堺の自宅に近い。せんせいはしばらく実家に帰ることを選び、近くにせんせいがいることはAjuの安定につながった。それでも、一人で入院しているのは、よほど心細かったのだろう、入院先からタクシーで急遽帰宅したAjuを翌朝せんせいが病院に送るなどという非常事態も発生した。

Aju、ここがあなたのお家だよ。ここに帰ってくるんだよ。せんせいをたまには、一人にしてあげようね。

・離れても離れない

2013年、せんせいが滋賀県の大学に移ることになった。この距離こそ二人にとって遠からず、近からず、母の望みのほどよさである。この決定はせんせいから丁寧にAjuに伝えられた。混乱するAju。「離れを出なきゃ」と思い込む。「今まで通り、ここに居ていいんだよ」と、繰り返し行われる説明。遠くにいても心はいつも一緒にいるんだよ。離れても離れない。物理的に距離を置くことで、Ajuへの心配を募らせつつも、わが娘は生き生きと新しい道を行くだろう。Ajuも自立を模索し始める。Ajuはお別れ会のカードにせんせいの愛車ジムニーと共に「いってらしゃい」と書いた。「お帰りなさい」を言うためのいじらしいメッセージである。

しかし、せんせいはほぼ毎週末には帰宅。「おかえりー」弾むAjuの声。さらにせんせいが滋賀県・草津に住むことで、Ajuに新しい楽しみが生まれた。せんせい宅訪問である。時にはせんせいから頑張るAjuに特急「はるか」乗車のボーナスが出たりして、電車大好きAjuは喜々として通った。彼女曰く、「ほとんど毎週、行ってたよ」。新しい大学のせんせい同僚である長積先生にも「友だちの友だち」感覚かすぐになじみ、今もかわいがっていただいている。

・同じ屋根の下で

2014年秋、夫の死去。翌年、母屋の東隣にかろうじて建っていたぼろ離れを解体。せんせい念願の家庭菜園となる。以来、母屋の同じ屋根の下で大家さんとAjuが暮らす。Ajuが「宿借り賃」と称する2万5千円（鉄道のバイトをやめて以来）の支払いは変わらないが、お部屋代はゼロとして、食費と光熱費に充当する。そもそもAjuのお引っ越しは離れ解体という大家さんちの都合。それに一人住まいのAjuを心配しないで済む。さらにAjuが居てくれると大家さんも心丈夫である。この時、ごく間近に迫っていた大家さんの災難を見越していたわけではないのだが。

Ajuはといえば、2017年9月から、週5日午前中のバイトを始め、その定収入に加え、絵が売れることもままあり、自分の財布から立て替えた支出を「どろぼう財布」（泥棒さんの風呂敷の絵柄から命名、家計専用）から取り忘れることも多くなった。「そんなことしてたらお金貯まらへんよ」と時々精算を促す大家さん。いつの時点か定かではないが、Ajuは自ら申し出て、大家さんへの支払いを3万円に戻している。2019年猛夏、Ajuは光熱費の足しにとさらに月5000円を上乗せして支払ってくれた。もちろん家計も助かったが、その心根の愛しいこと。なんともほっこり気分の大家さんでした。

週末に帰阪のせんせいはAjuの隣のお部屋。せんせいの帰宅はAjuに至福の時をもたらす。ジムニーのエンジン音を遠くから聞き分け、どこにいても玄関に飛び出す。それからは片時も離れない。自分のベッドから布団を引きずってきて、わずかな時間もおしゃべりは続く。母である私には時につっけんどんな物言いをする娘であるが、Ajuには限りなく優しい。意識して優しく振る舞うのではない。隈なくAjuなる人物を知り尽くしているからなのだろう。しかも、Ajuとせんせいの間には適度な緊張感が保たれている。せんせいは「こわい」時があるらしい。我が娘ながら、せんせいに脱帽。

・えっ　250名！

2015年5月、母屋の西側隣家、「せんせい邸」で初めてのAju個展を開く。今は亡き父のために、売りに出た隣家をせんせいが即購入。わが夫はこの家に帰ることはかなわなかったが、仲良しAjuの初の個展会場になった。大家さん、ここぞと張り切る。疎遠になっている知り合いにまで来場を要請する手紙を書きまくる。ポスターを貼り、ご近所さんのポストに案内状を入れさせていただく。

特筆すべきはAju父の展示の才である。もともとデザイン関係の仕事をされていただけあって、休日を利用しては来宅、Ａｊｕと意見を交わしながら、展示を完成された。いわば、Ａｊｕと父との「手づくり展示」。時折、畑のベンチで一服される父の姿は穏やかそのものだった。

いよいよ当日、せんせいの大学の同僚や友人、大家さんのボランティア仲間、ご近所の仲良しさんなどが手弁当でこもごもお手伝いを担う。Ａｊｕの友人、知人も集まって、何と3日間で250名もの来場者あり。大家さんは懐かしいお顔に右往左往。絵もポストカードも、つけた値段のお安さもあってかほぼ完売。ご祝儀で大作を購入してくださる方もあり、すでに社会人として活躍するＡｊｕのお兄ちゃんも大きな作品を買ってくれた。ご来場くださったみなさま、てんやわんやのお手伝いのみなさま、温かく応援してくださった地域のみなさま、ありがとうございました。

作品の発送、お礼状書き、展覧会後も仕事は続く。思えば、この企画、凹んでいる大家さんを元気づける二人の作戦だったらしい。まんまとひっかかった大家さんでありました。今も続くＡｊｕファンや応援者が現れたのもこの個展がきっかけ。二人の企ては予想外の新たなつながりを生むことになった。

「おはようございます」。ご近所さんと挨拶を交わす元気なＡｊｕの声が聞こえる。ご近所デビューを果たしたＡｊｕである。

・おたがいさま？

忘れもしない2015年6月25日、お礼状の最後の一葉を投函した日の深夜、大家さんに惨事が。なんとベッドから落ちて、左大腿骨転子部骨折。同じ屋根の下、しかも同じ2階に同居人が寝ている。「心丈夫」なんてものではない。大家さんの「ＳＯＳ」に気づいたＡｊｕが救急車を要請、大家さんは緊急手術を受けることができた。

17年、両脚膝人工関節置換、何時の頃からか「母ちん」と呼ばれるようになった大家さんは80の歳を迎えていた。この入院中、Ａｊｕは大嫌いな虫のいる畑から、トマトやキュウリを収穫、新鮮なうちにと病院に届けてくれた。耳を塞いでコーヒーメーカーを操作し、コーヒーも届けてくれた。何よりもたいして広くない家とはいえ、ひとりぼっちの夜は、どんなにか心細く怖かったことだろう。はからずも「一人暮らしの練習」、卒業である。退院後も布団干し、取り入れ、生協の受け取りなど、大家さんにはしんどい仕事をＡｊｕが率先して引き受けるようになる。徐々にものになり始めた「絵」に対する自信、自尊感情の高まりが、余裕を生むのだろうか。元来が純な心の人に思えてならない。その純真さが仮に彼女の幼さゆえであるとしても。無論、週末に帰宅するせんせいの振る舞いからＡｊｕが得たものは大きいに違いない。

京都市には　異世代シェアハウスが10軒ばかり存在するという記事を最近読んだ。老人二人、あるいは一人になって余った部屋を安い値段で学生に貸し、力仕事を頼む。時には一緒に食事をする。なーんだ、わが家は異世代シェアハウスのはしりではないか。

・「せんせい父」と

Ａｊｕがわが家にやってきて11年目、大家さんの事情も変わる。まず、なんといっても、２０１４年秋、「せんせい父」である夫に先立たれる。Ａｊｕは夫のよき友だった。青春18切符を使って二人で旅行を楽しんだ。日頃穏やかな彼が、理不尽な駅員相手にかつての団交よろしく啖呵を切った姿はかっこよく映ったのだろうか。しばらく語り草であった。プラネタリウムも見に出かけた。何よりもＡｊｕは彼の長話のよき聞き手だった。夫には楽しみの時だったと思う。これが支えているつもりが、支えられていると感じた始めだったろうか。「せんせい父」の死後、Ａｊｕは大家さんと同じ屋根の下に住むことになったのは前述のとおり。すでに大学は卒業していたので、夕食も一緒が基本。二人の距離はさらに縮まった。

Ajuはある日、亡夫の肖像画を描いた。たぶん人物画は初めて。そこには紛れもない夫がいた。Aju、ありがとうね。彼女の私に対する慰めであった。心のこもった慰めである。支え支えられ、さらに関係は深まっていく。しかし、この肖像画、未だAjuの画帖の中に納まっており、大家さんの手元にはない。額装され、「母ちん、はい」となる日はあるの？

・**知りたいんだけど**

「第一言語が数」「思考は映像」といくら説明されても、大家さんはポカン。そんな不思議、到底理解の及ぶところではない。しかもAjuは周りのみんなも自分と同じように数と映像によって世界を捉えていると思ってきた。第一言語が日本語である大家さんが、何の疑問を抱くこともなく「自分基準」で80年を生きてきたように。

したがって、Ajuは「言葉」は苦手。しかし、知りたがりである。「苦手＝『苦い』＋『手』？　手が苦いの?」と舐めんばかりの勢いである。そこで大家さんは辞書を調べ、「爪がにがく、手に毒のあるという手」（『広辞苑』）という第一義を知り「へっえっ」となる。Ajuの素朴な疑問は的を射ていたのだ。そこから「苦手」が「不得手」とほぼ同義であることを納得してもらう難しさ。「得手」の原義、「得」の解字にまで及ぶ。いやはや！　大家さんもこの歳になってさびついた歯車に油が巡り、少しは頭の回転がよくなったりするのかしら。当然のことだが、原義から説明を要する言葉の習得には時間がかかる。学びの原型ここにあり。Ajuはかくの如くにして、着々と語彙を増やし、日本語による表現をものにしつつある。最近はもたもたする大家さんを横目にスマホ活用。これが速い。

・ありがとう、国谷さん

Ａｊｕはよくしゃべる。おしゃべりは苦手なはずじゃなかった？　不合理だと思うことには容赦なく、切り込む。バイトに認められた1年あたり10日の有給休暇の取り方について上司の社員さんに質問し、納得いくまで食い下がった。Ａｊｕは徒党を好まぬ。したがって、この交渉も一人。話したことさえ、仲良しのおばちゃんたちにも言わぬ。不満は言うてはんねんけど……もちろん代弁したつもりはない。あくまでも自分の疑問を問うたにすぎぬ。一匹狼であるせんせいの影響大であることは否めない。とりも直さず亡夫と私との来し方が重なる。問われた方も初めての経験、さぞかしびっくりなさったことだろう。

Ａｊｕはわが家にやってきた頃、口数の少ない、年齢にしてはことばの幼い娘だった。傲慢にも、ゆっくり育て直しかなと思ったほど。それが多弁、語彙豊富になった一因に、その頃ＮＨＫのゴールデンタイムに放映されていた「クローズアップ現代」をあげたい。Ａｊｕと夕食を共にするようになっていた月曜日～木曜日、理知的な国谷裕子さんが提供する政治・経済・教育・医療などの話題に私たちは盛り上がった。特に、教育はＡｊｕの目指した分野であり、まず教えることが大好き。Ａｊｕは、相手が子どもであれ、大人であれ、それぞれの躓きにいち早く気づき、共に考え始める。その彼女を国谷さんは興奮させ、私たちは共感し反発しあい、食卓はことばが飛び交う場になっていった。２０１６年3月、国谷さん降板。国谷さん、ありがとう。Ａｊｕの思考は国谷さんとの出会いで一気に深まり、語彙も爆発的に増え、論理的会話を楽しむようになりました。

「某日曜版」は長らくＡｊｕの愛読紙であった。見やすい紙面作り、易しい用語、短いセンテンス、簡潔な主張、文章の基本を学ばせていただいた。でも、数年で卒業、今では毎朝、出勤前に一般紙を開く。さらに、メールで磨きがかかった。1通打つのに2時間と本人は言う。話しことばは消えて行くが、文字として残るメールは、読み直しが可能。そこで、推敲が行われるらしい。Ａｊｕの気持ちにピタッとする言葉に行き着くまで、彼女は繰り返し言葉を吟味する。Ａｊｕ独特のやわらかな文章はこうして日々鍛えられている。

・ひたすら歩いて

２０１6年、あるプロジェクトの補佐員として懇望され、Ａｊｕは上京した。しかし、仕事らしい仕事もこれといって与えられぬ日々、苛立ち・やりきれなさが募る。Ａｊｕは美術館に楽しみを見出し、休暇を利用しては、東京、並びに東京以北の美術館をほぼ巡った。翌年2月で、補佐員の任務終了という運びとなる。山下清に触発されたＡｊｕは、東京・堺間を徒歩での帰宅を企てる。相談されたせんせいはこちらもＡｊｕ以上に乗り気である。早速、リュック、靴、靴下、防寒着、雨具等など必要品を書き出し、ウキウキと買い物に出かけ始める二人。

Ａｊｕは年末から正月にかけての帰阪時に、東海道～京街道を経る全行程を図示、1日に歩く・歩ける距離を慎重に計算、58日分の宿泊所を予約した。２０１7年、4月1日、日本橋でせんせいと「さよなら」、ひたすら歩く旅は始まった。毎日絵はがきを大家さん宅に送り続けて。側溝を埋める落ち葉に足を取られ、歩く人なき雨の日、痛む脚を引きずりつつ、やっと宿にたどり着く。宿に入ってもおそらくゆっくりする時間はなかったに違いない。「絵はがき」が待っている。この絵はがき計画は一日中歩き続けたＡｊｕにとってどんなに大きな負担だったことだろう。郵便配達の時間をひたすら待つ大家さんの顔を思い浮かべ、鉛筆を走らせるＡｊｕの姿が浮かぶ。大家さんは日ごとどんなに楽しみにしていたことか。初めは簡単だった文面も日を追うにしたがって詳細になり、大好きなビルのない田園風景の続く毎日ゆえ、田畑、茶畑、樹々、古い建物を描写、ぐんぐん腕をあげていった。風にそよぐ木の葉、草木の香、川面のきらめき、移ろいゆく空の色、Ａｊｕは自然に魅せられていく。スーパーで生野菜のサラダとおにぎりかカップ麺、それにグレープフルーツを仕入れ、食事を済ませる節約旅行。たまには土地の名物など食べたかなあ。

我が計画に縛られるA.juの特性ゆえ61枚もの大作が誕生した。一日もたがわず計画を実行した帰宅の日、わが家の玄関を絵はがきに描き、わざわざポストに投函。「お帰り、A.ju」いい旅をしてきたね。

・えらいこっちゃ！

東海道・京街道ひとり旅は、朝日新聞はじめ4紙が掲載、ラジオの取材も受け、NHKのドキュメンタリーにつながった。A.juがオッケーなのだから、A.juを取材するのは自由である。なんという甘い考えであったかはすぐに思い知らされる。どうも物事を軽く考えてしまいがちな傾向が大家さん親子にはあることは、大学卒業までの約束だったA.juが、今やわが家に居ついてしまっていることでも明らかではないか。A.juの生活の場というと、2階のA.juの部屋、1階の台所兼居間となる。ということはわが家の主要な部分が取材の場になるということではないか。というわけで、そこを生活の場にしている大家さんも帰宅したせんせいも取材の対象として取り込まれる。えらいこっちゃ！と思った時は後の祭り。取材期間はとびとびながら3カ月も続いたろうか。朝から晩まで三人一組の取材陣に幾度となく取り囲まれる日もあり、あれよあれよと日常が切り取られて行く。そうこうしているうちにディレクター、カメラマン、音声さん、取材者三人のそれぞれの魅力に引き込まれている母ちゃんとせんせいなのであった。

若き才　淡浪さんとふ　ディレクター　そこはかとなく　A.juの香のして

・眠り姫

Ajuは眠りの名人である。10分寝ますと宣言、横になるだけではない、熟睡！ 週5日、早朝3時間の病院でのバイトから帰宅すると、早々に昼食を済ませ、その後2時間は眠る。主な仕事は病人食の検品と運搬、どんなに注意深く、張り詰めて働いているのだろう。3時間が限界である。彼女の真剣な仕事ぶりと純な人柄は同僚のおばちゃんたちにすぐに認められ、愛されており、Ajuにとって居心地のいい職場になっている。

目覚めの後は新たな一日が始まる感じと分析、制作に没頭する。一日を2分割することで2日分に、得した感満載である。このメリハリが崩れる時、Ajuの心も崩れるので、面倒な対応を大家さんは余儀なくされる。眠れ、良い子よ。

ところがである。病院の仕事を始めて半年、お昼寝をしない日が多くなった。昼寝をしなくても身体がもつようになったと、のたまう。仕事に慣れ、要領が分かってきたことも大きいが、要はしたいことがいっぱいあり過ぎるのである。まさに寸暇を惜しみ制作、「母ちん、はい」となる。素人目にも、作品ごとの仕上がりの早さ、出来栄えの深まりに、毎回感嘆の息をのむ。

ところが、ところがである。この半年、Ajuはまた、眠り姫となり、幸せそうなお昼寝タイムを過ごしている。ジェットコースターのように変化するのもAjuの日常。

・絵で食べていくために

2018年12月、Ajuの全生活は絵を描くためにある。絵を描くこと、絵について考えることが、楽しくて楽しくて仕方がないようだ。早朝のバイトを終えて早めの昼食、ほんの15分ほど眠って出発、難波の乃村工藝社で終業時まで大作に取り組む。記憶が映像のAjuはもう風景を確認することはない。ビルが、高速道路が、電車が、車が、次々と見えてくるという。制作期間は2カ月に及ぶ。帰宅第一声は「たのしかったあ」である。電車の中でもぶら下がり広告などに自分の絵を重ねる。ベッドに入っても、描きたい絵、頼まれている絵などをあれこれイメージし、朝も10分で落書きと称する絵を楽しむ。

さて、これほど絵に魅せられたA.juが果たして絵で食べていくことができるのだろうか。交渉事が不得手なA.ju。大学の教員として仕事をする傍ら、せんせいがマネジメントを今は担うが、当然のこととして手が回りかねる日が近いことは目に見えている。最近の個展でも、値段をつけた絵はほぼ完売。値をつけなかった絵も、言い値で買いたいという方がちらほら。この状態がいつまでも続くとは思われないが、さて、どうするか。まあ、なんとかなるさ。せんせいはのんびり構えている。何とかしてきた12年間の実績を踏み台に。

・怒り　かなしみ　そして

「発達障害の女性アーティスト」。2018年12月2日付けの某新聞三重県版の見出し。12月1日から三重県名張市におけるセンサート・ギャラリー企画展におけるA.ju展の取材記事。「発達障害」「女性」がキーワード。これを売りにするんや。母ちゃんは記事に目を通すこともせず、ただ、湧き上がる怒りに震える。深いかなしみに襲われる。A.juの作品はどこまでいってもこんな色眼鏡を通してしか見られないのか。A.juはA.juである。「発達障害」「女性」の前に一人の人であり、アーティストである。A.juの作品の魅力は「発達障害」「女性」にあるのではない。やっと他2紙にも目を通した母ちゃんは次第に落ち着きを取り戻す。「繊細なペン画」（読売新聞）「記憶の風景　細密」（朝日新聞）「線から生まれる物語」（産経新聞）など、見出し・小見出しはどれもA.juの作品の特徴を捉え、紹介記事もそれぞれに悪くはない。やれやれ、老いゆくわが心に意気消沈する母ちゃんであった。そして、もしA.juが「発達障がい」でなかったら、この細密画だけで果たして大新聞に取り上げられ、NHKドキュメントにつながったか、と母ちんは自らに問う。答えはもちろん「きわめて難しい」である。さらにTVをご覧になった何人かの「発達障がい」の方やご家族の方が、Ajuが「発達障がい」ゆえに来館されていることに思いをいたす母ちん。すこーし冷静さが戻ってきたようだ。そもそも、最初の個展からAjuは一貫して「障がい」のある方々にメッセージを発信続けてきた。「一緒に考えましょう」と。2日目以降、新聞を見て来館された「障がい」のある方々やそのご家族を、これら3紙の記事がAju個展に誘ってくれたのだ。何かを得てお帰りいただいたろうか。その人らしく生きていく道をそれぞれの方が模索していかれることを願わずにはいられない。

なお「発達障がい」はせんせいとAjuがこだわる表記。「障」は自分にさしさわりがある＝つらいことがあると捉えられるが、「害」は人に害を与える、または自分に「害」がある印象が強い。「障がい」って悪いこと??　この表記に関してせんせいも主催者も記者さんたちにお願いしたが、思いはうまく届かなかった。

・豊かな日々

人生の終末期にAjuという今まで知るよしもなかった不思議な人と出会った。魅力あふれる人と出会った。純な心を持ち続ける人に出会った。Ajuと「せんせい」こと・娘明子という稀有な人間関係が育つ豊かな時間を共にいた。

離れの壁を覆う気持ちグラフのアップダウンを共に揺れた。明子がAjuのほっぺたをはたいた時も一緒だった。命の危機が迫っていたとはいえ、一度も叩かれず、一度も叩いたことのない明子の一発。その手は、その心はどんなにか痛かったことだろう。思いもかけぬせんせいの激情が、飛び出そうとするAjuをかろうじてとどめた。

「あきちゃん」「あっこさん」とAjuが呼ぶ、「はぁーい」とせんせいが応える。じゃれ合う二人。深刻に議論する二人。死だけは阻止しようとしていたかの日々から、なんと晴れやかな日が訪れたのだろう。裏紙に描かれたかわいい「新幹線」がアーティストAjuの出発点になるなんて！　人はか弱い存在である。けれど、強い。

Ajuと暮らして、日々苦労がないかといえば、ある。彼女は何といっても自己チュウ。不機嫌を露わにする。なぜなら、彼女はやりたいことがいっぱいだからである。絵を描くことはもちろん、宇宙、数学、地図、音楽、読書etc.…　三度の飯も水を飲むことさえも忘れるほど楽しいこと好きなことを優先したい。こっちにだってやりたいことはそこそこある母ちん。一応張り合ってみるが、勝ち目なし、まあ、いいかっ！となる。食べ物も然り、あんなに好きだったカレーも肉じゃがも、ブームが去ると「いやだ」と言う。何という自己チュウ。ここでも、母ちんは、まあ、いいかっ！となる。だって、勝ち目のあるはずがないではないか。

母ちんのぼんやりした眼で、いっぺんだけリビングの景色を眺めてみたいAju。リビングに棲息するという大嫌いな5種類の蜘蛛さんを見分けないで済むからね。母ちんにはみんな同じに見えるよ。母ちんもAjuの目で一度だけ蜘蛛さんたちそれぞれにご挨拶したいな。鋭敏な感覚は、あなたの源でありながら、鋭敏過ぎるゆえにあなたを苦しめる。でも、Ajuは迷いなく言ったよ、「これがわたし」と。

「人はみんなちがう、ちがうからこそ面白い」そう思ってきた母ちんだが、今まで出会ったことのないスケールのでかさに今日もドキドキ。死期をちょっと先送りしたいと願う昨今の母ちんなのです。

目のさとき　耳なほさとく　つらき子は　泣きて笑ひて　明日を抱き寄せ

番外編2　「ひとに優しい」社会とは？……………長積　仁

・ひとの「生きづらさ」を助長するのは？

「障がいがあるひと」とその周りのひとが抱える「生きづらさ」は、「障がい」という言葉に対する人の「知覚」にまつわる偏見や差別に起因することが多い。基本的に私たちは、過去に経験したことや見聞きしたことを積み重ねて、人、もの、言葉、事象などといった様々な対象を知覚する。「障がい」や「障がいのある人」に限らず、「男性」や「女性」、また「高齢者」や「最近の若者」などの言葉や対象を知覚する際に、人は、経験に裏打ちされたものの見方、もしくは、先入観にとらわれてしまうことがある。そのため各々の「ひと」の存在やあり様、またその機微を捉えることに無頓着になってしまうのである。これは、あふれる情報を素早く処理し、判断することが求められる社会に身を置く私たちの性向の一つであり、人が抱える難しさと悲しさと言える。ひとが一人ひとりのひとと丁寧に向き合わないようになるからこそ、結果的に知覚が固定化する、もしくは歪んでしまい、誹謗や中傷といった偏見や差別が生じるのだ。

右記のことに加えて、「他人事（ひとごと）」と捉えてしまうような人の知覚が、生きづらさを助長する。私たちは、日常で生じる様々な出来事や事象を知覚したとしても、それに自分自身を投影しない、もしくは、気になったとしても具体的に思いを巡らせることは少ないのではないかと思う。例えば、街中で困っている（であろう）ひとを見かけた際に、多くの人が「一声掛ける」という行為にすらなかなか及ばない。気になったとしても、躊躇して、その場をやり過ごすことが多いのではないだろうか。誤解を恐れずに表現すれば、他人事だと知覚することは、目の前で生じている出来事や事象を黙殺、または無意味化することである。加えれば、誹謗や中傷とは異なる次元における「傍観」や「見過ごし」といった差別を社会に生み出しているのである。

このように、人は、自分とは「異なること」に違和感や嫌悪感を抱き、「同じであること」にある種の安心感を抱く傾向にある。そのため、社会的多数派から逸脱する社会的少数派の存在を奇異に感じ、排除してしまうのである。「ダイバーシティ」や「共生社会」という言葉が頻繁に用いられ、様々な施策化や事業化、また教育プログラムが地方自治体や教育機関で推進されようとしているが、「時流に乗ったこと」として、この問題が扱われようとしていることに危うさを感じる。例えば、人はなぜ、異なることに違和感を抱くのか、「多様性を認める」という言葉の主語は誰を指すのか、「マジョリティ」と「マイノリティ」という分別をすることにどのような意味があるのか、人の尊厳とはいかなるもので、尊厳を守るためにはどうすればよいのか、といった問いに対する本質的な議論を抜きにして、「ダイバーシティ」「共生社会」「多様性を認める」といった美辞麗句を並べただけで事を進めてしまえば、逆に偏見や差別、また傍観や見過ごしを助長してしまうのではないだろうか。

・永浜先生とＡjuとの出逢い

Ａjuが「せんせい」と呼ぶ永浜先生からＡjuのことを初めて聞いたのは、もう10年近くも前のことである。その時に、前任地の大学で出会ったＡjuのこと、Ａjuが直面している状況や日常生活における困りごと、またその対応に永浜先生が奔走している様子を聞いた。印象に残っているのは、

長積先生（2018）
いつも気にかけてくれている仲良し先生。とてもピュア。

厳しく、難しい状況に直面するA·juを必死に受け止めようとしていること、また「このまま手を差し伸べなかったら、あの子（A·ju）は死ぬかもしれない」という永浜先生の切迫感である。話を聞いていて、率直に感じたのは、「普通、そこまでやるか?」「同じような真似をすることはできない」ということである。

A·juの境遇や奔走する永浜先生の様子を聞き、やるせない気持ちになったものの、心のどこかで「他人事」のような感覚があったためか、永浜先生に「一生、面倒を見続けるつもりですか?」と問いかけた。この問いかけに対して、当時、永浜先生がどのように答えたのかは記憶にとどまっていないが、すでに永浜先生が相当な覚悟をしていることを知りもせず、安易に発した言葉であったと、当時のことを振り返るたびに胸が締めつけられる。というのは、後日、永浜先生から同じようなことを多くの人に言われると聞き、その都度、「あなたに同じことをして下さいと頼んでいるわけでもないのに、『一生面倒を見続けるのか』や『責任が取れるのか』と私に問う方が無頓着で、無責任だと感じる」というようなことを言われて、ハッとした覚えがある。

永浜先生が立命館大学に赴任した当時、A·juはアスペルガー症候群の診断を受けてから2年足らずの歳月しか経っていなかったため、非常に不安定な状況が続いていた。堺（大阪府）から南草津（滋賀県）まで通勤する永浜先生に、A·juが一緒に「くっついてくる」ことがしばしばあった。とはいえ、A·juにとっては、自分が通う大学ではない場所で、時間を過ごすには不安が伴うため、永浜先生が授業をしている時には、A·juを私の研究室に「預けていく」ようなことがあった。「預けていく」といっても、研究室の椅子にA·juがちょこんと座り、イヤフォンで音楽を聴いたり、彼女の中で「ブーム」となっている本を読んだり、またスケッチブックに絵を描いたりしているので、永浜先生が授業でいない時間を私の研究室で過ごすというだけのものであった。学校のこと、家庭のことで心身の状態が不安定であり、かつ私との関係が築かれている状況ではなかったので、緊張も相俟って研究室の中でグッタリとなったり、常同行動をしたりするようなこともあった。その時、あたふたとしていた自分のことを思い出す。

Ａ·ｊｕとの初対面で印象に残っているのは、彼女が色や数字でひとを表現するということである。私の色は「紫」で、数字は「2」であるらしく、私が小さい頃、紫色が大好きで幼稚園のお絵かきの時間に紫色のペンを一人占めしていたことや、数字は「1」が好きなのに「2」で残念だということを話した記憶がある。また私の研究室で時々時間を過ごすことへのＡ·ｊｕなりの心配りなのか、彼女が好きな列車を描いた絵や、私の愛車を題材に展開図から組み立てた車の模型などをプレゼントしてくれた。それは、今でも研究室に飾っている。

出逢った当時、Ａ·ｊｕは難しく、厳しい境遇に立たされており、ある意味、自ら押し殺していた感情が、永浜先生や永浜先生のご両親によって徐々に解き放たれていく様子を、時の流れとともに目にしてきた。今では、喜び、笑い、泣き（直接、目にすることは少ないが……）、悲しみ、怒り、拗ね、イライラし、恥ずかしがり、甘えるなど、素直に感情が表現されているように思う。今抱くＡ·ｊｕに対する印象は、まさに「ピュア」ということだ。

私がＡ·ｊｕと過ごす時間の中で最も好きなのは、彼女が夢中になっていることを私に説明してくれている時である。とりわけ、彼女が描いた絵のことについて話をする時間がとても好きだ。私が彼女と過ごした物理的な時間は大したものではないが、私がＡ·ｊｕや永浜先生と過ごした時間や対話をここで振り返ることによって、一人でも多くの人が、「個」としてのひとの存在やあり様について、思いを巡らすようになってくれればと思う。そして、ひととどのように向き合うべきなのかということや、「ひとに優しい」社会とはいかなるものなのかということを考えるきっかけになればと思う。

・理解されづらいA・juの「特性」

私たちは、自分で決めたことに「乱れ」が生じた場合、調整や変更を施しながら、時々刻々と流れる日常での生活を軌道修正していくが、A・juは、物事を白か黒か、あるいは、"all or nothing"といった二者択一的な感覚で捉えるため、中庸というものが存在しないらしい。例えば、「想定外」の事態や予期せぬことで立てた計画に乱れが生じたり、予定が正確に遂行できなかったりすれば、イライラが生じるばかりか、全てをリセットしてしまわないと気が済まないような一面がある。「仕方ない」と物事を簡単に割り切れないA・juは、全てをリセットするため、その日を終わらせるように眠りにつき、翌朝から計画をリスタートさせることが過去にはあったという。数学の教員免許をもつ永浜先生は、思考力が高いA・juに対して、数字や数式を用いて論理的に説明したり、パズルのピースを埋めていくように物事の考え方や計画の組み替え方を説明したりすることによって、「乱れ」が乱れではなかったかのように、日常生活における「困り」や「乱れ」の緩和や軽減に努めたらしい。

前段のことに関連するが、A・juにとって、「過去―現在―未来」という時の流れとそのつながりを解釈することは難しいようである。A・juには、目の前に直面している「現実」が全てであり、それらが過去からのつながりによって存在しているという感覚はなく、極端な話、彼女の中で過去は抜け落ちていくと永浜先生は言う。例えば、A・juにとって与えられた役割は、「決められた業務」であるため、その業務を成し遂げた時点で役割が完結する。そのため、役割を果たすことが信頼関係を積み重ねることや、集団におけるその後の人間関係にとって望ましい影響をもたらすという「つながり」で物事を捉えることが難しいようである。

私たちが集団の中で何かの役割を果たす場合には、ともに物事に向き合っているひとの喜ぶ姿を想像し、どのように振る舞い、どのように工夫することがそのひとの喜びにつながるのか、またそれにかかわるひとにとって有益なことになるのかを考えたり、想像したりする。Ａｊｕも自分が果たした役割によって、他者が嬉しそうにする姿を目にしたり、助かったという言葉をもらったりすれば、当然、喜ぶが、どのようにすれば、自分の行為が相手の喜びにつながるのか、先を見越して相手の感情を推し量ることは難しいようである。加えれば、同じように振る舞っているにもかかわらず、ひとによって反応や態度が変わることが、彼女の混乱と躊躇を招く要因になっている。

本書で紹介されているように、Ａｊｕの「特性」はほかにも存在するが、それらの全てが日常生活における彼女の困りや生きづらさに直結するものばかりではない。ただ、他者との関係性を前提とする場においては、彼女の理解されづらい特性が彼女の困りや生きづらさにつながってしまうことがある。「就労」は、その一例かもしれない。

・「就労すること」の難しさ

障がいがある人の「生きづらさ」は、一人のひととして存在が認められない、もしくは、「個」としてのあり様が理解されないことだけではない。「就労できない」ことは、生活を確立し、「生きていく」ことに直結する重要な問題である。言い換えれば、「自立」に関係することである。

私たちは、「自立」という言葉を解釈する場合、他者からの手助けを求めずに、自分だけの力で物事を執り行うことだと考えている。ただ、他者の助けや支援なしで何かの物事を「自分だけでする」ことが永浜先生の考える自立ではない。他者の助けや支援を得ながら就労し、生活の糧が得られるのならば、その方が自立につながると、永浜先生は考えていたようである。永浜先生は、Ａｊｕが就労することを見据えて、彼女が抱える

「困り」を1つでも緩和、軽減、回避しながら、社会で生き抜いていけるように、彼女が躓いたり、壁にぶち当たったりしていることを、丁寧に咀嚼しながら説明していた。そして、焦らず、時には厳しくもありながら、そのすべをゆっくりと共に模索していた。

その矢先に、Ajuが大学生の頃、永浜先生にほめられたことがきっかけで描き始めた絵の評価が高まりだした。永浜先生は、アルバイトをしながら、好きな絵を描くことでわずかでも生活の糧を得ることができるのならば、と思い始めたという。当然、そのようなことが容易に実現するとは考えていなかったようであるが、Ajuが絵を描くことを仕事にし、生活の糧を得て、自立し始めることができればと願っていたようである。ただ、就労することだけにこだわるのではなく、彼女がもつ能力や才能を活かしながら、Ajuがイキイキと、そして自分という存在や「らしさ」を確立しながら、生きていくことの方が大切であると考えたようである。そして、絵を通じて、彼女が生きていくことができる世界が広がれば、彼女の生きづらさを軽減することにもつながるのではないかと考えるようになったという。

・「共歩」という考え方

2015年にAjuの個展が初めて開催された。永浜先生の自宅を会場とし、案内状の作成から発送、作品のサイズに合わせた額縁の取りつけ、作品の内容やテーマに沿ったレイアウトと展示、来場者の案内とおもてなし、そして作品の販売に至るまで、「手作り感満載」ではあったものの、ほのぼのとした雰囲気に包まれながら、多数の人々が個展に訪れた。個展後もAjuは、コツコツと絵を描き続け、出展した作品が賞を受けたり、作品やAjuのことが新聞やテレビといったメディアに取り上げられたりし始めた。さらには、ホームページやSNSを通じて、Ajuが表現するアートの世界や作品に注目が集まり、個展だけでなく、ライブペイントや講演など、彼女の活動の幅が広がり始めた。

本書の趣旨の一つがそうであるように、Ａｊｕの様々な活動にはＡｊｕと同じような困りや生きづらさを抱える人たちの一助となり、そのひとたちへの理解につながり、抱えている困りや生きづらさの緩和や軽減に少しでもつながればという願いが込められている。中には、「障がいがあっても、才能があってええなぁ」や「障がいがあるのに、すごいなぁ」と悪気なく？　いや悪気がないからこそ、厄介なのだが、そのような声を耳にすることがある。そのたびに、「問題の根は深い」ことを痛感させられる。ただ、Ａｊｕの様々な活動を通じて、「障がいのある人」というラベルでひとを捉えるのではなく、「個」の存在やあり様、またひとの尊厳が守られ、穏やかな暮らしを送ることができる社会に少しでもなってほしいというのが、Ａｊｕと永浜先生の願いである。

Ａｊｕの活動の幅が広がり、人と関わりをもつことは、彼女の関係拡張や可能性を拓く機会につながる一方で、彼女の日常に変化や乱れをもたらすことにもつながる。Ａｊｕの日常生活における様々な困りや乱れは、Ａｊｕ自身の問題だけでなく、それにともに向き合う永浜先生の日常生活にも支障を来す問題でもある。そのため、永浜先生は、前述のようにＡｊｕが一緒に暮らし始めた頃から彼女が直面する様々な困りや生きづらさをどのように緩和、軽減、回避することができるのか、それをＡｊｕと共に考え、向き合うことに力を注ぐようにしていたという。

困りや生きづらさについて共に向き合う二人の関係性、または関係性をめぐる様々な行為とその行為の積み重ねから生まれた事象を、「共歩」という言葉で永浜先生は表現している。社会を形成し、それを維持するために、「支援」や「援助」は不可欠であるが、これらの言葉からは、「与える」や「与えられる」といった、ある意味、序列の存在や対等ではないという印象を抱いてしまう。ただ、「共歩」という言葉には、序列や対等のようなパワーバランスが存在する印象はなく、「共に」という表現が示すように温かみを感じる言葉である。永浜先生は、「この言葉には、互いが各々の存在や価値観、また立場を尊重することを前提としながら、直面する困りや生きづらさの緩和、軽減、回避ということにしっかりと向き合うという、ちょっとした『覚悟』や『緊張感』が感じられる」と話している。

ただ、「共歩」という言葉は、A.juと永浜先生の両者に紡がれた関係だけを表す「スペシャルな」言葉ではない。実際、A.juと永浜先生だけでなく、永浜先生のお母さん（せんせい母・母ちん）を加えたA.juとお母さん、お母さんと永浜先生との二者間、また三者間の社会的相互行為が存在し、それもまた共歩である。全ての人々における関係で、「共歩」が存在、または成立するわけではないとは思うが、ひとがひとと向き合う際に大切にすべきことは、どのように向き合うのかという両者の重なる部分や関係性だけではない。人にはそれぞれ、好き嫌いや価値観などがあり、向き合う各々が「個」の存在を尊重することが、関係を紡ぐ上での前提であると永浜先生は話している。

・「知覚」を磨く

以前、A.juが駅の構内で見知らぬひとから差別的な発言を受け、耳を塞ぎ、しゃがみ込んで動けなくなったことがあったらしい。駅の構内には、何百人、何千人もの人がいたはずにもかかわらず、A.juの近くを通り過ぎ、誰ひとりと声をかけることはなかったという。永浜先生は、この出来事を、「A.juを『透明人間化』している」と表現した。冒頭で「他人事」について触れたが、私たちは、日常生活や目の前で起こる「他者」の事象に対して、あまりにも無関心、あるいは無関心を装い、傍観者となりすぎてはいないだろうか。意図の有無はともかく、「無関心」や「他人事」、また「見過ごし」や「傍観」といった行為によって、日常の様々な場面で多くのひとを「透明人間化」しているかも知れないという自覚を、我々はもつべきである。

ひとを「透明人間化」しないためには、どうすればよいのだろうか？　それは、「知覚」を磨くことに尽きるのではないかと思う。知覚とは、簡単にいえば、対象（人、もの、現象、事象など）の意味を理解することである。例えば、人は、「しゃがみ込んでいるひとがいる」といった視覚情報を受ければ、「落とし物をしたのか？」「気分が悪いのか？」「困っているのか？」などの情報を処理し、状況を認識した上で、「声をかけるべきか？」という評価を下すまでのことを瞬時に行い、その結果として、対象の「意味」を理解するのである。もちろん、知覚のプロセスは、非常に複雑に入り組んでいるため、このように単純化できるものではない。ただ、対象の意味を理解するひとの「知覚」を磨かない限り、思考とその帰結として生まれるひとの行為は変わらないと思う。

そもそも私たちは、「意味」を理解していないことを知覚することはできない。つまり、「知覚」は経験から生まれるのである。安宅（２０２０）は、知覚を鍛えるために心がけておくべき5つの「コツ」を提示している。1つ目は、「現象、対象を全体として受け止める訓練をする」、2つ目は、「現象、対象を構造的に見る訓練を行う」、3つ目は、「知覚した内容を表現する」、4つ目は、「意図的に多面的に見る訓練をする」、そして、5つ目は、「物事の意味合いを深く、何度も考える」というものである。この5つの「コツ」に関して、おしなべて重要だと感じるのは、現象や対象をどのように捉えるかということとともに、捉えて感じたことの意味、「なぜなのだろう？」ということを何度も考え、その感じたこと、知覚したことを表現することである。つまり、表面的な知覚を超えるためには、考え抜いた経験をし、それを文字、文章、言葉、数式、図、絵など、何でも構わないので、表現することが深い知覚能力を磨き上げるのだ。その意味で、Ａｊｕが絵を中心とした作品で自己のことを表現することは、彼女の「進化と深化」につながっているのだと改めて思う。

人の記憶ははかない。「覚えること」には、自ずと限界がある。新しい知識を獲得することは、確かに重要ではあるものの、むしろ、これまでの経験に基づく知覚に対して、これまでにはない異なる何かに「ハッと」するような「気づき」を得ること、またそのような経験を大切にすることこそが重要なのだと思う。何十年も大学で教鞭を執っているにもかかわらず、今頃気づいたのかと自己嫌悪に陥る。ただ、これも本書で、Ａｊｕと永浜先生のことを振り返り、そこに思いを巡らせて、考え、表現したからこそ気づいたのである。

・「ひとに優しい」社会とは？

「ひとに優しい」社会というのは、どういう意味で、いかなるものなのだろうか？

『広辞苑』（第7版）によれば、「社会」とは、「人間が集まって共同生活を営む際に、人々の関係の総体が一つの輪郭を持って現れる場合の、その集団」であると説明されている。「ひとに優しい」ということに対して、人が共同生活を営む際に、「人々の関係の総体が一つの輪郭を持って現れる」ということを、「仕組み」として築くのは容易ではない。身も蓋もないいい方をすれば、「ひとに優しい社会」そのものを築き上げることは、永遠に成し遂げることができないのかも知れない。だからこそ、「ひとに優しい」ということ自体について考えるべきなのだと思う。

永浜（２０１８）は、施策やスローガンとしてよく用いられる「多様性」を「理解する・認める」ということには、様々な誤謬が存在すると述べている。例えば、「個性」や「多様性」のことを語る際には、マジョリティといわれる多数派が、マイノリティといわれる少数派のことを「理解する・認める」として捉えられているという。つまり、マジョリティが主体で、マイノリティが客体であるという視点（ともすれば、「始点」なのかも知れないが）自体に違和感を覚えると永浜は指摘している。事実、「マジョリティを理解しよう・認めよう」などと発せられることはないと言う。「ひとに優しい」ということを考える以前に、私たちの日常に蔓延る「偏見」「蔑視」「差別」の根は、改めて考えても深い。

私たちは、「優しい」という言葉から、「他者に対して思いやりがある」「温和、または穏和である」「悪影響を与えない」といったことを連想するが、「優しい」という言葉の意味は多義である。「ひとに優しい」ということを考える際に重要なのは、ひとに対して、「どう振る舞うのか」ということよりも、「どう向き合うのか」ということだ。ひととひととが向き合うことの前提は、「それぞれが違う」ということを互いが「認め合う」ことであり、互いを尊重し、「ひととして」の尊厳を奪わないことである。これこそが、「ひとに優しい」社会を考える原点なのではないだろうか。

番外編3　謝辞にかえて：素敵なひとたちとの出会い

私たちは本当にいいひとたちに巡り合ってきた。それぞれのひとたちとのエピソードが山ほどある。それを全て書くことができないのが残念である。私たちの出会った素敵なひとたちを母ちんことせんせい母からご紹介し、感謝の意に代えさせていただきたい。

・長積先生

ずーみーちゃん（私たちはひそかにそう呼んでいる）こと、長積仁先生。れっきとした立命館大学・スポーツ健康科学部の学部長さん。Ａ・ｊｕはせんせいの出勤の際、大学にもよくくっついて行く。せんせいが授業の時、Ａ・ｊｕは長積先生の研究室によくお邪魔しているらしい。気さくな先生とＡ・ｊｕはすぐ仲良しになった。先生とＡ・ｊｕはいつも何かを張り合い、ふざけてあっている仲良しさん。しかし、Ａ・ｊｕの新作品をご覧になる時、居ずまいを正される先生のお人柄には、いつも深く心を揺さぶられる。アンケートの集計などバイトをたくさんいただき、その頃、収入がほとんどなかったＡ・ｊｕの支え手のお一人だった。今も個展ともなれば、お手伝いに駆けつけてくださる。

・浜渦先生

つい最近まで大阪大学大学院・文学研究科博士課程で「せんせい」こと、明子の指導教官として、「臨床哲学」の世界にお導きくださった浜渦辰二先生。それこそ、「哲学」という学問とはおよそ無縁に生きてきた明子が、Ａ・ｊｕとの「共歩」を学問的に位置づけたいと考えたのが始まりだったようだ。先生はその思いを受け止め、「一」からご指導くださった。昨今「哲学書」は彼女の日常を彩っている。先生は阪大退官後も、さらに現象学を究め、新しいテーマを果敢に切り拓いておられる。明子は常に心を寄せ、お慕い申し上げている。

Ａ・ｊｕはせんせいの先生、うずちゃん（私たちの中の愛称）ともお友だち感覚。先生には、何種類ものポスターの

浜渦先生（2017）
お友だちのように話しやすくて、デザイン画のお仕事をたくさん依頼してくれました。ダジャレ好きの先生。

注文を頂戴した。また、沖縄研修旅行にもなぜかAjuも同伴。うずちゃんの行動を含め、面白可笑しく絵日記でレポートし、楽しんでいただいたようだ。

・種子田先生

ブルドック先生こと、種子田譲先生。愛犬ブルドッグの肖像画を何枚かご注文くださった。ブルちゃんが先生に似たのか、先生がブルちゃんに似てこられたのか、同じ表情に見えるのが、楽しい。元来Ajuは「いぬ」「ねこ」が苦手。よくぞ、お引き受けしたと思う。「アポロ」くん一家への先生の愛情がAjuの心にしみわたり、苦手な「いぬ」さん画の制作に向かわせたらしい。動物画としては、これらの絵がAjuの最初にして最後の作品になるかもしれない。

・ひこうき先生

東京でのプロジェクト補佐員時代、Ajuが与えられた部屋はひこうき先生の隣であった。近くのお部屋のちょっとした集まりがあり、Ajuと先生はひこうきの話で盛り上がった。また、Ajuの応援にと、学会用のポスターを依頼してくださった。その図柄は名古屋城の上空をMRJが飛行。その先生とは武田展雄先生。当時、東大副学長であり、JAXAにかかわっておられた。Ajuはここでもお友だち感覚。その武田先生が退官なさることになり、Ajuは退官記念講演にご招待を受け、先生の似顔絵をお土産に、東大へ。先生は大変お喜びになり、退官講演の席上でAjuの絵をご披露くださった。Ajuは先生のおことば「若い時に戻りたいと思ったことはな

ひこうき先生（2018）
私の心の語録集になっている先生。物事に取り組む姿勢を楽しいお話の中で伝えてくれます。

い」に感激。いつも前を向いて歩きたいと、座右の銘としている。先生は現在、運輸安全委員会の委員長。その方とAjuは変わらぬ親しさでメールを交わしている。

この先生方の万年少年の如き純朴さがAjuの無垢な心と呼応するのだろうか。権威に依拠せず、仕事を楽しんでおられるそれぞれのお姿は、Ajuが寝食を忘れて絵に打ち込む姿と通底するものがあるようだ。なぜか、おじさんばっかり、とはAjuの弁。

そういえば、大阪教育大学（大教大）時代に親身になっていただいた方々も、おじさんが多い。

・木立先生

初代支援室長。物理の先生。博学多識、書を愛す。木立先生のご尽力なしには、今のAjuは存在しなかっただろう。大教大附属小学校での教育実習の時には、駅で待ち合わせ、一緒に実習校へ。授業が終わるまで別室で待機してくださった。大学の主事室でAjuに卒業証書を授与してくださったのも、木立先生である。卒業後、わが家の畑の一畝を「貸せ」とのたまい、かぶらやブロッコリーを植え、時々お越しになった。なに、作物が気になるのではない。Ajuを心配なさってのことである。今も、年に一度くらい、Ajuと共に美術館を楽しみ、ラーメンをご馳走してくださる。

・としや先生

大教大二部の主事。なんといっても、明子が指導半ばにして去った後、Ajuの指導教員を引き受け、Ajuの卒業論文を指導してくださった。また、木立先生と共に、実習の援助もしていただいた。「緊張するんやったら、ひょっとこの面でもかぶったらどうや？」と研究授業を前にカチカチになっているAjuにおっしゃったとか。なんという自在な発想。スーツにサンダルがよくお似合いの、ユニークなおじさまである。

・馬場さん

明子やAjuのレポートにしばしば登場する事務職の馬場健司さん。「おすそわけ」の名言でAjuの混乱を救ってくださった。馬場さんの獅子奮迅の諸働き抜きに、今日のAjuはいない。在学中からAjuが一方的にする報告に「そうか、そうか」と頷き、Ajuがほっとするひとだった。卒業してからは、1~2カ月に一度LINEで近況を送るが、お返事はなし。ある個展会場でおっしゃった「(LINE定期便を）楽しみにしているよ」の一言がAjuには励み。「馬場さんに知らせなくっちゃ」。Ajuは馬場さんとつながっていることで、今も安寧を得ているようだ。ダンディな紳士である。

馬場さん（2016）
一言では表せないくらい、とてもとてもお世話になった、大阪教育大学の事務の方です。卒業してからも1~2カ月に一度、LINEで近況報告をしています。おしゃれでかっこいいです。

・なっちゃん

さて、ここで初めて女性が登場する。なっちゃんこと、事務職の佐々木菜都さん。診断後の気分の落ち込みをフォローしていただいた。現在は東京学芸大学勤務。Ajuの東京時代、一緒にあちこちを旅、乗り鉄仲間でもある。東京での嫌な出来事で落ち込むAjuを誘い出してほしいとのせんせいからの依頼に何度もお応えくださったようだ。「なっちゃんが」と話し始めるAjuはとても楽し気である。

・丸井先生

インターンシップでお世話になった、丸井幸子先生。「風邪をひいたら、内科。心がしんどい時は心療内科、私も行ってるよ」とAjuの気持ちを後押ししてくださった。

・保高先生

大教大平野小学校の保高佳子先生。Ajuが教室から逃亡しても、「防犯カメラに映ってた」と逃亡を責めず、悠々と対処してくださった。そんな先生ゆえか、生徒たちにもAjuを励ます空気が感じられたと、Ajuは振り返る。今も個展に足を運んでくださる。「ひとの縁は本当に不思議ですね」と。

・うす

せんせいの高校時代の同級生、臼井啓子さん。看護師、訪問看護のステーションを経営、せんせいの代わりに、絵の搬入などピンチヒッターをお願いすることが多い。せんせいにとって気のおけない仲間である。

・みえちゃん

みえちゃんこと、天倉みえさん。みえちゃんは小学校教員、2児の母。大教大の永浜ゼミの先輩であり、Ajuの親友である。みえちゃんは泣き虫らしい。「泣いてきます!」と研究室を飛び出し、けろりとして帰ってくる。Ajuが初めて診断結果を告白した学生。「で?　Ajuなんか変わるん?」。Aju「?・?・?」。拍子抜けしたとAjuは述懐する。今も、月例報告を送り合い、互いの家を訪問し合う。

さて、最後にまた男性お三方、「チームAju」の登場を。

みえちゃん（2011）
発達障がいの診断を受けたことを初めて伝えたお友だち。「そうなんや〜。それで?」という返答に拍子抜けし、心が楽になりました。でも、みえちゃんはその時の状況をほとんど覚えていません。面白くて、さっぱりしたお友だちです（写真右）。

・土居さん

唯一の絵描き友だち、土居勝さん。と言っても結構なお年の病院理事。「Arts-B」を運営、若い美術家の応援を第二の仕事としておられる。個展ともなれば、搬入、搬出、様々な雑務を気軽に引き受け、大活躍。絵の販路もお世話いただく。それでいて、人見知り、恥ずかしがり屋だとAjuは言う。時間が合えば、二人でスケッチに出かけることも。お寿司、焼肉を度々ご馳走になる。

・斉藤さん

本人よりも熟知しておられるAjuの絵の解説者、斉藤正純さん。個展や講演会には必ず兵庫県・尼崎から飛んで来られて、解説を担う。したがって、斉藤さんの休日は、Aju都合にならざるを得ない。斉藤さんの名解説で何点かの絵を買っていただいた。今はさらにAjuのフェイスブックとやらを管理もしてくださっているそうな。

・前田さん

「パパさん」こと、前田達也さん。物腰の柔らかい、静かなお人柄。人と話すことが得意でないというパパさんとAju、二人では楽しそうに会話が弾む。息子さんの英哲くんも個展やイベントに足を運んでくださる。大の阪神ファンの英哲くんから詳細な説明を受け、Ajuは野球通に。前田さんファミリーの温かさがAjuの心を柔らかくしてくださる。

「チームAju」はAjuの命名。このお三人、Ajuの絵と、Ajuの人となりを愛しておられるのは間

斉藤さん（2019）
個展の時には、毎回お手伝いに来てくれて、チームAjuには欠かせない存在です（写真右）。

違いない。ご本人たちが「チーム」を自覚しておられるかどうかは不明だが、Ａｊｕにとっては心強い応援団なのである。

忘れてはいけないひとたちのご紹介をせんせいから。

・多くの方々

まず、Ａｊｕとはまた異なる生きづらさがある母の元教え子たちとそのご家族、母のあり様に賛同し、母を通して私たち三人を応援してくださるみなさま。Ａｊｕの個展会場で常に途絶えないご来場者は、こうした母と40年も50年ものつながりある方々。「絵は買えないけど」とポストカードをご購入。その売り上げは、ポストカードの売り上げの大半を占める。母が紡いできたひととの丁寧な関係を思わずにはいられない。

Ａｊｕの絵を一目見たいとご来場くださるみなさま、いつの間にか作品の搬入や搬出を手伝ってくださっているみなさま。Ａｊｕを、Ａｊｕの作品を、Ａｊｕと私の関係を、Ａｊｕと母の関係を、そして私たち三人の珍生活を応援してくださるみなさま。あたたかな輪が広がり続けています。

定期的に「大丈夫かな。がんばらないでよ」と言ってくれるさっちゃんは、Ａｊｕの映像を夜中に独り観て涙するという。ＮＨＫの放送を観て「いつも後ろにいるあなたを思い涙する」と言うしょうこ。多くの友人が私の暴走するがんばりをセーブしてくれようとする。遠くにいるのに近い関係。

一人ひとりのお名前をあげることはできませんが、心より感謝申し上げます。

そして、最後に忘れてはいけないミネルヴァ書房のお二人を。

・もっちゃん

「もっちゃん」と長積先生が呼ぶ、営業担当の方。実名を固辞されたので愛称で。立命館大学経営学研究科を修了されている。博士論文を基にしたＡｊｕとの共著を模索していた中、長積先生からご紹介いただいたもっちゃんは、すぐに時間を作ってくださった。Ａｊｕのイベントや個展に何度も足をお運びいただいた。もっちゃんがいなかったら、もっちゃんと長積先生がつながっていなかったら、この本がこのようなかたちで世に出ることはなかった。ひととひととの出会いに感謝せずにはいられない。この場をお借りして、感謝申し上げます。

・丸山碧さん

もっちゃんとの顔合わせの日。そこには女性の姿があった。編集者の丸山碧さんである。２カ月後の夏のある日。２回目の打ち合わせにはＡｊｕも同席。その日から何度も打ち合わせを重ねた。

Ａｊｕのイベントや個展に必ず来てくださった。丸山さんのやわらかなあり様に、Ａｊｕは緊張することなく執筆を進めることができた。Ａｊｕは「ほんとうに大丈夫ですから」「気になさらないでください」と丸山さんが発する響き、リズムが大好き。

私たちの遅々とした執筆を辛抱強く待ってくださった。内容を一緒に楽しんでくださった。丸山さんがいなければ、本の出版はなかった。感謝という言葉では言い表せない様々な感情がある。Ａｊｕが自身の感情を日本語に置き換えたらつまらないことばになるという気持ちが分かる気がする。たくさんの感情や表現したいことがうちにあるのに、やはりこの日本語でしか言い表せない。

丸山碧さんにこれ以上ない感謝の気持ちをお伝えしたい。本当にありがとうございます。

メッセージ

私は少しずつ自分らしさを取り戻してきた。自分らしさを取り戻すということは、自分の心に耳を傾けられるようになっていくことだと思う。これはすごく難しい。なぜなら心の声はとても小さく、外の音にかき消されてしまいやすいからだ。

私は幼い頃から「お願いだから、普通にして」と言われることが多かった。ご飯の食べ方も、遊び方も、友だちとの交わり方も、いろいろなことに修正が入った。私は普通と違っていたから、怒られる回数も多く、その都度、修正しなければならなかった。私の頭の中にはいつも「～してはいけない」がこびりついていた。私の周りにはしてはいけないことだらけで、いつの間にか、何が正解かを探すようになっていた。その正解は自分の内側の声から探すのではなくて、外側にある声から探さなければならなかった。それは、本当はちっとも正しくない。

高校生になった時には自分が何者か分からなくなっていた。自分の気持ちを伝えたいと思っても、自然とブレーキがかかるようになっていた。言い表す言葉を見つけられなくて、外の言葉に当てはめるたびに胸が締めつけられた。授業中の先生の声を聞き取ることができないことを、今ならいろいろな音が同じ大きさに聞こえて、大切な音だけを拾うことが難しいと分かるけど、あの時は集中力がないという言葉に収束させなければならなかった。本当は違うはずなのに、努力が足りなくて、集中力を鍛えなければいけないと思い直さなければならなかった。やればできる、怠けているだけという答えしか導けなくなった私は、多くの人と何か少し違っていると思いたくても、その答えを求めてはいけなかった。これも、本当は絶対にあってはいけないことだ。だから私はせんせいと会って、初めて「あなたはあなたであっていい」、そう言われた時は救われる思いがした。あなたの考えていること、思っていることを大切にしなさいと言ってくれて嬉しかった。せんせいのことばには偽りがなかった。表面的ではなかった。意見が割れてせんせい一人だけの主張になっても、間違っていない・正しいと思うことには、最後まで意見を変えない、そこにはことばに似合ったせんせいの姿があった。せんせいは、いつも問いかけた。「Ajuはどうしたいの?」「Ajuが何をしたいかが一番大事なんだよ」。せんせいと一緒に過ごしている時は、自然と自分の声に耳を澄ますことが多くなった。

もし、人との違いで苦しんでいたり、悩んでいたりする人たちが周りにいたら、同じように「あなたはあなたであっていいんだよ」と声をかけてあげてほしい。何よりもそのことばに偽りがないようにしてほしい。そして、その人が心にある声を出せるまで、本当の声が聞こえてくるまで待ってあげてほしい。ゆっくり時間をかけて少しずつ変わっていくと思う。私がそうであったように。

もし同じ境遇にいたり、人との違いに苦しんでいたりする人たちに私が何か伝えることができるのなら、どんなことがあるだろう。魔法のことばなんてないけど、今も自分を見失わないためにそばに置いていることばがある。「自分が自分を好きでいられる生き方をしてほしい」。せんせいからもらったこのことばをおすそ分けできるといいな。

初めは自分の声が聞こえないかもしれない。何がしたいのか、どう生きたいのか。分かったとしても、どう行動すればいいのか分からないかもしれない。私は初めてせんせいに問われた時、答えがすぐに見つからなかった。涙が込み上げてくるだけだった。でもこれはきっと自分の声に耳を傾けた、始まりの声だと思う。一日の中のほんのわずかな時間だけでも、自分が好きになれることをしよう。何が好きだったのか考えるのもいいと思う。自分の「好き」を決して手放さないでほしい。好きなことは自分の味方になってくれる。私は、一日の99%が苦しくても、残りの1%の小さな小さな自分を嫌わない行動や自分を好きでいられる過ごし方をした瞬間を誇らしく思うことにした。そうすると心の声とつながっていられる気がした。私と自分の心をつなぐ線はいつでも引き裂かれそうなほど弱かったけど、何年も何年も積み重なっていくと、確かにつながっている強さを感じるようになった。

外の声だけを聞くことに縛られていた私は、内から湧いてくる感情や言葉を少しずつ外へ解放できるようになってきた。外の声を怖がったり、逆らったりしないようにしてきた私は今、外の声が聞こえても、内の声に耳を澄ますことができるようになった。自分の気持ちを大切にできる選択ができるようになった。

自分の心の気持ちは、自分とつながれるように、どんなに遅くなっても、いつまでも待っていると思う。あなたとつながりたくてずっと待っていると思う。どうか悩み苦しんでいる人たちが心の声とつながれますように。自分が自分を好きでいられる日が必ずやってきますように。

A.ju

むすびにかえて：今日も、明日も、10年後も

私とＡｊｕとが出遇ってから10年以上が経った。Ａｊｕは、自身の特性と仲良く共存するすべも身につけ始めている。感情のコントロールもうまくなってきた。一人で解決しなくてもいいという意識も根づいた。ＡｊｕがＡｊｕらしく生きるという私たちのささやかな夢には少し近づいたようにも思うが、未だ偏見をもたれることも少なくない。

少しずつ絵に対する評価が高まる一方、新たな誤解も生まれている。「障がいの程度が軽いんですね」「障がいを克服されたんですね」「障がいなんてなかったのよ」というようなことばをかけられることが多くなった。繊細で緻密な絵を描く、個展を開催する、収入を得られるようになる。これをもって、障がいの程度が軽い、克服した、ましてや障がいがなかったことになるはずもない。障がいや特性に関する正しい知識が浸透していないからだと分かりつつ、このようなことを強く主張されるとやり切れない思いになる。

私たちは、Ａｊｕの特性を克服しようと思ったことは一度もない。特性と仲良く共存するすべを模索してきた。特性と少し仲良くなるたび、少し困りが減ってきた。しかし、Ａｊｕの特性は今も何ら変わっていない。敏感で鈍感な身体は健在である。お昼寝が必要な毎日である。計画の変更には心乱され続けている。特性は特性のままであり、特性のあるＡｊｕがＡｊｕなのだからそれでいい。Ａｊｕが特性に翻弄されないよう、それが大きな困りを誘引しないよう、これからもずっと特性と仲良くする方法を共に模索し続けるのだと思う。

講演や取材の質問でしばしばされる質問に「Ａｊｕさん、絵がなかったらどうなっていたと思いますか」がある。５年前のＡｊｕだったらキョトンとなっていた。「もし○○だったら」という仮定に戸惑っていただろう。今の生活は現実のものとして存在するが、それ以外の可能性は無限大にある。無限大の可能性を限定する

ことはＡｊｕには難しかった。そのＡｊｕが今は答える。「絵がなくっても、また別のことをしていたと思います。別のことがなくっても、せんせいと楽しく生活していると思います」と。そう、絵を描くことは、Ａｊｕの全てではない。特性も絵もＡｊｕのほんの一部である。それらがＡｊｕというひとに取って代わることはない。特性も絵を描くことも含めたＡｊｕがＡｊｕであることは、今までも・今も・これからも変わることはない。

今の社会では、多くの人と同じであり、「普通」「当たり前」の範囲に収まることが求められる。そうしなければ焦燥感に駆られる人が多い。また、「多くの人」という範疇から外れないことが、生きやすさにつながるとも言える。多くの他者と円滑な関係を保つことが社会性の高さとして評価される。もし「普通」「当たり前」がなかったら、Ａｊｕがマジョリティと比較されることがなかったら、ＡｊｕはＡｊｕという一人のひととして存在し、自身を卑下することなく、もっと生きやすかった・生きやすいだろうと思う。

Ａｊｕの本質は何ら変化していない。しかし、Ａｊｕを取り巻く環境は確実に変化している。Ａｊｕを「個」として尊重し、どちらかが歩み寄るのではなく、互いが歩み寄るひととの関係が紡がれ始めている。いわゆる「社会」でなくとも、多くの他者との関係を構築しなくても、Ａｊｕを傷つけないひとたちと築いてきたこの「小さな・優しい社会」の中で、Ａｊｕは自らの輪郭を際立たせ、生き生きと生き始めている。丁寧に関係を紡ぎ、互いを傷つけることのないひとたちと安寧な時を刻み続けていくことも一つの選択ではないだろうか。

いつの日か、Ａｊｕがひょっこり「この子、一緒に住んでもいいかなあ」と誰かを連れてくるかもしれない。両親が・私がしたように。それもまた、それで楽しい。

今日も、明日も、明後日も、次の10年も。私たちはこれまでの10年間と変わらず、一歩、一歩、丁寧に歩み続ける。

Aju 作品集

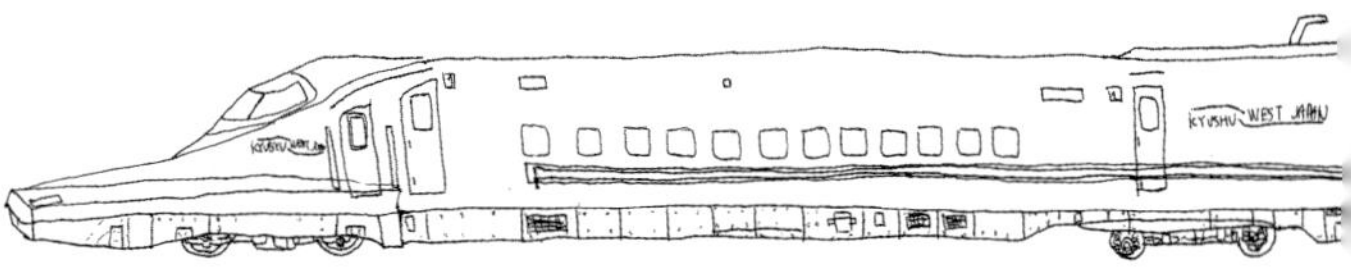

1.　きっかけとはじまり（2011）
せんせいにたまたまこの絵を「うまいやん！」と褒められたことが嬉しくて、描き続けるようになりました。

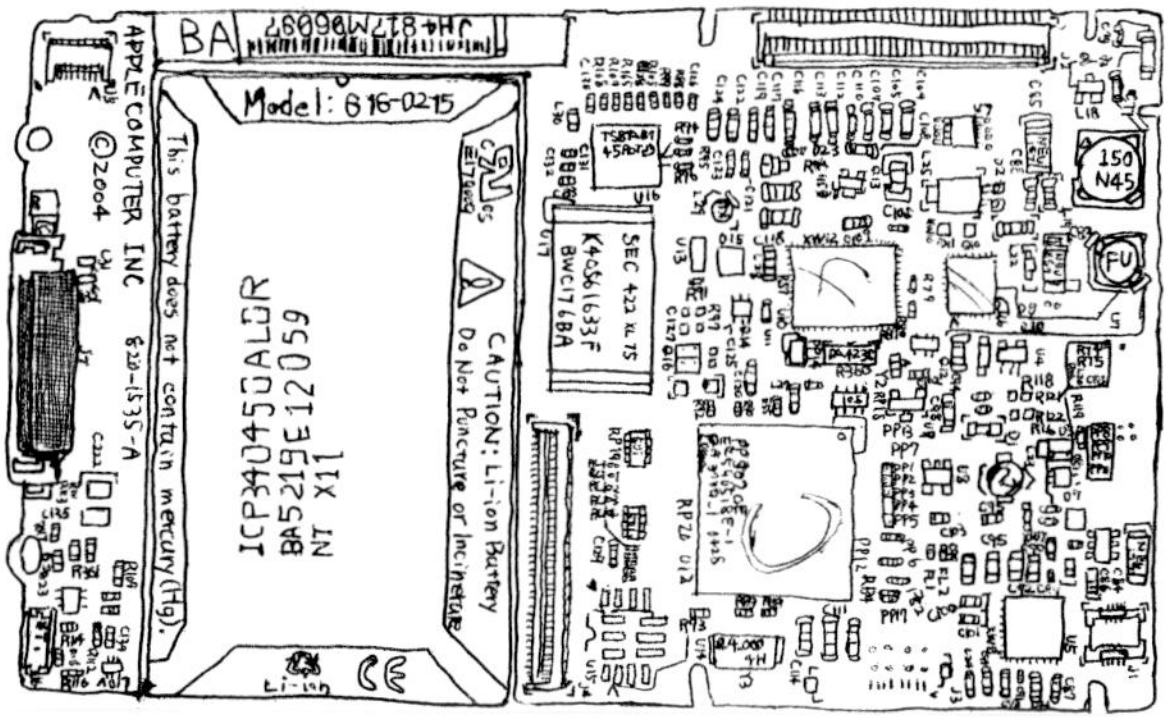

2.　iPod classic の基盤（2011）
壊れた ipod を分解すると四角がいっぱ

3.　ビッグベン（2013）
ヨーロッパの細かい建築物とか描いてみたら？と馬場さんに言ってもらって描いてみたくなりました。

4. 東京駅（2013）
規則正しく並ぶ窓が大好きで。

5. 夢想の時間（2013）
大好きな乗り物や建物をカラフルに。

6. エンパイヤ（2014）
就労移行支援センターでソフトの操作を覚える過程で、絵に色をつけてみました。

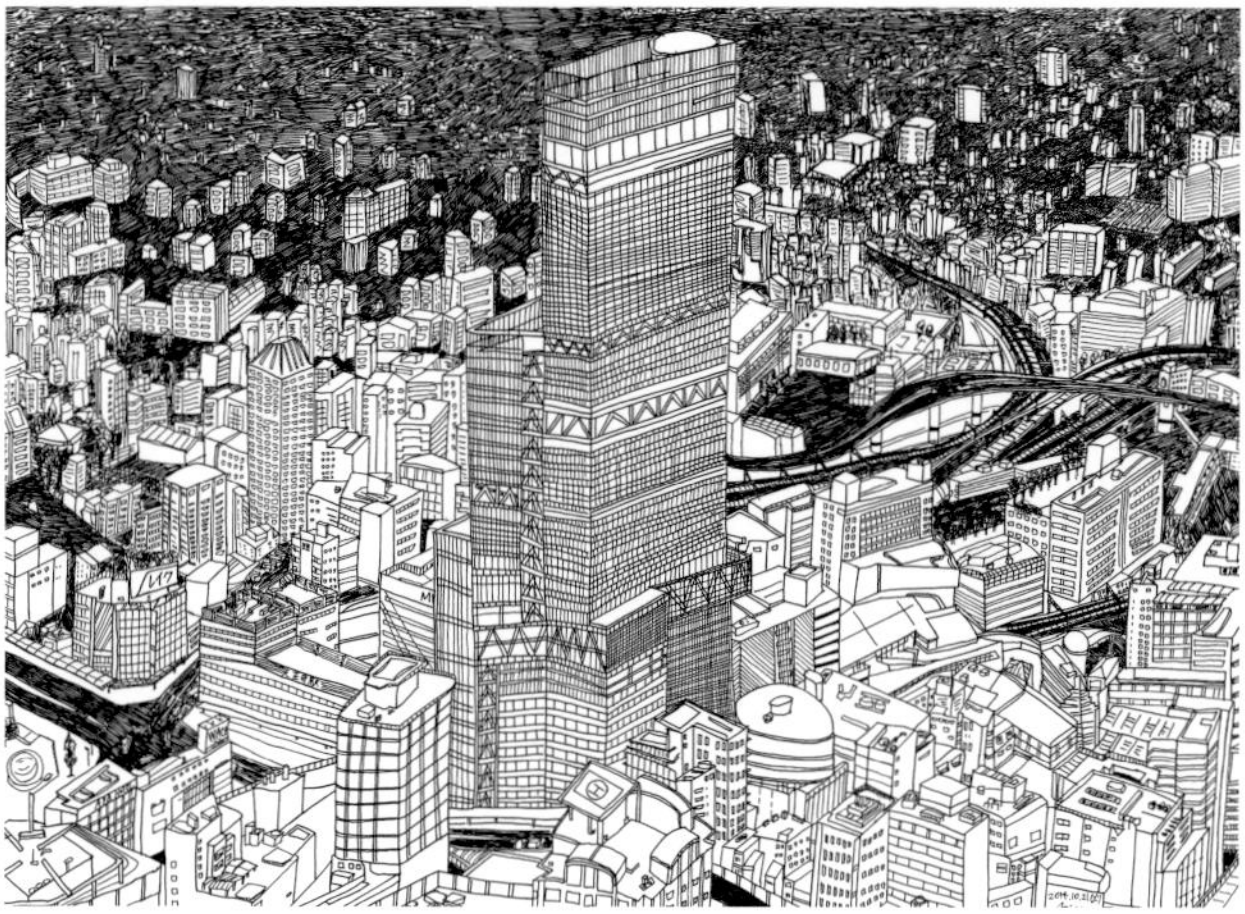

7.　ハルカス（2014）
いっぱい線が描ける!!

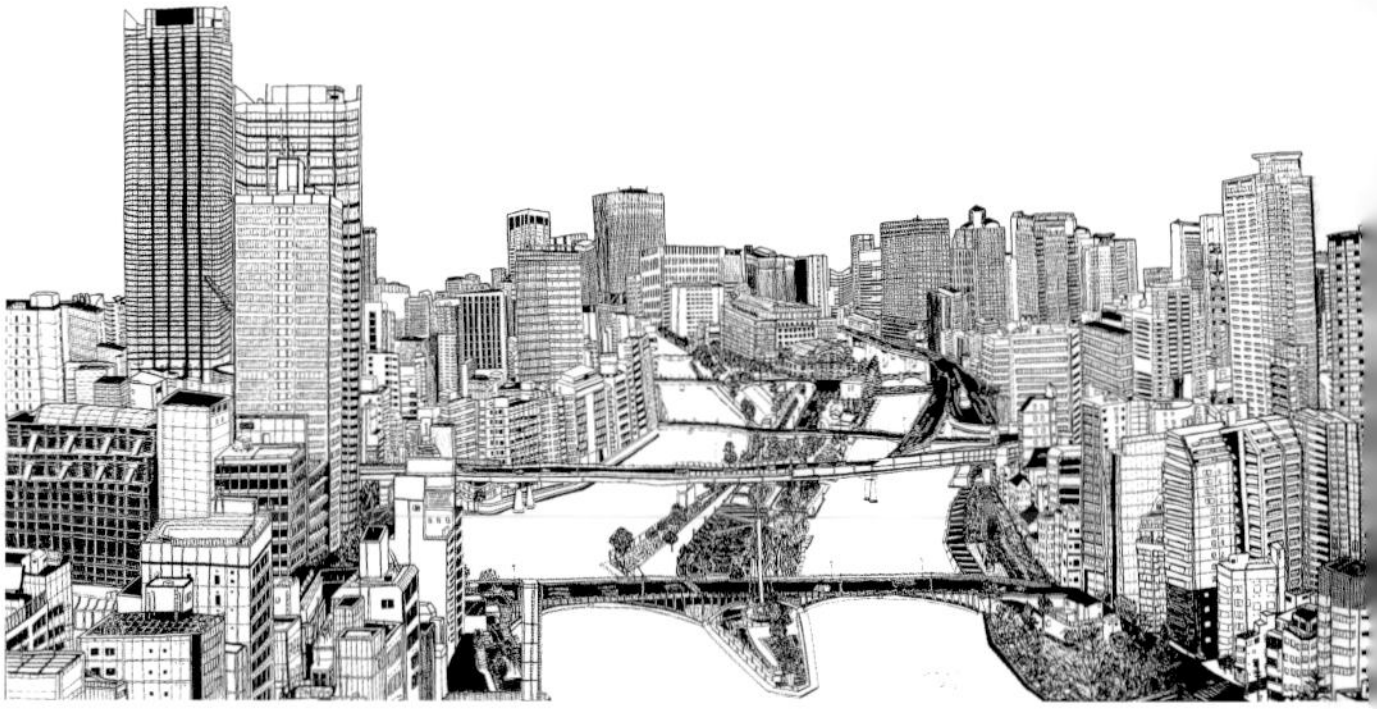

8.　環状を 3 周してもらう理由（2014）
せんせいの運転で阪神高速環状線を走ると、ビルに囲まれてうっひゃ～と気持ちが高ぶります。

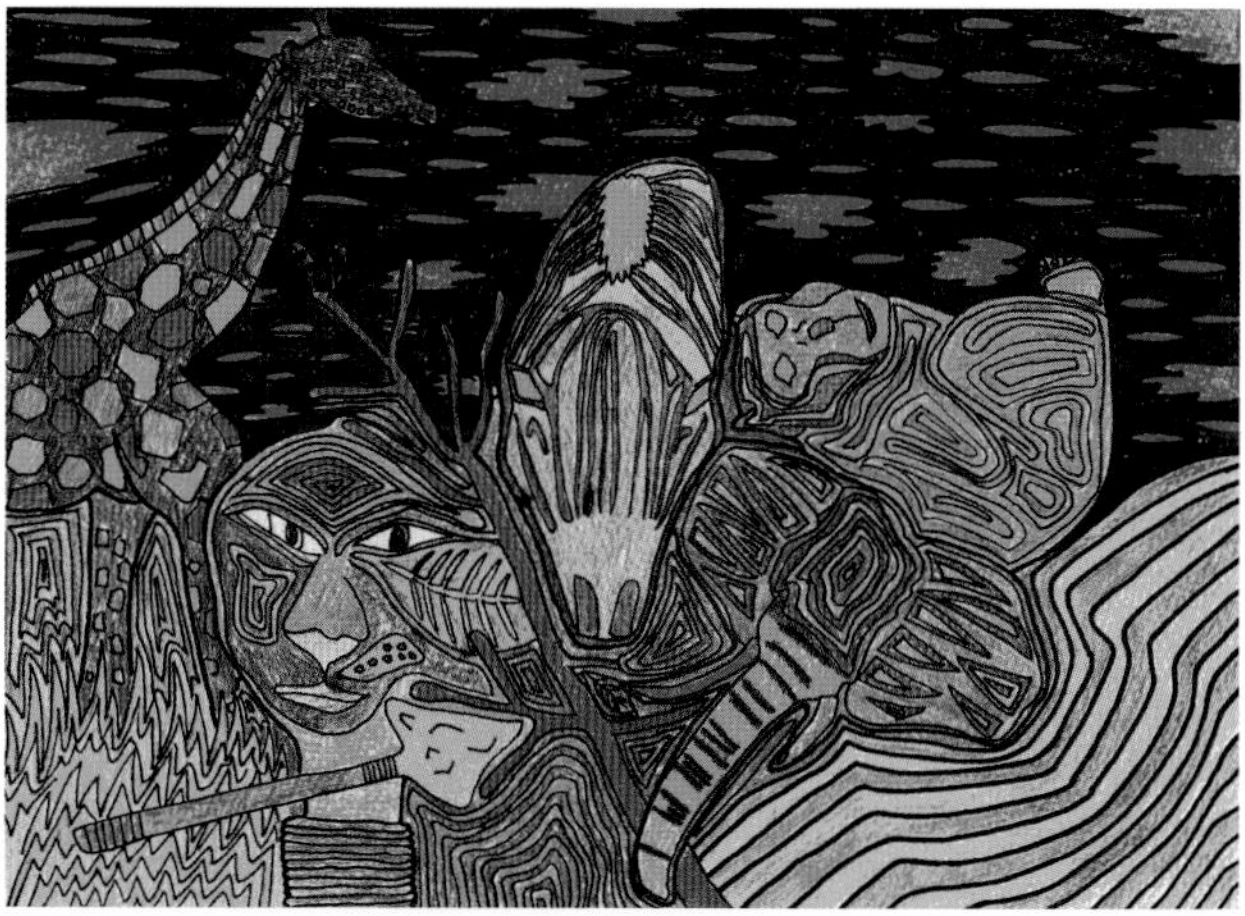

9.　アフリカ（2014）
自然番組のテレビを観て、アフリカの夜のサバンナが浮かんできました。

10.　東京駅構内（2015）
見上げると綺麗な幾何学と線対称な形が広がっていました。描かないわけにはいきません！

11.　New Osaka（2015）
リニューアルされた大阪駅を見てみたくなりました。
柔らかい曲線の屋根に違和感がありました。

12.　トレードセンター（2015）
かっこよく目に映るので、自然とペンへの力の入れ方が変わりました。

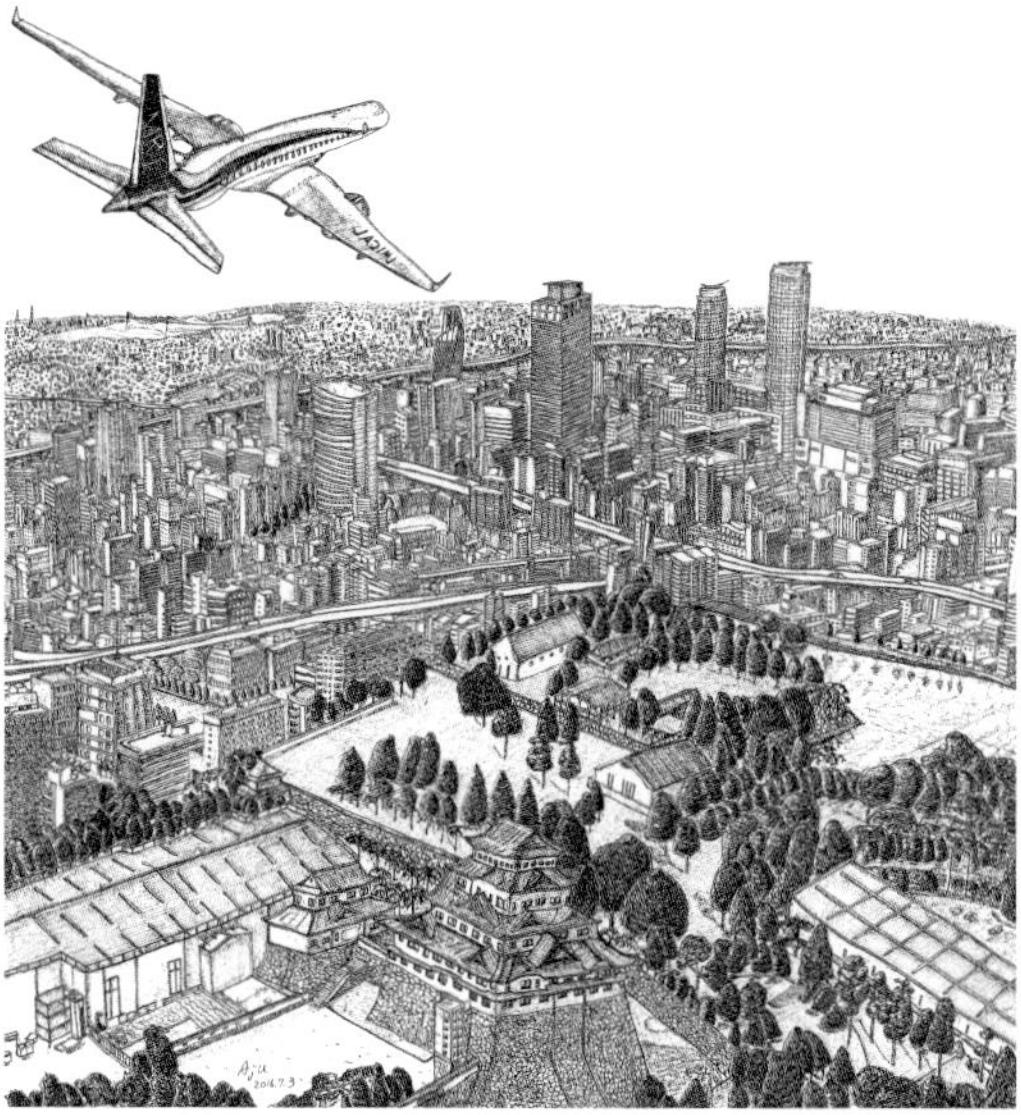

13.　ただいま名古屋上空を飛行中です（2016）
初めてひこうき先生が絵の依頼をしてくださり、
国際学会のポスターになりました。

14.　はじめまして（2016）
堺市にやってきました。ここでたくさん
の出会いがありました。堺市消防局の防
災ポスターになり、正真正銘の堺市民！

15.　東京建設105時間30分（2016）
目に飛び込んでくる四角い形を一つ一
つ見落とさないように…。

16.　神戸の港（2017）
建物よりも海と山と空がきれいでした。

17.　あれから72年（2017）
戦争が終わってからの世界に生まれましたが、目の奥に映るのは残酷な風景でした。

18.　旅帰り、曲線もいいものだ（2017）
曲線も直線でできていると思うと、描いてみたくなりました。

19.　Tokyo Planet (2018)
東京の街並みを一つの惑星に。鳥になって見たくなりました。

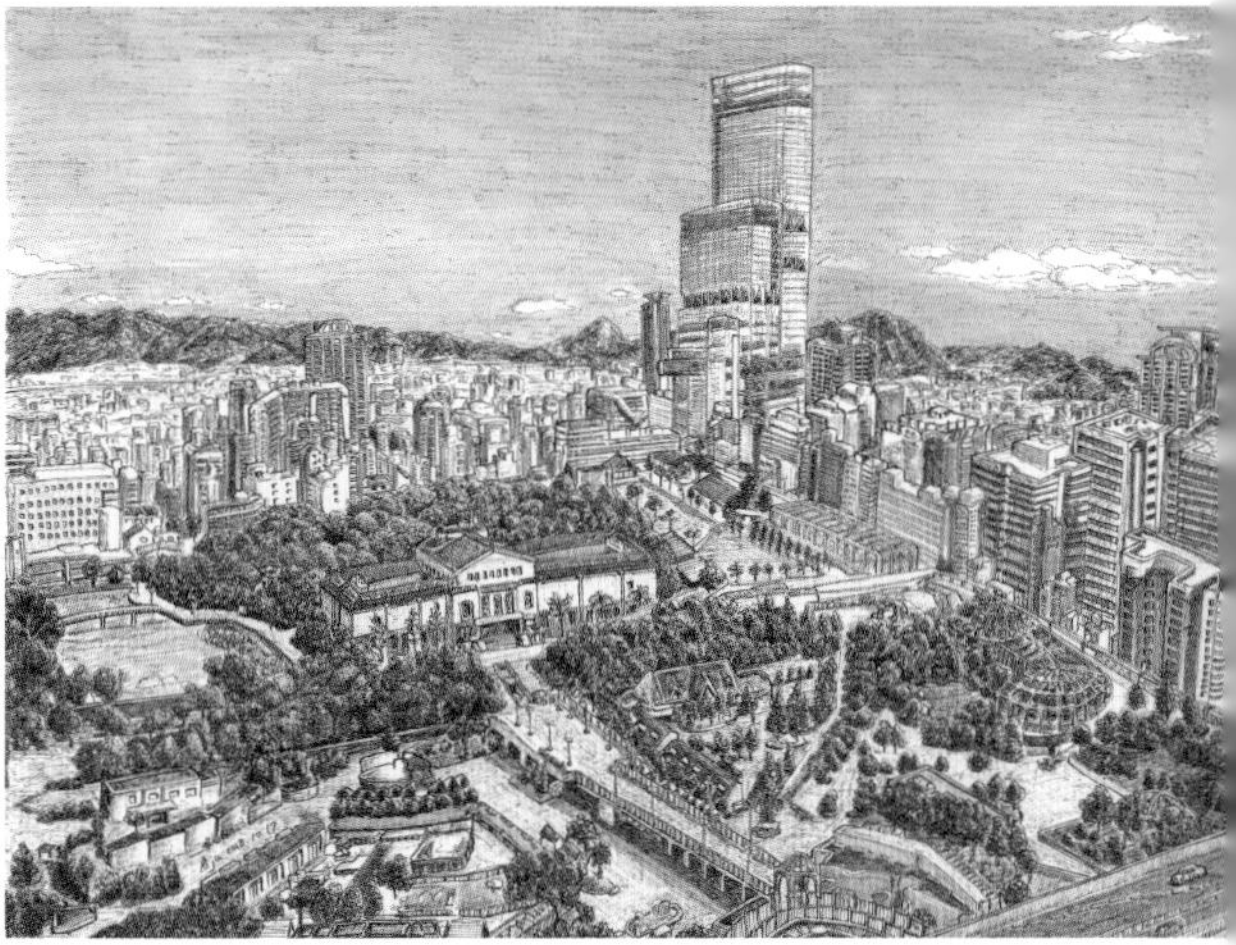

20.　秋の空気を吸ったハルカス（2018）
台風が過ぎた翌日に、秋を感じて。

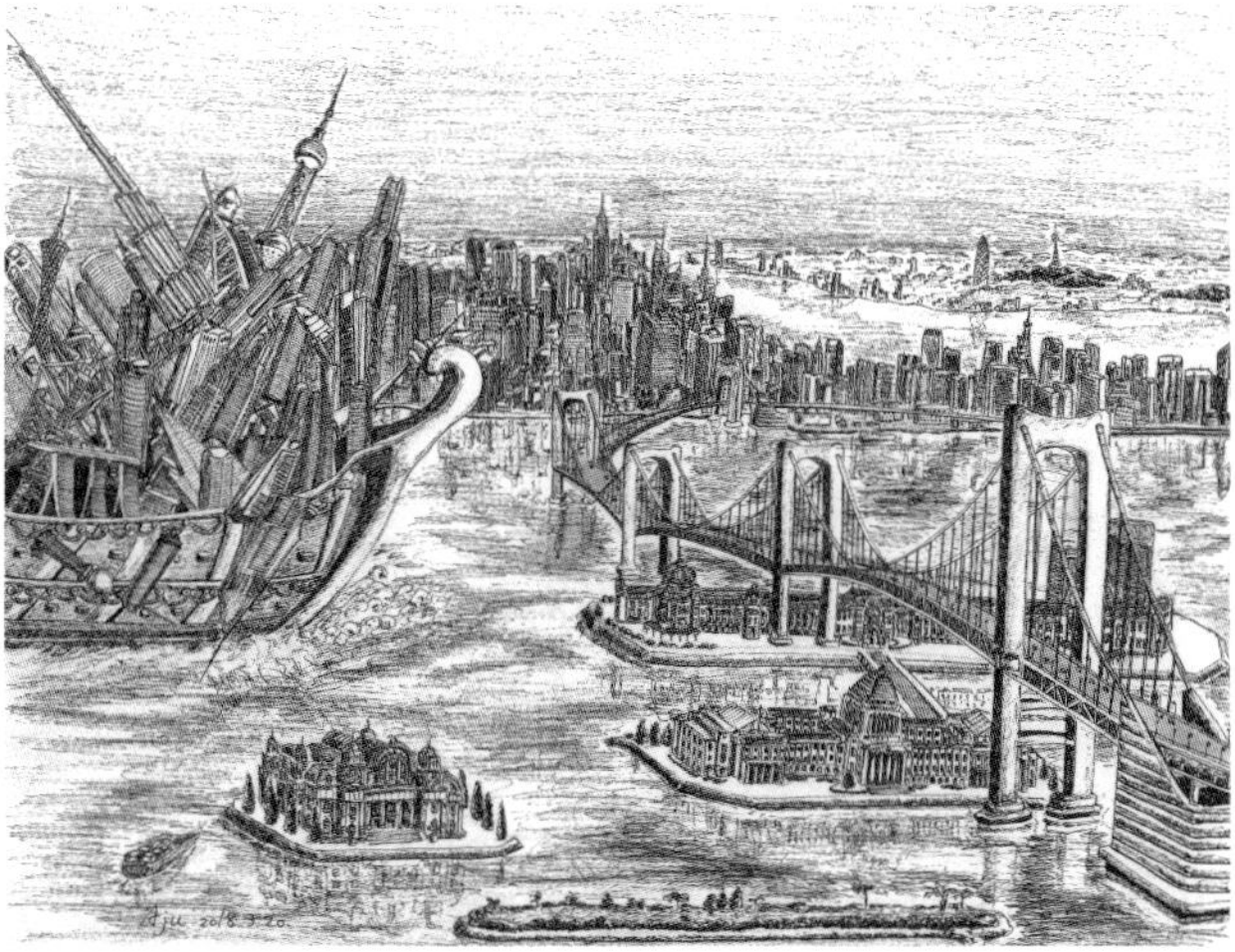

21.　想像の世界のはじまり（ｉ）(2018)
どデカイ船が押し寄せてきました !!　このままだとぶつかります !!

22.　大阪駅の日常（2018）
車・電車が動いて人を運んでいく
何げない風景も好きです。

Aju 2018. 6. 7.

大阪のセントラルパークをお散
歩した日（2018）
阪にもこんな素敵な場所があります。

24.　乃村工藝社からのパノラマ風景（2018）
製作中の２ヶ月間は、帰りの電車の中でも、歩きながらでも、夢の中でも続きを描いていました。

25.　奥千本からの眺望（2019）
自然も描いてみたくなりました。遠くまで見渡せる景色がとても好きです。

26.　夏のハルカス（2019）
建物も夏の顔をします。

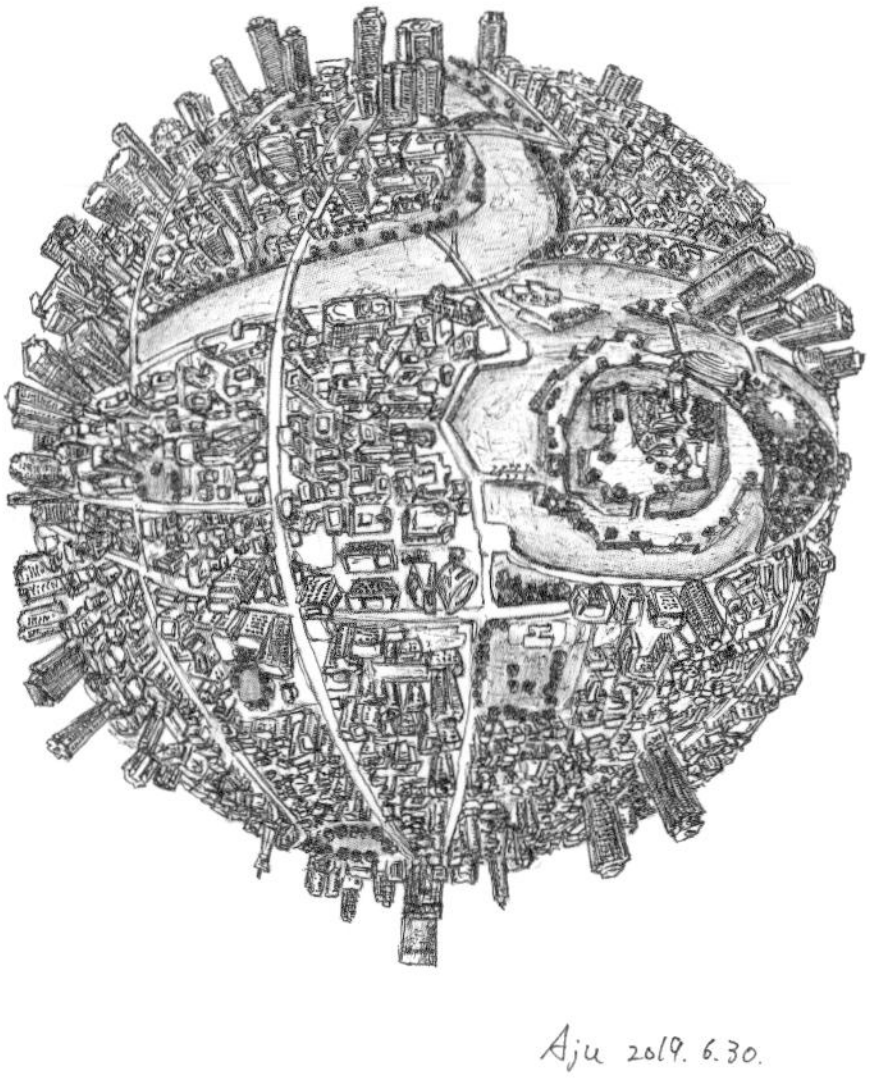

27.　mini Osaka Planet（2019）
大阪を小さく、ギュッと、丸くしてみました。

28.　Osaka　planet（2020）
一つの惑星にして描いていると、大阪を独り占めした気持ちになりました。

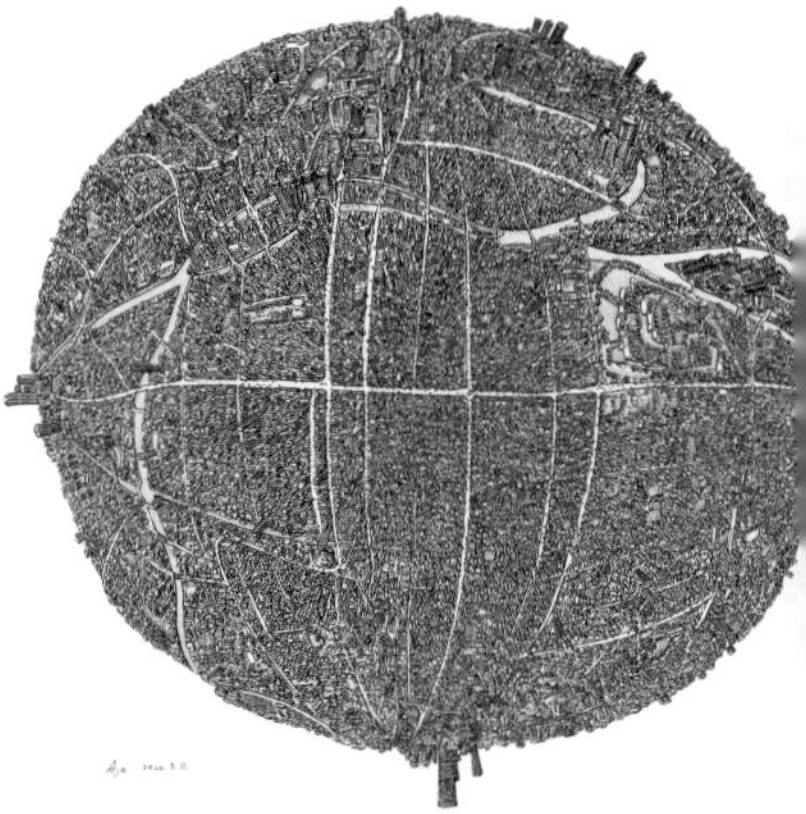

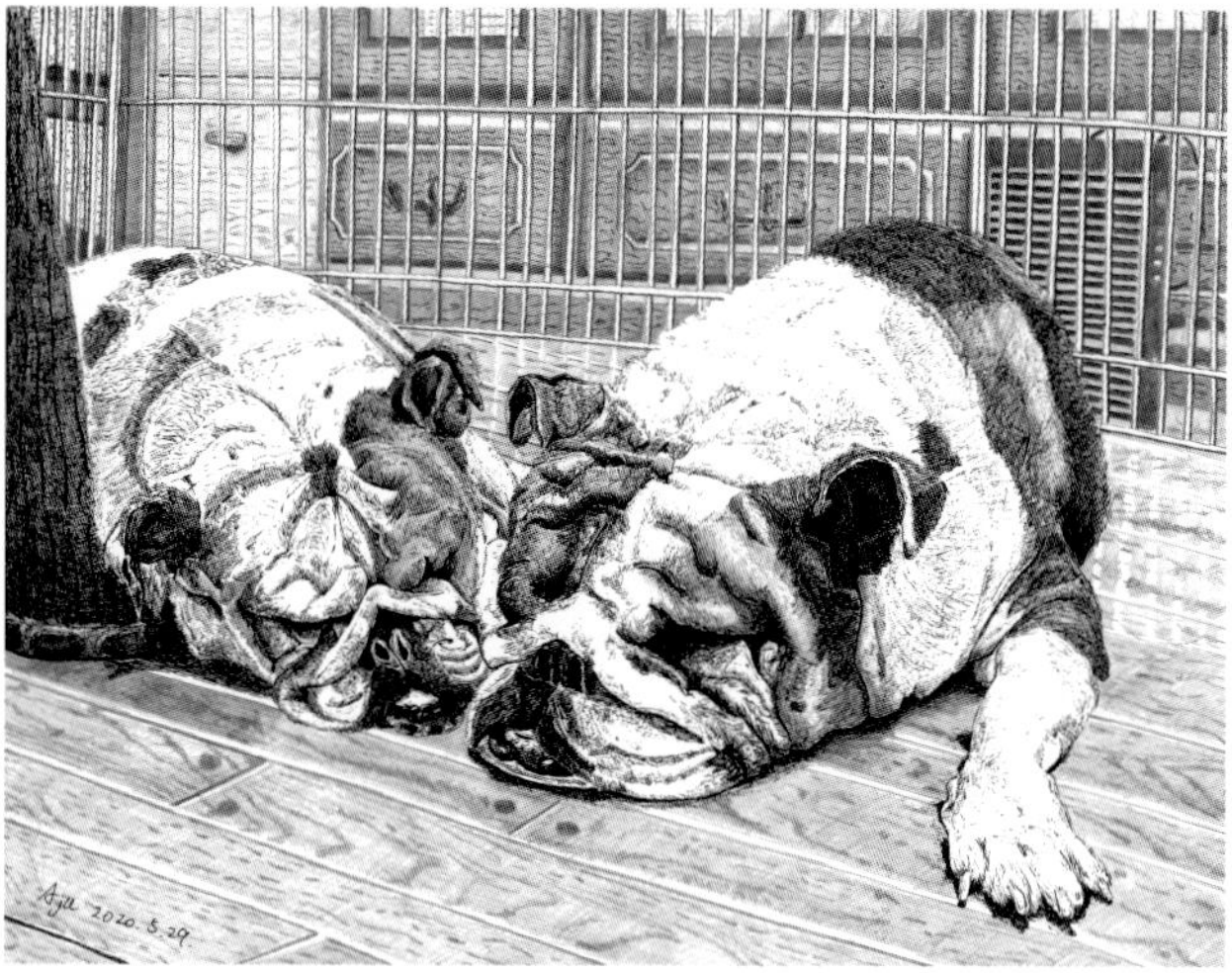

9.　ブルちゃん（2020）
物や乗り物以外を描くのは苦手ですが、
切に思う人との関係があると、その人
ことを思って描けるときがあります。

30.　晴天の New York City（2021）
また行きたいな New York!!

31.　小さな大きな大阪城（2021）
ビルに囲まれて小さく見える大阪城
ですが、私たちにとっては大きな存
在です！

文献一覧

American Psychiatric Association（2013）*Desk Reference to the Diagnostic Criteria from DSM-5*, American Psychiatric Association Publishing.（日本精神神経学会 監修（2014）『ＤＳＭ-５ 精神疾患の分類と診断の手引』医学書院）

綾屋紗月・熊谷晋一郎（2008）『発達障害当事者研究』医学書院.

江熊要一（1969）「分裂病者に対する私の接しかた――診察室場面を中心にして」『精神医学』11(4), 235－248.

古荘純一（2016）『発達障害とはなにか――誤解をとく』朝日新聞出版.

Grandin, Temple & Scariano, Margaret M（1986）*Emergence: Labeled Autistic,* Warner Book.（カニングハム久子 訳（1994）『我、自閉症に生まれて』学習研究社）

Grandin, Temple（1995）*Thinking in Pictures and other reports from my life with autism*, Doubleday.（カニングハム久子 訳（1997）『自閉症の才能開発』学習研究社）

Grandin, Temple（2008）*The Way I See It: A Personal Look at Autism and Asperger's*, Future Horizons.（中尾ゆかり 訳（2010）『自閉症感覚』ＮＨＫ出版）

Grandin, Temple & Panek, Richard（2013）*The Autistic Brain: Thinking Across the Spectrum*, Houghton Mifflin Harcourt.（中尾ゆかり 訳（2014）『自閉症の脳を読み解く』ＮＨＫ出版）

浜田寿美男 編著（1992）『「私」というもののなりたち――自我形成論のこころみ』ミネルヴァ書房.

浜田寿美男（2009）『障害と子どもたちの生きるかたち』岩波書店.

浜渦辰二 代表（2002）「対話の現象学への一つのアプローチ――『父性の不在』論をめぐって」『平成12・13年度科学研究費補助金・基盤研究（C）（２）研究成果報告書「いのちとこころに関わる現代の諸問題の現場に臨む臨床人間学の方法論的構築」』79－91.

東田直樹（2015）『風になる――自閉症の僕が生きていく風景 増補版』ビッグイシュー日本.

東恩納拓也・塚本夏実・牛島萌・徳永瑛子・岩永竜一郎（2015）「発達障害当事者の生活上の困りごととそれに関する対処法」『日本発達系作業療法学会誌』3(1), 13－22.

彦坂渉・田中直人（2012）「自閉症児を育てる親の育児手記から見た日常生活の困難さ――発達障害児の特性を考慮した生活環境整備

に関する研究」『日本建築学会学術講演梗概集２０１２（建築計画）』919 - 920.
Husserl, Edmund（1928）*Vorlesungen zur Phänomenologie des inneren Zeitbewußtseins*, M. Heidegger (ed.), Sonderdruck aus: Jahrbuch für Philosophie und phänomenologische Forschung, Bd. IX. Halle a.d.S., Max Niemeyer.（立松弘孝 訳（1967）『内的時間意識の現象学』みすず書房）
石井哲夫・白石雅一（1993）『自閉症とこだわり行動』東京書籍.
泉流星（2003）『地球生まれの異星人――自閉症者として、日本に生きる』花風社.
片岡聡（2015）「自閉症スペクトラム障害（ＡＳＤ）当事者が矯正教育に関わる人たちに望むこと――『寄添い』の前に『環境保障』を」『刑政』126(2), 54 - 65.
小浜逸郎（1999）『「弱者」とはだれか』ＰＨＰ研究所.
河野哲也（2015）『現象学的身体論と特別支援教育』北大路書房.
鯨岡峻（2005）「『関係発達』について」小林隆児・鯨岡峻『自閉症の関係発達臨床』日本評論社、pp.1 - 45.
熊谷晋一郎（2012）「なぜ『当事者』か、なぜ『研究』か」『日本オーラル・ヒストリー研究』8, 93 - 100.
熊谷晋一郎（2016）「当事者研究への招待（第7回）依存と自立――アディクションの当事者研究」『臨床心理学』16(4), 483 - 490.
Lawson, Wendy（1998）*Life behind Glass: A Personal Story of Autism Spectrum Disorder*, Southern Cross University.（ニキ・リンコ 訳（2001）『私の障害、私の個性。』花風社）
松村明 編（2006）『大辞林 第三版』三省堂.
宮本信也（2000）「通常学級にいる軽度発達障害児への理解と対応――注意欠陥多動障害・学習障害・知的障害」『発達障害研究』21(4), 262 - 269.
森口奈緒美（2002）『平行線――ある自閉症者の青年期の回想』ブレーン出版.
村上伸治（2015）「大人の発達障害の診断と支援」青木省三・村上伸治 編『大人の発達障害を診るということ』医学書院、pp.1 - 32.
村上靖彦（2008）『自閉症の現象学』勁草書房.
永山亜樹・永浜明子・永浜みち子（2014）「『数』と『感情』に関する『発達障がい』当事者研究」『発達障害支援システム学研究』

13(2), 130.
内藤孝子・山岡修（2007）「ＬＤ等の発達障害のある人達の教育から就業に向けた課題、必要な支援とは——全国ＬＤ親の会・会員調査から」『ＬＤ研究』16(2), 214－230.
中新井澪子・楠敏雄（1998）「障害とは何か」楠敏雄 編著『自立と共生を求めて——障害者からの提言』解放出版社、pp.11－32.
中島義道（2005）『カイン——自分の「弱さ」に悩むきみへ』新潮社.
中西正司・上野千鶴子（2003）『当事者主権』岩波新書.
中野育子（2013）「つまずき・二次障害を考える——他者視点を手掛かりに」『児童心理臨時増刊　発達障害のある子の自立に向けた支援』金子書房、pp.92－96.
尾崎ミオ（2014）「自閉スペクトラム症（ＡＳＤ）は、わからない」市川宏伸 編著『発達障害の「本当の理解」とは』金子書房、pp.89－96.
小澤勲（1974）『幼児自閉症の再検討』ルガール社.
佐貫浩（2006）「個性論ノート（２）——「所有」と「存在」の二つの様式と個性のありようの検討」『生涯学習とキャリアデザイン』3, 99－113.
白木祐子・八田達夫（2013）「高い就職率を達成してきたある就労移行支援事業所の分析——発達障害に焦点を当てて」『職業リハビリテーション』26(2), 21－29.
数土直紀（2001）『理解できない他者と理解されない自己——寛容の社会理論』勁草書房.
杉山登志郎（1990）「自閉症——最近の研究の進歩」『精神科治療学』5(12), 1505－1515.
滝川一廣（2013）『子どものそだちとその臨床』日本評論社.
Tammet, Daniel (2006) *Born On A Blue Day: Inside the Extraordinary Mind of an Autistic Savant*, Free Press.（古屋美登里 訳（2007）『ぼくには数字が風景に見える』講談社）
田中伸司（2003）「哲学の方法としての『臨床』と『対話』——『聴く』ことの力、医療現場に臨む哲学、対話のアポリア」北海道大学哲学会 編『哲学』39, 19－40.

田中康雄（2014a）「生活障害としての発達障害」『発達』35(137), 2－9.
田中康雄（2014b）「発達障害児である前に、ひとりの子どもである」汐見稔幸 監修　市川奈緒子 編『発達障害の再考』風鳴舎、pp.10－25.
田中康雄（2016）『支援から共生への道Ⅱ』慶應義塾大学出版会.
浮貝明典（2013）「見落とされやすい生活支援」『児童心理臨時増刊――発達障害のある子の自立に向けた支援』金子書房、pp.118－123.
和田浩平・明翫光宜・丸川里美・飯田愛・垣内圭子・栗本真希・大賀肇・今井康・辻井正次（2014）「自閉症スペクトラム障害のある成人における服薬行動の困難さに関する実態調査」『中京大学心理学研究科・心理学部紀要』13(2), 1－8.
鷲田清一（1999）『「聴く」ことの力――臨床哲学試論』ＴＢＳブリタリカ.
山﨑裕子（2007）「障害を『理解する』とは何か?――生き方の問題としての問い直し」『第29回（２００６年度）法政大学懸賞論文優秀論文集』1－31.
矢野寿代（2015）「広汎性発達障がい児・者の日常生活活動の理解促進と支援のあり方に関する研究」『臨床教育学研究』21, 73－92.

〈番外編〉
安宅和人（2020）『シン・ニホン――ＡＩ×データ時代における日本の再生と人材育成』News Picksパブリッシング.
永浜明子（2018）「『多様性』を『理解する』『認める』の誤謬」『メタフュシカ』49, 1－15.

《著者紹介》

Aju（あじゅ）

大阪教育大学教育学部卒業。周囲から「なんかちょっと変わっているよね」と言われ、自分自身、どこか大多数の人と違っていると感じながらも、高校卒業まではそれなりに過ごす。しかし、大学進学後、「場」の空気の読めない、教室に入れないなどをはじめとした「生きづらさ」が顕著となり、3回生で「発達障がい」と診断される。つらい現実と向き合う中で永浜先生と出遇い、絵を描くという宝物を手に入れた。下書きをしないで描きあげる作風から、現在は心に残る風景を記憶から描くなど日々新しい自分を発見している。

永浜明子（ながはま　あきこ）

立命館大学スポーツ健康科学部准教授。和歌山大学教育学部卒業。筑波大学大学院、Long Island University 大学院、大阪大学大学院文学研究科博士後期課程修了（学術博士）。沖縄県立看護大学、大阪教育大学を経て現職。Ajuとの出遇い、「障がいとは何か」という自らの問いを整理するため、大阪大学臨床哲学の門をたたく。二者の関係性の中に生まれる「障がい」を一方に帰す危うさをAjuとの生活から発信し続けている。

番外編執筆

　母ちん：永浜みち子（ながはま　みちこ）

　ずーみー：長積　仁（ながずみ　じん）

発達障がいを生きない。

――“ちょっと変わった”学生とせんせい、一つ屋根の下に暮らして――

2022年9月30日　初版第1刷発行　〈検印省略〉

定価はカバーに
表示しています

著　者　Aju
　　　　永　浜　明　子

発行者　杉　田　啓　三

印刷者　中　村　勝　弘

発行所　株式会社　ミネルヴァ書房

607-8494　京都市山科区日ノ岡堤谷町1
電話代表（075)581-5191番
振替口座　01020-0-8076番

中村印刷・新生製本

ISBN978-4-623-09252-9
Printed in Japan